Physica-Lehrbuch

Physica-Lehrbuch

Bannier, Christina E.
Vertragstheorie
Eine Einführung
mit finanzökonomischen Beispielen
und Anwendungen
2005, XVI, 218 S.

Basler, Herbert
**Grundbegriffe der
Wahrscheinlichkeitsrechnung
und Statistischen Methodenlehre**
11. Aufl. 1994, X, 292 S.

Bossert, Rainer · Manz, Ulrich L.
Externe Unternehmensrechnung
Grundlagen der Einzelrechnungs-
legung, Konzernrechnungslegung
und internationalen Rechnungs-
legung.
1997, XVIII, 407 S.

Dillmann, Roland
Statistik II
1990, XIII, 253 S.

Endres, Alfred
**Ökonomische Grundlagen
des Haftungsrechts**
1991, XIX, 216 S.

Farmer, Karl · Wendner, Ronald
Wachstum und Außenhandel
Eine Einführung
in die Gleichgewichtstheorie
der Wachstums-
und Außenhandelsdynamik
2. Aufl. 1999, XVIII, 423 S.

Ferschl, Franz
Deskriptive Statistik
3. Aufl. 1985, 308 S.

Fink, Andreas
Schneidereit, Gabriele · Voß, Stefan
**Grundlagen
der Wirtschaftsinformatik**
2001, XIV, 279 S.

Gaube, Thomas u. a.
Arbeitsbuch Finanzwissenschaft
1996, X, 282 S.

Gemper, Bodo B.
Wirtschaftspolitik
1994, XVIII, 196 S.

Göcke, Matthias · Köhler, Thomas
Außenwirtschaft
Ein Lern- und Übungsbuch
2002, XIII, 359 S.

Graf, Gerhard
**Grundlagen
der Volkswirtschaftslehre**
2. Aufl. 2002, XIV, 335 S.

Graf, Gerhard
Grundlagen der Finanzwissenschaft
2. Aufl. 2005, XII, 334 S.

Hax, Herbert
Investitionstheorie
5. Aufl., korrigierter Nachdruck
1993, 208 S.

Heiduk, Günter S.
Außenwirtschaft
Theorie, Empirie und Politik der
interdependenten Weltwirtschaft
2005, XII, 429 S.

Heno, Rudolf
**Jahresabschluss nach Handelsrecht,
Steuerrecht und internationalen
Standards (IAS/IFRS)**
4. Aufl. 2004, XIX, 535 S.

Hofmann, Ulrich
Netzwerk-Ökonomie
2001, X, 242 S.

Huch, Burkhard u. a.
**Rechnungswesen-orientiertes
Controlling**
Ein Leitfaden für Studium
und Praxis
4. Aufl. 2004, XX, 510 S.

Kistner, Klaus-Peter
Produktions- und Kostentheorie
2. Aufl. 1993, XII, 293 S.

Kistner, Klaus-Peter
Optimierungsmethoden
Einführung
in die Unternehmensforschung
für Wirtschaftswissenschaftler
3. Aufl. 2003, XII, 293 S.

Kistner, Klaus-Peter
Steven, Marion
Produktionsplanung
3. Aufl. 2001, XIII, 372 S.

Kistner, Klaus-Peter
Steven, Marion
**Betriebswirtschaftslehre
im Grundstudium**
Band 1: Produktion, Absatz,
Finanzierung
4. Aufl. 2002, XIV, 510 S.
Band 2: Buchführung,
Kostenrechnung, Bilanzen
1997, XVI, 451 S.

König, Rolf
Wosnitza, Michael
**Betriebswirtschaftliche
Steuerplanungs-
und Steuerwirkungslehre**
2004, XIV, 288 S.

Kortmann, Walter
Mikroökonomik
Anwendungsbezogene Grundlagen
3. Aufl. 2002, XVIII, 674 S.

Kraft, Manfred · Landes, Thomas
Statistische Methoden
3. Aufl. 1996, X, 236 S.

Marti, Kurt · Gröger, Detlef
**Einführung in die lineare
und nichtlineare Optimierung**
2000, VII, 206 S.

Marti, Kurt · Gröger, Detlef
**Grundkurs Mathematik
für Ingenieure, Natur-
und Wirtschaftswissenschaftler**
2. Aufl. 2003, X, 267 S.

Michaelis, Peter
**Ökonomische Instrumente
in der Umweltpolitik**
Eine anwendungsorientierte
Einführung
1996, XII, 190 S.

Nissen, Hans-Peter
**Einführung in die
makroökonomische Theorie**
1999, XVI, 341 S.

Nissen, Hans-Peter
**Das Europäische System
Volkswirtschaftlicher
Gesamtrechnungen**
5. Aufl. 2004, XVI, 362 S.

Risse, Joachim
**Buchführung und Bilanz
für Einsteiger**
2. Aufl. 2004, VIII, 296 S.

Schäfer, Henry
Unternehmensfinanzen
Grundzüge in Theorie
und Management
2. Aufl. 2002, XVIII, 522 S.

Schäfer, Henry
Unternehmensinvestitionen
Grundzüge in Theorie
und Management
1999, XVI, 434 S.

Sesselmeier, Werner
Blauermel, Gregor
Arbeitsmarkttheorien
2. Aufl. 1998, XIV, 308 S.

Steven, Marion
Hierarchische Produktionsplanung
2. Aufl. 1994, X, 262 S.

Steven, Marion
Kistner, Klaus-Peter
**Übungsbuch
zur Betriebswirtschaftslehre
im Grundstudium**
2000, XVIII, 423 S.

Swoboda, Peter
Betriebliche Finanzierung
3. Aufl. 1994, 305 S.

Tomann, Horst
Volkswirtschaftslehre
Eine Einführung
in das ökonomische Denken
2005, XII, 186 S.

Weise, Peter u. a.
Neue Mikroökonomie
5. Aufl. 2005, XI, 645 S.

Zweifel, Peter
Heller, Robert H.
Internationaler Handel
Theorie und Empirie
3. Aufl. 1997, XXII, 418 S.

Christina E. Bannier

Vertragstheorie

Eine Einführung
mit finanzökonomischen Beispielen
und Anwendungen

Mit 16 Abbildungen
und 9 Tabellen

Physica-Verlag
Ein Unternehmen
von Springer

Dr. Christina E. Bannier
Goethe-Universität Frankfurt
Mertonstraße 17-21
60325 Frankfurt
E-Mail: bannier@finance.uni-frankfurt.de

ISBN 3-7908-1573-X Physica-Verlag Heidelberg

Bibliografische Information Der Deutschen Bibliothek

Die Deutsche Bibliothek verzeichnet diese Publikation in der Deutschen Nationalbiblio-
grafie; detaillierte bibliografische Daten sind im Internet über http://dnb.ddb.de abrufbar.

Physica-Verlag ist ein Unternehmen von Springer Science+Business Media
springer.de

© Physica-Verlag Heidelberg 2005

Umschlaggestaltung: Erich Kirchner
Herstellung: Helmut Petri
Druck: Strauss Offsetdruck

SPIN 11375098   43/3153 – 5 4 3 2 1 0 – Gedruckt auf säurefreiem Papier

Für Stephan und Gioia

Vorwort

Verträge werden typischerweise als schriftliche Vereinbarungen zwischen zwei oder mehreren Vertragspartnern angesehen. Durch den unterzeichneten Vertrag verpflichten sich die Beteiligten, in festgelegten Situationen bestimmten Aufgaben nachzukommen oder auch gewisse Rechte einzuräumen. Sollte eine der Vertragsparteien diese Regeln nicht einhalten, so können Gerichte oder andere Schiedsstellen der benachteiligten Partei bei der Durchsetzung des vereinbarten Vertrages helfen.

Im Gegensatz zu dieser - wenn auch nicht juristisch korrekten, so doch allgemein akzeptierten - Auffassung bezüglich des Sinnes und Zweckes von Verträgen, sieht die ökonomische Theorie in einem Vertrag ein wesentlich umfassenderes und allgemeineres Konstrukt. Im Wesentlichen wird dabei auf die Freiwilligkeit des Abschlusses von Verträgen abgestellt und die sich aus ihnen ergebenden Anreize für die Vertragsparteien, sich auch tatsächlich an die vereinbarten Regeln zu halten. Verträge müssen daher nicht unbedingt in schriftlicher Form festgehalten werden. Häufig reichen vielmehr schon mündliche Vereinbarungen, um die Grundprinzipien einer vertraglichen Regelung zum Einsatz zu bringen. Ein weiteres Beispiel für einen Vertrag ist auch ein Staat. Jeder Staatsbürger verpflichtet sich, üblicherweise freiwillig, die entsprechenden Regeln und Gesetze des jeweiligen Landes einzuhalten und ihnen entsprechend zu leben. Viele - mündliche und schriftliche - Vertragskonstrukte finden sich auch im Bereich von privaten sowie institutionellen Finanzierungsentscheidungen. So kann auch eine Unternehmung an sich, ihre Entscheidungen über eine entsprechende Finanzierungsstruktur eingeschlossen, als ein großes Vertragswerk angesehen werden, deren Vertragspartner wahlweise Aktionäre und Management, Abteilungsleiter und Abteilungsmitarbeiter, Einkaufsabteilung und Lieferanten, etc. sind.

Finanzierungsentscheidungen, oder allgemeiner Entscheidungen auf Finanzmärkten, sind häufig durch ein hohes Maß an Unsicherheit gekennzeichnet. Die Marktteilnehmer treffen ihre Entscheidungen meist, ohne über sämtliche relevanten Informationen zu verfügen. Insbesondere sind Finanzmärkte auch von einem hohen Grad an asymmetrischer Information betroffen, d.h. viele Marktteilnehmer müssen Entscheidungen treffen, für die ihnen bestimmte notwendige Informationen fehlen, während sie gleichzeitig vermuten, dass ihre Marktpartner über diese Informationen eventuell verfügen. Verträge, die in einer solchen Situation geschlossen werden sollen, bedürfen einer sorgfältigen Analyse der Marktgegebenheiten, um die entsprechenden Parteien überhaupt zu einem Vertragsabschluss zu bewegen. Da sich die Vertragstheorie insbesondere mit den Problemen asymmetrischer Informationsverteilung zwischen den kontrahierenden Parteien befasst, ist es besonders lohnend, ihre Aussagen in einem finanzwirtschaftlichen Umfeld zu untersuchen.

Das vorliegende Buch soll einen umfassenden Einblick in die Vertragstheorie vor dem Hintergrund finanzwirtschaftlicher Entscheidungen geben. Im Unterschied zu stärker theoretisch ausgerichteten Abhandlungen zur Vertragstheorie stellt es einen praktischen Leitfaden dar für Studenten, die sich im Rahmen eines Vertiefungsstudiums im Bereich Finanzen und monetärer Ökonomie mit vertragstheoretischen Fragestellungen befassen. Der Inhalt des Buches deckt dabei neben den „typischen" Themen wie „Moral-Hazard" und „Adverse-Selection" auch die Herangehensweise an vertragstheoretische Probleme im Rahmen der Spieltheorie ab. In diesem Sinne stellt es ein Lehrbuch dar, das einen strukturierten Überblick über die Thematik und die Lösungsansätze der Vertragstheorie geben soll. Der Bezug zu finanzökonomischen Zusammenhängen, die heute als eines der wichtigsten Anwendungsgebiete der Vertragstheorie angesehen werden, erfolgt hauptsächlich anhand von Anwendungsbeispielen und Übungsaufgaben, die die einzelnen Teile des Buches ergänzen. Darüber hinaus soll das Buch eine Hilfe für alle jene Studenten sowie interessierten Leser darstellen, die sich selbst in den Bereich der Vertragstheorie einarbeiten und insbesondere Fragen der Finanztheorie beantworten möchten. In diesem Sinne versucht dieses Buch über ein reines Lehrwerk hinaus auch die Grundlagen der moderneren Literatur einzubinden und somit über den „aktuellen Rand der Forschung" zu informieren.

Nachdem Teil I einen Überblick über die Entstehungsgeschichte der Vertragstheorie und ihre Ziele geben wird, schließt sich in Teil II eine kurze Darstellung der für vertragstheoretische Fragestellungen relevanten Lösungskonzepte der Spieltheorie an. Da sich die Spieltheorie mit strategischen Entscheidungen von Wirtschaftssubjekten befasst, die die Auswirkungen ihres Handelns auf die Entscheidungen ihrer Mitspieler berücksichtigen, kann ein Vertrag auch als ein, meist dynamisches, Spiel betrachtet werden. Besondere Bedeutung kommt daher den Lösungskonzepten für dynamische Spiele, insbesondere für Spiele mit asymmetrischer Informationsverteilung in Kapitel 5.2 zu.

Teil III betrachtet ein typisches vertragstheoretisches Problem, das sich ergibt, wenn die Vertragsparteien zwar zum Zeitpunkt des Vertragsabschlusses noch über symmetrische Informationen verfügen, nach dem Abschluss des Vertrages jedoch eine Änderung der Informationsverteilung eintritt. Asymmetrische Information nach Vertragsschluss kann dadurch entstehen, dass eine der Vertragsparteien eine für die zweite Partei unbeobachtbare Handlung vornimmt, oder indem sie eine Beobachtung macht, die letzterer unmöglich ist. In beiden Fällen ist die zweite Partei einem „moralischen Risiko" ausgesetzt, da es der ersten Partei nun leichter möglich ist, die festgelegten Vertragspunkte zu umgehen, ohne dass die zweite Partei dies sofort erkennen kann.

Teil IV befasst sich gerade mit dem umgekehrten Fall: bereits zum Zeitpunkt des Vertragsabschlusses verfügen die Vertragsparteien hier über asymmetrische Informationen. In einem solchen Fall wird die an einem Informationsnachteil leidende Partei den Vertrag so formulieren wollen, dass sie von ihrem Vertragspartner nicht ausgebeutet werden kann. Sie wird, im vertragstheoretischen Jargon, vermeiden wollen, Opfer einer „adversen Selektion" zu werden, die sich gerade dann ergibt, wenn ihr Vertragspartner den Vertrag nur dann abschließt, wenn er ihn zu seinen Gunsten, und somit zu Lasten der uninformierten Partei, ausnutzen kann.

Die beiden Phänomene des „Signalling" und „Screening" in Teil V dieses Buches stellen bei Existenz einer drohenden adversen Selektion freiwillige Aktionen der informierten bzw. uninformierten Vertragspartei dar, das Problem der asymmetrischen Informationsverteilung zu lösen oder zumindest abzumildern. Im ersten Fall wird dabei der informierte Vertragspartner versuchen, seine überlegene Information an den Vertragsgegner zu signalisieren. Im zweiten Fall gibt die uninformierte Vertragspartei dem Vertragsgegner zusätzliche Anreize, seine Information preiszugeben.

Die letzten beiden Teile des Buches befassen sich mit aktuelleren Themen der Vertragstheorie. In Teil VI wird dabei die Annahme fallengelassen, es sei möglich, vollständige Verträge zu schreiben. Stattdessen wird berücksichtigt, dass der Großteil aller in der Realität geschlossenen Verträge unvollständig ist in dem Sinne, dass es nicht möglich ist, in langfristigen Verträgen alle relevanten Zukunftsszenarien zu berücksichtigen. In der aktuellen Forschung zu dieser Problematik wird dabei insbesondere nach der Abgrenzung zwischen einer Marktlösung von Vertragsproblemen und einer Lösung innerhalb von Organisationen bzw. Firmen gefragt. In diesem Sinne bezeichnet man diese in den letzten Jahren entwickelte Forschungsrichtung auch als Theorie der Firma oder, genauer, als Theorie der optimalen Firmengröße.

Teil VII dieses Buches analysiert abschließend ein wichtiges Anwendungsgebiet der modernen Vertragstheorie: das optimale Design von Auktionen. Insbesondere durch die Notwendigkeit, effiziente Auktionen beispielsweise von Telekommunikationsrechten durchzuführen, hat diese Fragestellung in der letzten Dekade an Brisanz gewonnen. Ohne eine umfassende und erschöpfende Analyse der Auktionstheorie anzustreben, sollen im letzten Teil dieses Buches lediglich die wichtigsten Auktionsmodelle dargestellt und auf ihre Verbindung zur Spiel- und Vertragstheorie hingewiesen werden.

Da die Entwicklung der Vertragstheorie vor allem durch englischsprachige Forschungsarbeiten getragen ist, wird im Folgenden weitgehend der englischen

Schreibweise von Fachbegriffen gefolgt. Nur selten sind Standardbezeichnungen wie „Moral-Hazard" überhaupt sinnvoll übersetzbar zu „moralischem Risiko". Es wird allerdings an den entsprechenden Stellen im Text immer ein sprachliche Erklärung erfolgen, die dem Leser die Verwendung der englischen Begriffe leicht ermöglichen sollte.

Danken möchte ich stellvertretend für viele andere vor allem Stephan Bannier, Ralf Elsas und Jan Pieter Krahnen. Ohne das Interesse und die Beteiligung der Studenten im Schwerpunkt Finanzen an der Johann Wolfgang Goethe-Universität in Frankfurt wäre dieses Buch in der vorliegenden Form ebenfalls nicht entstanden.

Frankfurt, Januar 2005   *Christina E. Bannier*

Inhaltsverzeichnis

Teil I Überblick über die Vertragstheorie

1 Gegenstand und Relevanz 3

   1.1 Definitionen und Anwendungsgebiete...................... 3

   1.2 Entstehung der Vertragstheorie......................... 4

   1.3 Klassifizierung vertragstheoretischer Probleme.............. 7

2 Ziele der Vertragsgestaltung 11

   2.1 Effiziente Allokation 11

   2.2 Optimale Risikoteilung 12

   2.3 Optimale Verhaltenssteuerung als Mittel der Zielerreichung ... 15

Teil II Spieltheorie

3 Spieltheoretische Grundlagen 19

   3.1 Spieldefinition und Darstellungsformen 19

   3.2 Informationsbegriffe 21

4 Strategien und Gleichgewichtskonzepte in statischen Spielen 25

   4.1 Gleichgewichte in dominanten und iteriert dominanten Strategien 26

   4.2 Nash-Gleichgewichte in reinen Strategien 27

   4.3 Das Gefangenen-Dilemma: Gleichgewichte in dominanten und iteriert dominanten Strategien sowie nach Nash 28

4.4   Nash-Gleichgewichte in gemischten Strategien 31

5   Gleichgewichtskonzepte in dynamischen Spielen 35

5.1   Teilspielperfektes Gleichgewicht in Spielen mit symmetrischer
      Information 36

5.2   Perfektes Bayesianisches Gleichgewicht in Spielen mit
      asymmetrischer Information 40

6   Anwendungsbeispiele und Übungen 51

6.1   Leben im Urwald - Nash-Gleichgewichte in reinen und
      gemischten Strategien 51

6.2   Financial Distress - Nash-Gleichgewichte in diskreten Aktionen 53

6.3   Optimale Produktion - Nash-Gleichgewichte in stetigen
      Aktionen 55

6.4   Das Monty-Hall-Problem - Bayesianisches Updating 56

6.5   Nuisance-Suit - Teilspielperfektes Gleichgewicht 58

6.6   Manager und Autowahl - Perfektes Bayesianisches
      Gleichgewicht 61

6.7   Übernahmeschlachten, Greenmail und White-Knights -
      Perfektes Bayesianisches Gleichgewicht 65

Teil III Moral-Hazard

7   Grundproblem 69

7.1   Grundmodell - Der optimale Vertrag unter symmetrischer
      Information 71

7.2   Moral-Hazard - Der optimale Vertrag unter asymmetrischer
      Information 76

8   Herleitung optimaler Verträge 79

8.1   Bedingungen eines optimalen Vertrages unter Moral-Hazard .. 79

8.2   Der First-Order-Condition(FOC)-Ansatz 80

8.3   Das LEN-Modell als Anwendungsbeispiel 82

8.4   MLRP: Monotones Wahrscheinlichkeitsverhältnis 86

**9   Moral-Hazard mit Hidden-Information: Das Revelation-
     Prinzip** 89

10 Anwendungsbeispiele und Übungen 93

10.1 Moral-Hazard und Kreditrationierung 93

10.2 Beteiligungsfinanzierung 95

10.3 Produktionsspiel I: First-best-Vertrag unter
Informationssymmetrie 99

10.4 Produktionsspiel II: Second-best-Vertrag unter
Informationsasymmetrie 101

10.5 Produktionsspiel III: Optimaler Vertrag unter symmetrischer
und asymmetrischer Information 103

10.6 Produktionsspiel mit Monitoring 106

Teil IV Adverse-Selection

11 Grundproblem 111

12 Der „Market for Lemons" nach Akerlof (1970) 113

12.1 Diskrete Verteilung der Auto-Typen bei gleichen Präferenzen
von Principal und Agent 114

12.2 Stetige Verteilung der Auto-Typen bei gleichen Präferenzen
von Principal und Agent 115

12.3 Stetige Verteilung der Auto-Typen bei unterschiedlichen
Präferenzen von Principal und Agent 116

12.4 Stetige Verteilung der Auto-Typen bei heterogenen
Präferenzen der Agents 118

13 Charakterisierung optimaler Verträge unter Adverse-
Selection 121

14 Adverse-Selection bei Konkurrenz mehrerer Principals 129

14.1 Optimaler Vertrag unter symmetrischer Information als
Benchmark 130

14.2 Optimaler Vertrag unter asymmetrischer Information mit
Adverse-Selection 131

15 Anwendungsbeispiele und Übungen 135

15.1 Das Produktionsspiel unter Adverse-Selection 135

15.2 Adverse-Selection in Marktmikrostruktur-Modellen 137

15.2.1 Das Bagehot-Modell (1971) 138

15.2.2 Das Kyle-Modell (1985) 141

Teil V Signalling und Screening

16 Signalling 147

16.1 Das Grundproblem: Private versus Öffentliche Information 147

16.2 Herleitung eines optimalen Vertrages unter Signalling - Ausbildung als Signal 149

16.3 Erweiterungen des Signalling-Spiels 158

17 Screening 161

18 Anwendungsbeispiele und Übungen 165

18.1 Optimale Finanzstruktur - Signalling innerhalb von Finanzierungsverträgen.................................. 165

18.2 Underpricing New-Stock-Issues - Signalling mit multiplen Signalen 169

18.3 Productive Education und Signalling 172

Teil VI Die Theorie unvollständiger Verträge

19 Einleitung 179

20 Die Theorie der Firma im historischen Kontext 183

21 Unvollständige Verträge und Eigentumsrechte 187

22 Neuere Ansätze der Theorie unvollständiger Verträge 191

22.1 Firmen als Bündel komplementärer Instrumente 191

22.2 Relational-Contracts 192

22.3 Informelle Autorität und strategische Allianzen............. 193

Teil VII Auktionstheorie

23 Einleitung 199

24 Arten von Auktionen 201

25 Typen von Auktions-Modellen 203

26 Optimale Auktions-Strategien und der Winner's-Curse 205

26.1 Optimale Strategien in Private-Values-Auktionen 205

26.2 Optimale Strategien in Common-Values-Auktionen 207

27 Das Revenue-Equivalence-Theorem 209

28 Risikoaversion und Kollusion als Bestimmungsgrößen für die optimale Ausgestaltung einer Auktion 213

Literaturverzeichnis 215

Teil I

Überblick über die Vertragstheorie

1

Gegenstand und Relevanz

1.1 Definitionen und Anwendungsgebiete

Nach Schweizer [58] umfasst der Vertragsbegriff „sämtliche institutionellen
Vorkehrungen [...], welche die Möglichkeiten der strategischen Interaktion
von individuellen Entscheidungsträgern definieren, beeinflussen und koordinieren". Er ist somit wesentlich weiter gefasst als die übliche, juristisch ge-
prägte Definition und bezieht sowohl schriftliche Vereinbarungen und politische Regelungen, aber auch Verhaltensnormen sowie Institutionen wie beispielsweise Unternehmen ein. In diesem Zusammenhang definieren Milgrom
und Roberts [45]: „An organization is a nexus of contracts, treaties and un-
derstandings among the individual members. The firm itself is then a legal
fiction that enters relatively simple, bilateral contracts between itself and its
suppliers, workers, investors, managers, and customers."

Die Vertragstheorie betrachtet in diesem Sinne die optimale Ausgestaltung
von Verträgen zwischen Wirtschaftssubjekten, die einen gemeinsam erzielba-
ren Überschuss zunächst erwirtschaften und anschließend untereinander aufteilen müssen. Im Vergleich zur allgemeinen Gleichgewichtstheorie berücksichtigt die Vertragstheorie dabei vor allem die strategische Interaktion der
Entscheidungsträger, die einen Vertrag vereinbaren. Sie macht dabei starken
Gebrauch von der Theorie individueller Rationalität, nach der Wirtschaftssubjekte ihren eigenen, aber nicht unbedingt den gemeinsamen Nutzen zu maximieren versuchen. Relevant wird diese Unterscheidung insbesondere dann,
wenn asymmetrische Informationen vorliegen. Da jeder Entscheidungsträger
ein Monopol über seine eigene Information besitzt, wird er sie nutzen, um
dadurch einen Vorteil zu erzielen. Ein optimaler Vertrag trägt dieser Problematik Rechnung, indem die vertraglichen Regelungen so gestaltet werden,
dass eine Verhaltenssteuerung erreicht wird, die zu einer optimale Allokation
der verfügbaren Ressourcen sowie, unter Unsicherheit, einer optimalen Risikoteilung führt.

In der Referenzsituation mit symmetrischer Information liefert das Vertragsproblem dagegen eine triviale Lösung, insbesondere dann, wenn Verträge
„vollständig", d.h. unter Berücksichtigung sämtlicher möglicherweise eintre-
tenden Situationen, erstellt werden können. Der Vertrag legt dann genau fest,
welche Vertragspartei welche Handlung in jedem möglichen Zukunftsszenario
vornehmen muss. Weicht eine Partei von den Vereinbarungen ab, so kann sie
beispielsweise durch einen Gerichtsbeschluss bestraft oder zur Vornahme der
vereinbarten Aktion gezwungen werden.

Der typischerweise in der Vertragstheorie behandelte Fall asymmetrischer Informationen berücksichtigt dagegen eine wesentlich realistischere Situation.
Da es meist auch nicht möglich ist, in den Vertrag sämtliche Ausnahme-
regelungen und besondere Spezifikationen aufzunehmen, müssen bereits die
grundlegenden vertraglichen Vereinbarungen den Wirtschaftssubjekten aus-
reichende Anreize setzen, um sich den Zielen des Vertrages entsprechend zu
verhalten. Die Vertragstheorie findet daher ihre wichtigsten Anwendungsgebiete überall dort, wo asymmetrische Informationen Anreizprobleme entstehen lassen, beispielsweise bei

- der Festsetzung von Entlohnungs- und Anreizschemata für Angestellte,
  insbesondere für Manager

- der Vereinbarung über optimale Finanzierungsverträge (Kreditverträge:
  Anleihe versus Kredit, Venture Capital, Versicherungsverträge, etc.)

- der Analyse von Finanztiteln (Schuldverträge, optimale Kapitalstruktur,
  etc.)

- Regulierungsmechanismen (Insiderhandel, Einlagenversicherung im Bank-
  gewerbe, Eigenkapitalunterlegung von Kreditrisiken für Banken etc.)

- der Frage nach einer optimalen Besteuerung

- der Errichtung politischer Organisationen (Föderalismus versus Zentralis-
  mus im Bundesstaat, Gestaltung von EZB und nationalen Zentralbanken,
  etc.)

- Auktionen (Börsenhandel, IPOs, Tendergeschäfte der Bundesbank, Versteigerung von UMTS-Lizenzen, etc.)

1.2 Entstehung der Vertragstheorie

Die Entstehungsgeschichte der Vertragstheorie hat ihren Ursprung in den
Schwachstellen der in den 1950er und 60er Jahren vorherrschenden allgemeinen Gleichgewichtstheorie. Obwohl keine allgemein anerkannte Definition oder Klassifikation der Vertragstheorie existiert, ist den einzelnen Gedankenrichtungen, die heute der Vertragstheorie zugeordnet werden, gemeinsam,
dass sie asymmetrische Informationen explizit berücksichtigen. Die *allgemeine Gleichgewichtstheorie* abstrahiert dagegen von Marktfriktionen, die durch

nicht-symmetrisch verteilte Informationen entstehen könnten. Vielmehr versucht sie, ökonomische Phänomene im Rahmen einer Gleichgewichtsanalyse als Übereinstimmung von Angebot und Nachfrage zu erklären. Die einzelnen Wirtschaftssubjekte haben demgemäß nur Einfluss auf das Preisniveau. Unter der Annahme vollständiger Konkurrenz können sie noch nicht einmal dieses beeinflussen, da sich der gleichgewichtige Preis durch die Grenzkosten der Produktion ergibt. Die allgemeine Gleichgewichtstheorie erschien zunächst als sehr nützliches Konzept, da sie in ihren zahllosen Erweiterungen auch in der Lage war, Phänomene wie Unsicherheiten, Externalitäten und Transaktionskosten zu berücksichtigen. Ihre Schwachstellen zeigten sich jedoch bald in der Unmöglichkeit, asymmetrische Informationsverteilungen zu analysieren sowie die Struktur von Institutionen (Firmen, Regierungen, etc.) in gegebenen Marktsystemen zu berücksichtigen.

Zu Beginn der 1970er wiesen insbesondere Akerlof [2], Spence [61], sowie Rothschild und Stiglitz [54] darauf hin, dass Informationsasymmetrien nicht in die bisher gewohnte Arrow-Debreu-Welt zu integrieren seien. Die Forschung ging daher gedanklich einen Schritt zurück und analysierte diese Problematik nicht mehr in allgemeinen Gleichgewichtsmodellen sondern untersuchte sie vielmehr in den Beziehungen zwischen zwei Wirtschaftssubjekten. Die Vertragstheorie konzentrierte sich daher in ihren Anfängen primär auf partielle Modelle, um die volle Komplexität strategischer Interaktionen von Wirtschaftssubjekten und Institutionen in einem genau spezifizierten Markt untersuchen zu können. Diese Herangehensweise ermöglicht die explizite Berücksichtigung von asymmetrischen Informationen zwischen den beiden Akteuren. Allerdings macht die partielle Betrachtungsweise, die meist durch die Beobachtung eines speziellen Marktphänomens getrieben wurde (beispielsweise Unterbeschäftigung auf Arbeitsmärkten oder das sogenannte Underpricing von IPOs), eine Integration der unterschiedlichen Modelle unter den Oberbegriff „Vertragstheorie" dementsprechend schwierig.

Die ersten Schritte der Vertragstheorie befassten sich daher auch überwiegend mit den formalen Mitteln, die beobachteten Informations- und Anreizprobleme zu beschreiben und zu lösen. So wurden die grundlegenden Arbeiten beispielsweise von Harsanyi [27] eher der Spieltheorie zugeordnet. Da die Vertragstheorie starken Gebrauch macht von dem Konzept der individuellen Rationalität, stellt auch die Arbeit von Neumann und Morgenstern [66] einen Grundpfeiler dar. Darauf aufbauend führte Arrow [3] den Begriff des moralischen Risikos („Moral-Hazard") ein, während die bereits genannten Autoren Akerlof, Spence, Rothschild und Stiglitz im Jahre 2001 den Nobelpreis für ihre Arbeiten der 70er Jahre zum Thema „Adverse-Selection" bekamen.

Eine Einordnung der Vertragstheorie in die Ökonomie orientiert sich anhand der üblichen Kategorisierung in Mikro- und Makroökonomie, sowie anhand der neueren Gedankenrichtungen, die der Vertragstheorie nahestehen: der Informationsökonomie und Spieltheorie. Von der Mikroökonomie unterscheidet sich die Vertragstheorie vor allem dadurch, dass die klassische Mikroökonomie

Anreizprobleme entweder, im Rahmen der allgemeinen Gleichgewichtstheorie, völlig ignoriert oder trivialisiert, indem angenommen wird, dass Transaktionskosten nicht existieren. Dadurch sind vollständige Verträge kostenfrei möglich und das *Coase-Theorem* kommt zum Tragen. Demzufolge können externe Effekte, die durch die Interaktionen von Wirtschaftssubjekten entstehen, in privaten Verhandlungen internalisiert werden, sofern die Eigentumsrechte an den beteiligten Ressourcen eindeutig zuordenbar sind und die Verhandlungen keinerlei *Transaktionskosten* verursachen. Vertragsverhandlungen führen allerdings typischerweise zu hohen Transaktionskosten. Diese müssen sich nicht unbedingt in Kosten für Anwälte, Notare oder auch in Kosten der Reise zum Verhandlungsort niederschlagen, sondern entstehen bereits durch die ungleiche Informationsverteilung zwischen den Verhandlungspartnern. Da nutzenmaximierende Wirtschaftssubjekte ihren Informationsvorsprung grundsätzlich zu ihrem Vorteil ausnutzen werden, können die mit einer Vertragsverhandlung verbundenen Transaktionskosten enorme Höhen erreichen. Dieser Tatsache wird in der Vertragstheorie im Gegensatz zur Mikroökonomie Rechnung getragen.

Die neuere Forschungsrichtung der *Informationsökonomie* berücksichtigt zwar Transaktionskosten, die durch asymmetrisch verteilte Informationen entstehen können, analysiert im wesentlichen aber exogen vorgegebene Verträge und ihre Auswirkungen. Beispielsweise versucht sie im Rahmen der Effizienzlohn-Theorie die Existenz von freiwilliger Arbeitslosigkeit zu erklären. Strategische Überlegungen der Vertragspartner während der Vertragsverhandlungen werden dagegen nicht berücksichtigt. Im Mittelpunkt der Vertragstheorie steht dagegen die Herleitung des optimalen Vertrages. Dies setzt eine genaue Analyse der strategischen Interaktionen der Spieler sowie der möglichen Anreizbedingungen eines Vertrages voraus.

Ähnlich zur Informationsökonomie nimmt auch die *Spieltheorie* das strategische Umfeld, d.h. das Spiel, als gegeben an und untersucht das gleichgewichtige Verhalten der Spieler in diesem Umfeld. Die Vertragstheorie berücksichtigt dagegen, dass die Vertragsparteien den Vertrag, d.h. das Spiel, selber wählen, um Anreizprobleme zu lösen. Um den optimalen, anreizverträglichen Vertrag herzuleiten, setzt die Vertragstheorie jedoch in weiten Teilen Methoden der Spieltheorie ein. Dies erklärt auch die historische Verbundenheit der beiden Theorie-Richtungen.

Aufgrund ihres Fokus auf strategische Interaktionen von Wirtschaftssubjekten, basierend auf einer asymmetrischen Informationsverteilung, hat die Vertragstheorie heute ein breites Anwendungsspektrum. Die aktuelle Forschung in diesem Gebiet erstreckt sich dabei sowohl auf Fragen der Anwendung von vertragstheoretischen Analysen, wie beispielsweise die optimale Gestaltung von Auktionen, als auch auf die Erklärung beobachteter Phänomene wie die parallele Abwicklung von Transaktionen über anonyme Märkten und innerhalb beziehungsgeprägter Institutionen und Firmen. Letztere Fragestellung prägt die sogenannte Theorie der Firma. Konkrete Anwendung findet sie in unterschiedlichsten Bereichen, wie der Finanzierungstheorie (Sollten Finanzmärkte reguliert werden? Welche Finanzierungsformen sollten Unternehmen wählen? Welche Informationsanforderungen sollten in Initial Public Offerings erfüllt werden? Welche Gebührenschemata setzen optimale Anreize für Fondsmanager?), der Arbeitsmarkttheorie (Wie sollten optimale Entlohnungsschemata gestaltet werden? Wie können Assessment-Center die Qualifikation potentieller Arbeitnehmer bestmöglich erkennen?), aber auch der Finanzwissenschaft (Wie kann ein Steuersystem Anreize zur Steuerhinterziehung vermindern? Welches ist die optimale föderale Struktur eines Landes? Welcher Bundesebene sollten welche Kompetenzen zugeordnet werden? Welche Leistungen sollte der Staat selbst produzieren, welche sollten aus der Privatwirtschaft „gekauft" werden?).

1.3 Klassifizierung vertragstheoretischer Probleme

Grundsätzlich lassen sich vertragstheoretische Probleme anhand unterschiedlichster Kriterien klassifizieren, beispielsweise danach, ob statische oder dynamische Entscheidungssituationen vorliegen, ob bilaterale oder multilaterale Verträge geschlossen werden sollen oder ob Verträge vollständig oder nur unvollständig geschrieben werden können. Die übliche Klassifikation vertragstheoretische Probleme orientiert sich jedoch an der Art der vorliegenden Informationsasymmetrie. Dabei ist zunächst zu unterscheiden, ob die asymmetrische Informationsverteilung zwischen den beiden vertragschließenden Parteien, oder vielmehr zwischen diesen und außenstehenden Dritten, wie beispielsweise einem Gericht, besteht.

Liegen Informationsasymmetrien zwischen den Vertragsparteien vor, so kann man in Anlehnung an Kenneth Arrow unterscheiden zwischen *Moral-Hazard*- und *Adverse-Selection*-Problemen. Ein Moral-Hazard-Problem liegt vor, wenn die beteiligten Parteien zum Zeitpunkt des Vertragsschlusses über dieselbe Information verfügen, nach Abschluss des Vertrages sich allerdings eine asymmetrische Informationsverteilung ergibt. Dies kann der Fall sein, wenn eines der Wirtschaftssubjekte eine Handlung vornimmt, die von der Gegenseite nicht beobachtbar ist. In diese Kategorie des moralischen Risikos durch *Hidden-Action* fällt beispielsweise das geänderte Risikoverhalten eines Versicherungsnehmers, nachdem die Versicherung abgeschlossen wurde. Eine weitere Ausprägung von Moral-Hazard findet man im sogenannten *Hidden-Information*-Fall, wenn eine Vertragspartei nach Vertragsschluss relevante Informationen über den Vertragsgegenstand bekommt, diese jedoch dem Vertragspartner nicht mitteilt.

Liegt dagegen bereits zum Zeitpunkt des Vertragsabschlusses eine asymmetrische Informationsverteilung vor, so spricht man von einem Adverse-Selection-Problem. Typische Beispiele finden sich wieder in der Versicherungswirtschaft. So verfügt beispielsweise eine Person, die eine Krankenversicherung abschließen möchte, bereits zum Zeitpunkt des Vertragsschlusses über genauere Informationen bezüglich ihrer gesundheitlichen Verfassung als die Versicherung. Ebenso kann auch die Unternehmensleitung wesentlich genauer den wahren Wert eines Investitionsprojektes einschätzen als verschiedene Financiers, die im Rahmen eines Finanzierungsvertrages die monetären Mittel zur Verfügung stellen sollen.

Im Falle Adverse-Selection wird der uninformierte Vertragspartner üblicherweise der informierten Partei nicht nur einen einzigen Vertrag vorlegen, sondern ein ganzes Menü an Verträgen. Aus diesem Menü kann der informierte Agent dann den für ihn optimalen Vertrag auswählen und gibt durch seine Wahl automatisch Informationen preis. Eine solche Selbstselektion erlebt man häufig bei Versicherungsverträgen, die durch unterschiedliche Kombinationen von Selbstbehalten und Pauschalen zusammengesetzt sind. Im Gegensatz zu einem solchen *Screening* ist es aber auch der informierten Partei möglich, freiwillig im Rahmen eines sogenannten *Signalling*-Prozesses Informationen weiterzugeben. Ein typisches Beispiel dafür ist eine Bewerbungssituation, in der ein potentieller Arbeitnehmer seine Ausbildung und Fähigkeit durch die Abgabe von Zeugnissen in einer Bewerbungsmappe zu dokumentieren versucht.

Die grundlegende Unterscheidung zwischen Moral-Hazard und Adverse-Selection liegt also in der Antwort auf die Frage „Wer beobachtet welche Information zu welchem Zeitpunkt?" Anders dagegen, wenn Informationsasymmetrien nicht zwischen den Vertragsparteien bestehen, sondern zwischen diesen einerseits und Dritten andererseits. Hier geht es um den Aspekt der *Verifizierbarkeit* eines Vertrages. So ist ein Vertrag nicht verifizierbar, wenn gegenüber einem Gericht beispielsweise nicht deutlich gemacht werden kann, ob eine der beiden Vertragsparteien die vertraglichen Regelungen missachtet hat. Typischerweise tritt diese Problematik bei unvollständigen Verträgen auf, in denen notwendige Handlungen der Parteien nicht für alle Eventualitäten aufgelistet wurden, beispielsweise weil dies prohibitiv teuer wäre. Die Theorie unvollständiger Verträge widmet sich daher insbesondere dem Problem der Nachverhandlung von Verträgen.

An der beschriebenen Klassifikation vertragstheoretischer Probleme wird sich auch die Darstellung in diesem Buch orientieren. Im Folgenden wollen wir zunächst einen optimalen Vertrag anhand seiner Ziele charakterisieren. Um den so definierten optimalen Vertrag herzuleiten, werden wir einen Exkurs in die Spieltheorie unternehmen, in dem die für dynamische Entscheidungsprobleme relevanten Konzepte des teilspielperfekten Gleichgewichts sowie des Bayesianischen Gleichgewichts detailliert zu betrachten sind. Auf Basis dieses formalen Basis-Werkzeugs werden wir sodann vertragstheoretische Probleme des Moral-Hazard und der Adverse-Selection analysieren, bevor wir abschließend zu einer kurzen Betrachtung der Auktionstheorie sowie der Theorie unvollständiger Verträge übergehen. Wie bereits erwähnt wird jeder Arbeitsteil von Anwendungsbeispielen und Übungsaufgaben ergänzt, die weitestgehend aus dem Bereich der Finanztheorie gewählt sind.

2

Ziele der Vertragsgestaltung

Grundsätzlich sollte ein optimaler Vertrag zwei Ziele erreichen: die Ressourcen der beteiligten Vertragspartner sollten effizient alloziiert werden und gleichzeitig sollte eine optimale Risikoteilung gemäß der Risikoneigung der beteiligten Parteien erreicht werden. Im Falle einer asymmetrischen Informationsverteilung zwischen den Vertragsparteien muss der Vertrag darüber hinaus, sofern er nicht vollständig geschrieben werden kann, eine optimale Verhaltenssteuerung erzielen. Dies ist das Kernproblem der Vertragstheorie, dessen mögliche Lösung uns in den weiteren Kapiteln leiten wird.

2.1 Effiziente Allokation

Der Effizienzgrad eines Vertrages wird üblicherweise anhand des Pareto-Kriteriums gemessen. *Pareto-Effizienz* liegt ganz allgemein dann vor, wenn durch eine bestimmte Allokation von Ressourcen kein Wirtschaftssubjekt mehr besser gestellt werden kann, ohne dass gleichzeitig ein anderes schlechter gestellt wird. Da die Vertragstheorie in den einfachsten Fällen die Entscheidungssituation zwischen zwei Personen analysiert, lässt sich ein Pareto-Optimum recht leicht charakterisieren als eine Situation, in der eine Vertragspartei ihren Nutzen maximiert, während der Nutzen der anderen Partei konstant gehalten wird. Ein Pareto-effizienter Vertrag lässt sich daher durch einen *Take-it-or-leave-it-Vertrag* darstellen. In einem sogenannten Stackelberg-Spiel bietet eine Vertragspartei (der Stackelberg-Führer) einen für sie nutzenmaximierenden Vertrag an, den die Gegenpartei entweder annehmen oder ablehnen kann. Wenn ihr Nutzen im Vergleich zu einer relevanten Alternative (der sogenannten *Outside-Option*) konstant bleibt, ist sie indifferent zwischen Annahme und Ablehnung des Vertrages. Eine solche Situation erfüllt die Kriterien des Pareto-Optimums.

Während die klassische Mikroökonomie annimmt, dass der Marktmechanismus bereits zu einer Pareto-effizienten Allokation führt, können externe Effekte, die in den jüngeren mikroökonomischen Modellen berücksichtigt werden, jedoch zu Ineffizienzen führen. In einem solchen Fall beeinflussen die Handlungen eines Wirtschaftssubjektes den Nutzen eines anderen Wirtschaftssubjektes, ohne dass der Marktmechanismus notwendig eingreift. Die grundlegende Frage zur Lösung eines solchen Problems externer Effekte lautet dabei, ob Staatseingriffe nötig sind, um die Effekte zu beseitigen, oder ob sie auch durch privatwirtschaftliche Vereinbarungen (d.h. Verträge) internalisiert werden können. Die sogenannte Pigou-Lösung verlässt sich auf den Staat, der mittels einer Steuer, die vom Verursacher zu zahlen ist, den externen Effekt beseitigen soll. Diese Lösung basiert daher auf dem Verursacher-Prinzip. Die Coase-Lösung baut dagegen auf die Selbstheilungskräfte des Marktes. Voraussetzung für die Anwendung dieses Laissez-faire-Ansatzes ist dabei, dass die Eigentumsrechte an den Ressourcen geklärt sind und keine Transaktionskosten vorliegen, so dass Verhandlungen kostenfrei möglich sind. Das *Coase-Theorem*, demzufolge externe Effekte keinen Einfluss auf die optimale Allokation haben, da sie vom Markt automatisch internalisiert werden, abstrahiert demnach wiederum von Informationsasymmetrien. Diese sind nämlich eine wesentliche Quelle für Transaktionskosten, da die Neigung eines Wirtschaftssubjektes als Homo Oeconomicus, jeden Informationsvorsprung zum persönlichen Vorteil auszunutzen, die Kosten einer Verhandlung beträchtlich in die Höhe treiben wird. Folglich können wir in der Realität nicht annehmen, dass externe Effekte vom Markt internalisiert werden. Vielmehr müssen Verträge geschaffen werden, die dem Problem endogener Transaktionskosten in Form von asymmetrisch verteilten Informationen Rechnung tragen, und die strategischen Effekte menschlichen Handelns in geeignete Bahnen lenken, um eine effiziente Allokation von Ressourcen zu erreichen.

2.2 Optimale Risikoteilung

Ein optimaler Vertrag muss nicht nur dafür sorgen, dass bei der Produktion ein effizienter Ressourceneinsatz erfolgt, vielmehr muss auch gewährleistet sein, dass die Aufteilung des erwirtschafteten Outputs nach Maßstäben erfolgt, die keiner der beteiligten Parteien Anreize zum Vertragsbruch geben. Diese zweite Anforderung wird insbesondere dann wichtig, wenn die Produktion einem Risiko unterliegt und die Parteien risiko-sensitiv sind. Man kann sich die Problematik leicht an einem einfachen Beispiel verdeutlichen. Im sogenannten *Principal-Agent-Modell*, das üblicherweise zur Verdeutlichung von vertragstheoretischen Problemen herangezogen wird, agieren zwei Personen. Der Agent unternimmt eine für ihn anstrengende Handlung, um zu einem gemeinschaftlichen Output beizutragen. Der Principal ist ein Mitglied dieser Gemeinschaft. Blendet man alle weiteren Mitglieder der Gemeinschaft aus, so wird der Agent typischerweise als die informierte Vertragspartei charakterisiert, da er sein eigenes Verhalten kennt. Der Principal als uninformierter Partner kann dagegen die Aktionen des Agent nicht beobachten. Beispiele für eine solche Principal-Agent-Beziehung finden sich beispielsweise zwischen Arbeitgeber und Arbeitnehmer, zwischen Versicherung und Versicherungsnehmer oder auch zwischen Aktionär und Manager.

Ein Zielkonflikt zwischen den beiden Vertragsparteien besteht nun insofern, dass dem Agent ein negativer Nutzen aus der für ihn anstrengenden (Produktions-)Handlung entsteht, währen der Principal einen positiven Nutzen aus dem Ergebnis dieser Anstrengung, d.h. der Produktion, zieht. Wären die Aktionen des Agent für alle Beteiligten beobachtbar, so dass symmetrische Information zwischen den beiden Wirtschaftssubjekten besteht, so könnte der Principal dem Agent in Verhandlungen eine Kompensation für seine Anstrengung anbieten, die für beide Seiten Pareto-effizient wäre. Ein solcher Vertrag stellt die *First-best-Solution* für dieses Verhandlungsproblem dar.

Auch unter asymmetrischer Information, d.h. in einer Situation, in der die Handlungen des Agent nicht beobachtbar sind, ist jedoch ein First-best-Vertrag möglich. Er setzt allerdings voraus, dass einer der beiden Vertragspartner risikoneutral ist. Unterliegt die Outputproduktion einem Risiko, so wird die risikoneutrale Partei bereit sein, das Risiko voll zu übernehmen, ohne eine Kompensation dafür zu verlangen. Damit kann Pareto-Effizienz erreicht werden.

Liegen asymmetrische Informationen vor, so spielt also die Risikoneigung der Vertragsparteien eine wesentliche Rolle. Warum ist dies der Fall? Unter asymmetrischer Information sind die Handlungen des Agent nicht beobachtbar, sondern nur deren Ergebnis, d.h. der produzierte Output. In einer unsicheren Umwelt hängt die Höhe des Outputs jedoch noch von weiteren Größen ab, die nicht durch die Aktionen des Agent beeinflusst werden. Dazu zählen beispielsweise Umweltfaktoren wie das Wetter, aber auch ökonomische Schocks wie beispielsweise Ölpreissteigerungen. Unter asymmetrischer Information kann der Principal grundsätzlich nicht unterscheiden, in welchem Ausmaß die beobachtete Höhe des Outputs von der Handlung des Agents oder von den exogenen (Risiko-)Faktoren getrieben wurde. Der vereinbarte Vertrag zwischen Principal und Agent sieht nun vor, dass der Agent als Kompensation für seine Anstrengung, die zur Outputproduktion nötig ist, einen Lohn erhält. Ein Problem ergibt sich, wenn die Entlohnung des Agent allein auf Basis der beobachtbaren Outputhöhe erfolgt. Steigt sein Lohn mit dem Output, so trägt der Agent einen erheblichen Teil des Outputrisikos. Ist der Agent risikoavers, wird er eine zusätzliche Kompensation für die Übernahme des Risikos verlangen. Sieht der Vertrag einen solchen Risikoausgleich vor, entstehen jedoch gleichzeitig unerwünschte Anreize für die Handlungsweise des Agents. Da der Principal grundsätzlich nicht unterscheiden kann, ob ein besonders niedriges Output-Niveau durch einen negativen Schock oder durch mangelnden Einsatz des Agent hervorgerufen wurde, besteht keine Möglichkeit, den Agent für ein zu geringes Engagement zu bestrafen. Der Agent wird daher grundsätzlich versuchen, sein mangelndes Anstrengungsniveau hinter dem Outputrisiko zu „verstecken", um somit ungestraft ein möglichst geringes Engagement zu realisieren. Dies entspricht jedoch einem ineffizienten Ressourceneinsatz auf Seiten des Agent. Unter Informationsasymmetrie und Risikoaversion des Agent ergibt sich somit ein *Trade-off* zwischen einer effizienten Produktion und einer optimalen Risikoaufteilung. Der optimale Vertrag ist daher nur *second-best*-optimal, indem er den bestehenden Trade-off zwischen Effizienz und Risikoteilung zu minimieren versucht.

Ein solcher Second-best-Vertrag unter Informationsasymmetrie und Risikosensitivität ist dadurch gekennzeichnet, dass gerade die Vertragspartei den größten Teil des Risikos übernimmt, der es am wenigsten Kosten verursacht, d.h. die am wenigsten risikoavers ist. Dies lässt sich an einem einfachen Beispiel verdeutlichen: 2 Personen (A und B) verfügen über riskante Einkommen I_A und I_B. Die Risiken seien unabhängig voneinander. r_A und r_B seien die Koeffizienten absoluter Risikaversion für die beiden Wirtschaftssubjekte. Kommt es nicht zu einer Risikoteilung zwischen den beiden Personen, so ergibt sich die totale Risikoprämie zu $\frac{1}{2}r_A \text{Var}(I_A) + \frac{1}{2}r_B \text{Var}(I_B)$. Nehmen wir im Unterschied dazu an, die beiden Personen könnten einen Vertrag abschließen, der folgendes vorsieht:

- A erhält nur einen Anteil α seines früheren Einkommens I_A und einen Anteil β von B's Einkommen I_B. Zusätzlich erhält A einen Pauschalbetrag γ von B für seine Bereitschaft zur Risikoübernahme.

- B erhält das restliche Einkommen und muss den Pauschalbetrag γ zahlen.

Das neue Einkommen von A lautet somit $I_A^n = \alpha I_A + \beta I_B + \gamma$, das neue Einkommen von B beträgt $I_B^n = (1-\alpha)I_A + (1-\beta)I_B - \gamma$. Somit ändert sich auch die totale Risikoprämie des gemeinsamen Einkommens zu:

$$TRP = \frac{1}{2}\, r_A \text{Var}(\alpha I_A + \beta I_B + \gamma) + \frac{1}{2}\, r_B \text{Var}((1-\alpha)I_A + (1-\beta)I_B - \gamma)\,.$$

Aufgrund der Unabhängigkeit der Risiken, denen die beiden Einzeleinkommen I_A und I_B unterworfen sind, ergibt sich durch Umformung folgendes:

$$
\begin{aligned}
TRP &= \frac{1}{2}\, r_A[\alpha^2 \text{Var}(I_A) + \beta^2 \text{Var}(I_B) + 2\alpha\beta \text{Cov}(I_A, I_B)] \\
&\quad + \frac{1}{2}\, r_B[(1-\alpha)^2 \text{Var}(I_A) + (1-\beta)^2 \text{Var}(I_B) \\
&\qquad\quad + 2(1-\alpha)(1-\beta)\text{Cov}(I_A, I_B)] \\
&= \frac{1}{2}\, r_A[\alpha^2 \text{Var}(I_A) + \beta^2 \text{Var}(I_B)] \\
&\quad + \frac{1}{2}\, r_B[(1-\alpha)^2 \text{Var}(I_A) + (1-\beta)^2 \text{Var}(I_B)] \\
&= \frac{1}{2}\, (r_A\alpha^2 + r_B(1-\alpha)^2)\text{Var}(I_A) + \frac{1}{2}\, (r_A\beta^2 + r_B(1-\beta)^2)\text{Var}(I_B)\,.
\end{aligned}
$$

Der Vertrag in diesem Beispiel setzt die Parameter α, β und γ fest. Da die ersten beiden Parameter sich auf die Risikoteilung beziehen, wollen wir uns im Folgenden ausschließlich auf sie konzentrieren. Versucht der Vertrag eine optimale Risikoteilung zwischen den Vertragsparteien zu erreichen, so wird er α und β so festsetzen, dass die totale Risikoprämie minimiert wird. Die optimalen Werte α^* und β^* ergeben sich dann gemäß:

$$\frac{\partial TRP}{\partial \alpha} = \alpha r_A \text{Var}(I_A) - (1-\alpha) r_B \text{Var}(I_A) = 0$$

und

$$\frac{\partial TRP}{\partial \beta} = \beta r_A \text{Var}(I_B) - (1-\beta) r_B \text{Var}(I_B) = 0$$

zu $\alpha^* = r_B/(r_A + r_B)$ und $\beta^* = r_B/(r_A + r_B)$. Gilt beispielsweise $r_A = 2$ und $r_B = 4$, so dass Person B die höhere Risikoaversion aufweist, so lauten die durch den Vertrag geregelten Einkommen $I_A^n = \frac{2}{3} I_A + \frac{2}{3} I_B + \gamma$ und $I_B^n = \frac{1}{3} I_A + \frac{1}{3} I_B - \gamma$. Person A trägt somit den größeren Anteil des riskanten Einkommens und wird dafür durch den Pauschalbetrag γ entschädigt. Dies ist effizient, da A eine geringere Risikoaversion aufweist als B, ihr somit geringere Nutzeneinbußen durch das höhere Risiko ihres Einkommens entstehen und sie folglich auch weniger stark entschädigt werden muss.

2.3 Optimale Verhaltenssteuerung als Mittel der Zielerreichung

Die beiden Ziele eines optimalen Vertrages - effiziente Allokation und optimale Risikoteilung - wären trivial zu erreichen, läge keine Informationsasymmetrie zwischen den Vertragsparteien vor. Das grundlegende Problem der Vertragstheorie liegt daher darin, dass die Vertragspartner versuchen werden, die asymmetrisch verteilte Information weitestmöglich zu ihrem eigenen Vorteil auszunutzen. Der optimale Vertrag muss also versuchen, eine Interessenskonvergenz zwischen den beteiligten Parteien herbeizuführen.

Erschwert wird dies dadurch, dass die beiden Ziele einer effizienten Allokation und Risikoteilung sich häufig widersprechen. Sehr deutlich zeigt sich dies am Beispiel der Entlohnung von Managern, die von den Aktionären des Unternehmens bewilligt werden muss. Da Aktionäre ihr Portfolio leicht diversifizieren können, kann unterstellt werden, dass sie risikoneutral sind. Manager dagegen unterliegen einem starken Einkommensrisiko und sind in dieser Hinsicht eher risikoavers. Unter dem Gesichtspunkt einer optimalen Risikoteilung sollte daher das gesamte Risiko von den Aktionären getragen werden, während dem Manager für seine Arbeit ein Fixgehalt gezahlt werden sollte. Da jedoch das Unternehmensergebnis sehr stark vom Anstrengungsniveau des Managers abhängt, verlangt ein effizientes Produktionsergebnis eine Erfolgsbeteiligung des Managers, um ihm bestmögliche Arbeitsanreize zu geben. Es ergibt sich hier also der typische Trade-off zwischen einem optimalen Arbeitseinsatz und einer optimalen Risikoversicherung für den risikoaversen Agent. Ein optimaler Vertrag muss nun versuchen, diesen Trade-off zu minimieren. In diesem Sinne kann er nur noch second-best-optimal sein, da ein vollkommen Pareto-effizientes Ergebnis aufgrund des zusätzlichen Ziels der Risikoteilung nicht erreicht werden kann.

Im Rahmen dieser Trade-off-Minimierung muss der optimale Vertrag nun die geeigneten Anreize setzen und dadurch eine höchstmögliche Interessenkonvergenz zwischen den Vertragsparteien anstreben. Um den geeigneten Vertrag zu bestimmen, muss jedoch zunächst analysiert werden, welche Anreize aus unterschiedlichen Ausgestaltungen von Verträgen resultieren. Mit dieser Frage beschäftigt sich das folgende Kapitel. Im Rahmen der Spieltheorie wird das gleichgewichtige Verhalten von Spielern in bestimmten Umfeldern untersucht. Die Vertragstheorie bedient sich der Methoden der Spieltheorie, da ein Vertrag, ebenso wie ein Spiel, lediglich die Rahmenbedingungen setzt, innerhalb derer die Wirtschaftssubjekte über ihr eigenes Handeln bestimmen können. Während das folgende Kapitel sich also mit den Entscheidungen von Personen in unterschiedlichen Spielsituationen beschäftigt und versucht, gleichgewichtiges Handeln zu definieren, baut die Vertragstheorie auf diesen Ergebnissen auf und sucht unter den genannten Zielen für eine gegebene Situation das passende „Spiel", d.h. den geeigneten Vertrag.

Teil II

Spieltheorie

3

Spieltheoretische Grundlagen

Die Spieltheorie befasst sich mit der Wahl von Handlungsalternativen durch Entscheidungsträger, die sich bewusst sind, dass ihre Entscheidungen Auswirkungen auf die Handlungen anderer Wirtschaftssubjekte haben. Grundsätzlich unterscheidet man zwischen kooperativen und nicht-kooperativen Spielen. In kooperativen Spielen können Spieler miteinander kommunizieren und bindende Vereinbarungen treffen. In nicht-kooperativen Spielen können sie dies nicht. Hier sind Lösungskonzepte aufgebaut auf Nutzenmaximierung durch rationales Handeln im Eigeninteresse. Im Folgenden befassen wir uns ausschließlich mit nicht-kooperativen Spielen, da der vertragstheoretische Teil des Buches Verhandlungen ebenfalls außer Acht lässt.

Ziel der Anwendung von spieltheoretischen Konzepten im Rahmen der Vertragstheorie ist es, das Verhalten von Wirtschaftssubjekten in unterschiedlichen (Spiel-)Situationen eindeutig vorherzusagen. Dazu muss das Spielergebnis eindeutig sein, d.h. es muss ein eindeutiges Gleichgewicht rationalen Handelns existieren. Häufig ergeben sich jedoch multiple Gleichgewichte oder eventuell gar kein Gleichgewicht. In beiden Fällen kann man das Ergebnis des Handelns der Personen nicht vorhersagen.

3.1 Spieldefinition und Darstellungsformen

Die essentiellen Bestandteile eines Spiels sind die Spieler, ihre Informationen, ihre Aktionen, sowie die möglichen Payoffs. Zusammengefasst werden diese Elemente in den „Regeln des Spiels".

Ein besonderer Spieler ist die Natur als sogenannter *Pseudo-Spieler*. Häufig wird dieser Pseudo-Spieler als modelltheoretischer Trick eingesetzt, um an bestimmten Stellen des Spiels mechanisch unter verschiedenen Aktionen wählen zu lassen. Im Unterschied zu den Entscheidungen aller übrigen Spieler erfolgt der Spielzug der Natur somit nicht aufgrund von strategischen Überlegungen. Meist unterscheiden sich die Informationen der übrigen Spieler darin, wieviel sie über die Züge der Natur „wissen", z.B. ob sie sie beobachten können oder nur die unterschiedlichen Handlungsalternativen kennen. Üblicherweise wählt die Natur unter verschiedenen „Umweltzuständen" oder weist den Spielern bestimmte „Typen" zu.

In einem Spiel werden die Wirtschaftssubjekte Strategien wählen, die, gegeben ihre Information, zu optimalen, d.h. nutzenmaximierenden, Aktionen führen. Eine *Strategie* ist somit eine Regel, die einem Spieler zu jedem Zeitpunkt des Spiels angibt, welche Aktion er wählen soll. Eine Strategie ist daher für das gesamte Spiel definiert. Ein Strategienprofil setzt sich aus einer Strategie für jeden Spieler zusammen. Stellt man ein Spiel anhand des Spielbaums dar, so lässt sich jeder Pfad vom Start bis zum Ende des Spiels durch ein Strategienprofil charakterisieren (und die zugehörigen Aktionen, die die Spieler gemäß ihrer Strategie gewählt haben). Das *Gleichgewicht* eines Spiels ist dann definiert als das Strategienprofil, das für jeden Spieler die „beste" Strategie enthält.

Eine Strategie gibt einem Spieler somit in jeder möglichen Entscheidungssituation an, welche Aktion aus seinem Handlungsraum er wählen sollte. Die Wahl einer bestimmten Strategie wird dabei auf Basis der Informationen des Spielers gefällt. Das sogenannte Informationsset eines Spielers gibt an, über welche Information der Spieler zu einem gegebenen Zeitpunkt des Spiels verfügt.

Im Unterschied zum Gleichgewicht, das lediglich durch die optimalen Strategien der Spieler bestimmt ist, gibt das *Spielergebnis* die Menge der das Gleichgewicht beschreibenden Elemente des Spiels an. Zu diesen gehören u.a. die gewählten Aktionen der Spieler sowie ihre Payoffs.

Bezüglich der Darstellung von Spielen unterscheidet man üblicherweise zwischen strategischer (oder Normal-) und extensiver Form. Die *strategische Form* wird meist für einfache Spiele mit simultanen Zügen der Spieler benutzt, beispielsweise in der Tabellenform von 2x2-Spielen. Die strategische Form bietet sich für einfache, vor allem für statische Spiele an. Sie stellt sämtliche Strategiekombinationen der Spieler und deren mögliche Payoffs zusammen. Aufgrund der simplen Struktur der so dargestellten Spiele entspricht dabei die Strategie eines Spielers meist auch seiner Aktion. Gleichgewicht und Ergebnis des Spiels lassen sich somit leicht ablesen.

Tabelle 3.1. Strategische Darstellungsform eines einfachen 2x2-Spiels

Spieler 1/ Spieler 2	links	rechts
oben	10/10	0/5
unten	7/3	−2/ − 2

Beispielsweise geben die Zellen im Inneren von Tab. 3.1 die Payoffs der Spieler an in der Reihenfolge: Spieler 1, Spieler 2. Spieler 1 bezeichnet dabei den Spieler, dessen Aktionen (hier auch Strategien) in der ersten Spalte abgetragen sind. Die Aktionen von Spieler 2 sind in der ersten Zeile dargestellt. Das Gleichgewicht setzt sich hier aus einer Strategie (= Aktion) für Spieler 1 und einer Strategie (= Aktion) für Spieler 2 zusammen. In diesem Beispiel ergibt sich ein Gleichgewicht zu (oben, links), d.h. Spieler 1 wird Aktion „oben", Spieler 2 „links" wählen.

Die *extensive Darstellungsform* wird dagegen meist verwendet zur Darstellung von komplizierteren sequentiellen Spielen, in denen die Reihenfolge der Züge von Bedeutung ist. Die extensive Form basiert auf dem sogenannten Spielbaum und ergänzt ihn um weitere Elemente des Spiels wie die Informationssets der Spieler sowie ihre Payoffs. Der Spielbaum selbst setzt sich dabei zusammen aus Knoten und Ästen. Ein Knoten repräsentiert eine Entscheidungssituation des Spiels, in der ein Spieler eine Aktion wählen muss. Eine Aktion aus dem Aktionsset des Spielers wird dargestellt durch einen Ast. Ein Pfad durch den Spielbaum ist definiert durch die Abfolge von Knoten und Ästen, die vom Start- zum Endknoten führt. Typischerweise gibt es mehrere Pfade durch den Spielbaum. Einer oder auch mehrere davon können ein Gleichgewicht darstellen.

Die extensive Darstellungsform eines Spiels beinhaltet somit folgende Elemente:

- eine geschlossene Konfiguration von Knoten und Ästen vom Start- zum End-Knoten,
- eine eindeutige Bezeichnung, welcher Knoten zu welchem Spieler gehört,
- die Wahrscheinlichkeiten, die den Zügen der Natur an ihren Entscheidungsknoten beigemessen werden, d.h. die Wahrscheinlichkeiten, mit der die Natur sich für jeden der ihr zur Verfügung stehenden Äste entscheidet,
- die Informationssets, zu denen die einzelnen Knoten der Spieler gehören,
- die Payoffs der Spieler an jedem End-Knoten.

In der in Abb. 3.1 gewählten Darstellung wird implizit angenommen, dass die Entscheidungen der beiden Spieler nacheinander erfolgen, d.h. Spieler 2 kann beobachten, ob Spieler 1 die Aktion „oben" oder „unten" gewählt hat.[1] Dies ist die zusätzliche Information, die die extensive Darstellung gegenüber der Normalform liefert. Die Payoffs an den Endknoten bezeichnen den Gewinn bzw. Verlust der Spieler gemäß der Reihenfolge ihrer Spielzüge.

3.2 Informationsbegriffe

Der für die Darstellung und Systematisierung von Spielen wichtigste Begriff bezüglich der Informationsverteilung ist der des Informationssets. Ein *In-*

---

[1]Siehe dazu auch die Ausführungen im folgenden Abschnitt zu Informationssets. Grundsätzlich kann die extensive Form auch zur Darstellung statischer Spiele genutzt werden.

Payoffs (Spieler 1; Spieler 2):

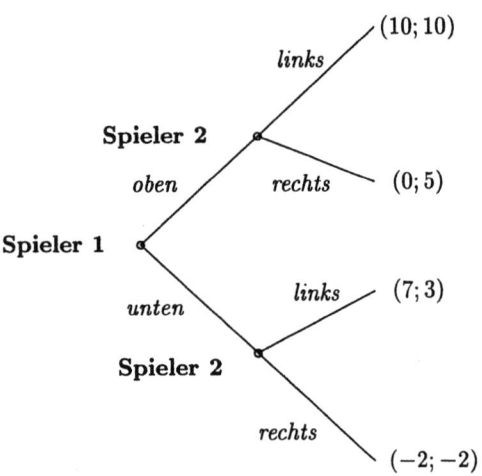

Abb. 3.1. Extensive Darstellungsform des 2x2-Spiels

formationsset bezeichnet, basierend auf der extensiven Darstellungsform des Spiels, ein Set von Knoten, die der Spieler zu einem bestimmten Zeitpunkt des Spiels für möglich hält, zwischen denen er aber nicht unterscheiden kann. Der Spieler weiß also, welcher Spieler am Zug ist, er kennt aber nicht die genaue Stelle, an der sich das Spiel befindet. Informationssets können auf unterschiedliche Weise gekennzeichnet werden. Im Folgenden werden wir dies durch eine Ellipse oder eine geschwungene Verbindungslinie zwischen den zu einem Set gehörenden Knoten tun.

In unserem obigen Beispiel könnte ein Informationsset wie in Abb. 3.2 dargestellt aussehen. Die Ellipse, die zwei Knoten für Spieler 2 beinhaltet, deutet an, dass Spieler 2 zu diesem Zeitpunkt nicht weiß, welche Wahl Spieler 1 getroffen hat, d.h. ob letzterer sich für „oben" oder „unten" entschieden hat. Werden dagegen keine Informationssets eingezeichnet (so wie in Abbildung 3.1), so bedeutet dies, dass jeder Knoten des Spiels ein ein-elementiges Informationsset darstellt.

Aus der Definition eines Informationssets folgt, dass ein Knoten jeweils nur zu einem und nicht zu mehreren Informationssets gehören kann. Die Information eines Spielers ist dabei umso besser, d.h. umso genauer, je weniger Knoten in einem Informationsset enthalten sind. Die Qualität von Informationen wird somit gemessen anhand der sogenannten Informationspartition. Eine Partition zerlegt die gesamte Information eines Spielers in einzelne Sets.

Payoffs (1;2):

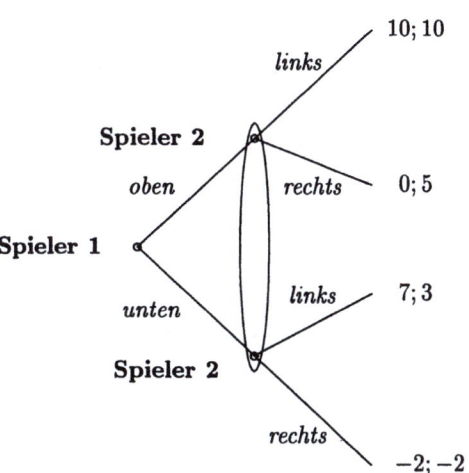

Abb. 3.2. Extensive Darstellungsform mit einem nicht ein-elementigen Informationsset

Je feiner die Zerlegung ist, d.h. je mehr Informationssets es bezüglich einer festen „Menge" an Informationen (hier: Anzahl an Knoten) gibt, desto weniger Elemente gehören zu einem Set und desto besser informiert ist der Spieler. Die „beste" Informationspartition ist daher diejenige, in der jedes Informationsset nur einen einzigen Knoten beinhaltet.

In diesem Zusammenhang unterscheidet man nun verschiedene Arten von Informationen, in Abhängigkeit von den Eigenschaften, die die Informationspartition der Spieler aufweist. *Perfekte Information* liegt vor, wenn jedes Informationsset der Spieler nur einen Knoten enthält. Dies ist der Idealzustand eines Spiels. Die Spieler verfügen über alle Informationen, die das Spiel entscheiden können. Anderenfalls ist die Information imperfekt. Von *symmetrischer Information* spricht man, wenn das Informationsset eines Spielers nicht weniger Knoten enthält als das der anderen Spieler. Die Informationssets sind dann äquivalent. Asymmetrische Information wird häufig auch als private Information bezeichnet (bzw. durch private Information ausgelöst). Liegt eine asymmetrische Informationsverteilung vor, so existiert ein Spieler, der an einer Stufe des Spiels über bessere Informationen verfügt als die anderen Spieler, d.h. eine feinere Informationspartition besitzt. Von *vollständiger Information* spricht man dagegen, wenn die Züge der Natur von allen Spielern beobachtet werden können. Typischerweise ist dies in der Realität nicht der Fall, d.h. eine Bank weiß beispielsweise nicht, ob der Kunde, der einen Kredit bei ihr aufnehmen möchte, sich als „guter" Kreditnehmer mit hoher Bonität erweisen wird, oder als „schlechter" Kunde mit geringer Bonität. Die Mehrzahl der Spiele befasst sich daher mit einer Situation unvollständiger Information, in der der Zug der Natur bezüglich des Umweltzustandes (im Beispiel: die Qualität des Schuldners) nicht beobachtbar ist.

Eine letzte wichtige Kategorie von Informationen ist die des *Common-Know-ledge*. Während die bisher dargestellten Informationsbegriffe sich auf die in den Informationssets der Spieler enthaltenen Elemente bezogen, beschreibt der Begriff des Common-Knowledge eine mehrdimensionale Überlappung der individuellen Informationssets (Brandenburger [12]). So ist etwas Common-Knowledge, wenn jeder Spieler es weiß, wenn jeder weiß, dass jeder Spieler es weiß etc. bis zu einer unendlichen Stufe.[2] Elemente eines Informationssets sind somit Common-Knowledge, wenn sie in den Informationssets aller Spieler enthalten sind und sich jeder Spieler dessen bewusst ist. Üblicherweise werden die Regeln des Spiels (d.h. die möglichen Aktionen der Spieler, ihre Payoffs, ihre möglichen Strategien etc.) als Common-Knowledge angenommen. Ein rationaler Spieler wird somit alle Elemente des Spiels in die Bestimmung seiner optimalen Strategie einbeziehen und vor allem auch berücksichtigen, dass alle anderen Spieler dies auch tun. Diese Annahme ist essentiell für die Anwendung der üblichen Gleichgewichtskonzepte, insbesondere des Nash-Gleichgewichts (Geanakoplos [19], Rubinstein [55]).

---

[2]Eine formale Definition findet sich in Aumann [4].

4

Strategien und Gleichgewichtskonzepte in statischen Spielen

Bisher haben wir Gleichgewichte recht lapidar beschrieben als Situationen, in denen Spieler ihre „besten" Strategien wählen. Wie definiert man jedoch eine „beste" Strategie? Es gibt hier unterschiedliche Konzepte, die unter anderem auch berücksichtigen, in welchem Ausmaß ein Spieler die Handlungen der anderen Spieler in seine Entscheidung einbezieht. Im Folgenden wollen wir in einer zeitlichen Dimension unterscheiden zwischen Gleichgewichten in statischen Spielen, in denen die Spieler ihre Entscheidungen zum selben Zeitpunkt fällen, und Gleichgewichten in dynamischen Spielen, in denen Entscheidungen in zeitlicher Abfolge getroffen werden.

In beiden Spielformen differenziert man zwischen zwei Arten von Strategien: reine und gemischte Strategien. Eine *reine Strategie* verbindet jedes Informationsset eines Spielers mit genau einer Aktion. Eine *gemischte Strategie* verbindet dagegen jedes Informationsset eines Spielers mit einer Wahrscheinlichkeitsfunktion über seine Aktionen.[1] In dieser Hinsicht stellt eine reine Strategie einen Spezialfall einer gemischten Strategie dar, indem eine mögliche Aktion mit einer Wahrscheinlichkeit von 1 gewählt wird, alle anderen Aktionen dagegen mit Wahrscheinlichkeit von 0. Als Argumentation für die Existenz gemischter Strategien werden vor allem zwei Aspekte genannt:

- Zum einen erscheinen gemischte Strategien attraktiv, wenn Unsicherheit über das Verhalten der Gegenspieler besteht. Die Wahrscheinlichkeiten, die den einzelnen Aktionen beigemessen werden, sind dann ein Maß für die Unsicherheit über die gegnerischen Spielzüge (Harsanyi [28]).

- Des Weiteren sind einzelne Aktionen häufig repräsentativ für bestimmte Spielertypen, die immer diese Aktionen bzw. Strategien wählen. In einem solchen Fall lässt sich die Wahrscheinlichkeit, die durch die gemischte Strategie einer Aktion beigemessen wird, als Populationsanteil dieses Spielertyps bei zufälligem Ziehen aus der Gesamtpopulation interpretieren.

---

[1] Bildlich gesprochen bestimmt der Spieler seine gewünschte Aktion mit Hilfe eines Zufallsmechanismus, beispielsweise mittels eines Münzwurfs oder Würfels.

4.1 Gleichgewichte in dominanten und iteriert dominanten Strategien

Basierend auf dem Strategienprofil (das sich aus reinen und gemischten Strategien zusammensetzen kann) und den Payoffs der Spieler gibt nun ein Gleichgewichtskonzept die Regel an, die das Gleichgewicht definiert. Für statische Spiele wollen wir im Folgenden drei verschiedene Gleichgewichtskonzepte analysieren, die zu Gleichgewichten mit den beiden Ausprägungen eines *starken* oder *schwachen Gleichgewichts* führen.

Das strengste Konzept ist das des Gleichgewichts in *dominanten Strategien*. Ein Gleichgewicht ist hier definiert als die Strategiekombination, die sich aus der dominanten Strategie für jeden Spieler zusammensetzt. Bezeichnet man mit s_i eine Strategie für Spieler i, mit s_{-i} eine Strategie für einen beliebigen anderen Spieler und mit s_i^*, die im jeweils definierten Sinne „beste" Strategie für Spieler i, so lautet die Anforderung für ein (strenges) Gleichgewicht in dominanten Strategien:

$$\pi_i(s_i^*, s_{-i}) > \pi(s_i^{'}, s_{-i}) \vee s_i^{'} \neq s_i^* \ .$$

Wählt ein Spieler i die Strategie s_i^*, so erbringt ihm diese Wahl einen höheren Payoff π_i als jede andere mögliche Strategie, bezeichnet mit $s_i^{'}$. Dies gilt unabhängig davon, für welche Strategie die anderen Spieler sich entschieden haben, d.h. es gilt für jede Strategie s_{-i} der anderen Spieler. Die alternativen Strategien $s_i^{'}$ bezeichnet man dabei auch als (stark) dominierte Strategien für Spieler i. Gleichgewichte in dominanten Strategien werden auch als *Best-Response-Gleichgewichte* bezeichnet, da jeder Spieler seine beste Antwort auf eine beliebige Strategie der Gegenspieler wählt. Obige Formel definiert dabei ein strenges Gleichgewicht, d.h. der Payoff durch Wahl von s_i^* ist absolut maximal. Gilt dagegen:

$$\pi_i(s_i^*, s_{-i}) \geq \pi(s_i^{'}, s_{-i}) \vee s_i^{'} \neq s_i^*, s_{-i} \ ,$$

so liefert Strategie s_i^* einen Payoff, der zumindest nicht kleiner ist als durch Wahl einer beliebigen anderen Strategie für Spieler i. Strategie s_i^* bezeichnet man dann als schwach dominante Strategie, alle anderen Strategien für Spieler i sind (schwach) dominierte Strategien.

Existiert für jeden Spieler eine (stark oder schwach) dominante Strategie, so ergibt das entsprechende Strategienprofil ein Gleichgewicht in dominanten Strategien. Häufig stellt das Konzept des Gleichgewichtes in dominanten Strategien ein so strenges Kriterium dar, dass kein Strategienprofil diesen Anforderungen genügt. Es existiert dann kein Gleichgewicht nach dieser Definition in dem betrachteten Spiel. Etwas schwächere Anforderungen - und somit größere Chancen auf Existenz eines Gleichgewichtes - stellt das Konzept des Gleichgewichtes in *iteriert dominanten Strategien*. Bei der Ermittlung dieses Gleichgewichts geht man schrittweise vor. Zunächst ermittelt man für einen Spieler eine schwach dominierte Strategie, d.h. eine Strategie, die nie besser ist als jede andere Strategie. Diese Strategie wird eliminiert, da sie für den betrachteten Spieler nicht optimal sein kann: es existiert mit Sicherheit eine andere Strategie, die ihm einen höheren Payoff erbringt. Im verbleibenden Spiel sucht man nun nach einer schwach dominierten Strategie für einen seiner Gegenspieler und eliminiert auch diese. Ist es möglich, diese Schritte der Elimination schwach dominierter Strategien für alle Spieler iterativ durchzuführen, so verbleibt schlussendlich für alle Beteiligten gerade eine Strategie. Dieses Strategienprofil wird als Gleichgewicht in iteriert dominanten Strategien bezeichnet.[2]

4.2 Nash-Gleichgewichte in reinen Strategien

Das wichtigste und gebräuchlichste Gleichgewichtskonzept ist jedoch das des *Nash-Gleichgewichts*. Es ist definiert als eine Strategienkombination, bei der kein Spieler einen Anreiz hat, von seiner Strategie abzuweichen, sofern auch die anderen nicht von ihrer gleichgewichtigen Strategie abweichen. Formal lässt sich eine solche Situation wie folgt darstellen:

$$\pi_i(s_i^*, s_{-i}^*) > \pi_i(s_i', s_{-i}^*) \vee s_i' \neq s_i^* \, .$$

Solange also alle Gegenspieler ihre Nash-gleichgewichtige Strategie s_{-i}^* spielen, erzielt auch Spieler i den höchsten Payoff, wenn er seine Nash-gleichgewichtige Strategie s_i^* wählt. Er hat somit keinen Anreiz, von diesem Gleichgewicht abzuweichen, solange es die anderen auch nicht tun.

Das Nash-Gleichgewicht ist die in der Spieltheorie meistverwendete Gleichgewichtskonzeption. Sie basiert auf rationalem Verhalten aller Spieler, d.h. jeder Spieler wählt als optimale Strategie eine Best-Response zu den als rational antizipierten Strategien der Gegenspieler. Ist es für alle Spieler Common Knowledge, dass alle Teilnehmer an dem Spiel rational sind, so ist ein Nash-Gleichgewicht ein sinnvolles Gleichgewichtskonzept. Im Gegensatz zu einem Gleichgewicht in dominanten Strategien wählen die Spieler jedoch nicht beste Antworten zu beliebigen Strategien der Gegenspieler, sondern wechselseitig beste Antworten. In diesem Sinne ist jedes Gleichgewicht in dominanten Strategien auch immer ein Nash-Gleichgewicht. Der umgekehrte Sachverhalt gilt jedoch nicht: ein Nash-Gleichgewicht muss nicht unbedingt auch ein Gleichgewicht in dominanten Strategien sein. Das Nash-Gleichgewichtskonzept trifft somit wesentlich weniger strenge Annahmen über das Gleichgewichtsverhalten der Spieler als die beiden vorher genannten Konzepte in dominanten und iteriert dominanten Strategien (Myerson [49]). Es sammelt lediglich die Strategien, die beste Antworten darstellen zu den Gleichgewichtsstrategien der

---

[2]Ein Beispiel zur Konzeption der Gleichgewichte in dominanten und iteriert dominanten Strategien folgt in Abschnitt 4.3.

anderen Spieler, nicht jedoch zu allen möglichen Strategien der Gegenspieler. Man kann daher zeigen, dass in jedem Spiel mit einer endlichen Anzahl an Spielern bzw. Strategiensets mindestens ein Nash-Gleichgewicht existiert. Häufig resultieren jedoch mehrere, d.h. multiple, Nash-Gleichgewichte, so dass ein eindeutiges Ergebnis eines Spiels nicht vorhersagbar ist.[3]

4.3 Das Gefangenen-Dilemma: Gleichgewichte in dominanten und iteriert dominanten Strategien sowie nach Nash

Im Folgenden wollen wir die bisher betrachteten Gleichgewichtskonzepte anhand eines Beispiels deutlich machen. Ein sehr bekanntes statisches Spiel ist das sogenannte Gefangenen-Dilemma (Prisoners' Dilemma). Leicht abgewandelt lautet es wie folgt: Zwei Partner (A,B) einer Anwaltskanzlei werden wegen Verdachts auf Betrug ihrer Kunden verhaftet. Aufgrund des gesammelten Beweismaterials können beide eine Gefängnisstrafe von einem Jahr bekommen. Gesteht jedoch einer der beiden Partner und liefert dabei Beweise gegen den anderen, so kommt der erste frei und der zweite erhält eine Strafe von 10 Jahren. Gestehen dagegen beide, so bekommen beide eine Strafe von 8 Jahren. Die beide Anwälte werden getrennt voneinander verhört, d.h. sie wissen nicht, wie sich ihr jeweiliger Partner verhält. Die strategische Form des Spiels ist in Tab. 4.1 dargestellt.

Tabelle 4.1. Prisoners' Dilemma

A/B	Gestehen	Leugnen
Gestehen	$-8/-8$	$0/-10$
Leugnen	$-10/0$	$-1/-1$

Um in diesem Spiel ein Gleichgewicht in dominanten Strategien zu ermitteln, geht man anhand der folgenden Schritte vor:

1. Wähle eine beliebige Strategie für einen Spieler, beispielsweise „Gestehen" für Spieler A.

2. Was ist die beste Antwort des Gegenspielers? Spieler B erhält eine Gefängnisstrafe von 8 Jahren, wenn er ebenfalls gesteht, leugnet er dagegen, so tritt die Kronzeugenregelung in Kraft und Partner B bekommt eine Strafe

---

[3]Die Existenz multipler Gleichgewichte impliziert, dass die Spieler ihr Verhalten auf eines dieser alternativen Gleichgewichte koordinieren müssen. Spiele mit multiple Nash-Gleichgewichten bezeichnet man daher auch als Koordinations-Spiele. Für eine detaillierte Betrachtung von Koordinations-Spielen in ökonomischen Zusammenhängen siehe auch Cooper [16].

von 10 Jahren. Die beste Antwort von Partner B auf die Strategie „Gestehen" von Partner A wäre somit ebenfalls „Gestehen".

3. Ist die beste Antwort des zweiten Spielers optimal auch für jede andere Strategie des ersten Spielers? Hätte Partner A sich für „Leugnen" entschieden, so stünde Spieler B sich weiterhin besser, wenn er „Gestehen" wählt, da er dann keine Strafe bekommt. Hätte B dagegen „Leugnen" gewählt, so müsste er eine Gefängnisstrafe von 1 Jahr verbüßen. „Gestehen" ist somit eine stark dominante Strategie für Partner B.

Die Strategienkombination (Gestehen, Gestehen) stellt folglich ein Gleichgewicht in dominanten Strategien dar, da aufgrund der Symmetrie des Spiels die Wahl von „Gestehen" auch für Spieler A dominant ist. Man kann leicht erkennen, dass das Gefangenendilemma in der oben dargestellten Form tatsächlich nur ein Gleichgewicht in dominanten Strategien besitzt. Die Strategie zu leugnen ist für beide Spieler stark dominiert. Da das Spiel keine schwach dominierten Strategien enthält, d.h. Strategien, die nicht immer zu einem geringeren Payoff führen, lässt sich kein Gleichgewicht in iteriert dominanten Strategien ermitteln, das zu einem anderen Ergebnis führen würde als das Gleichgewicht in dominanten Strategien. Hilfreich wird das Konzept der iteriert dominanten Strategien ja erst dadurch, dass man schwach dominierte Strategien eliminiert und im verbleibenden Spiel das Gleichgewicht in dominanten Strategien ermittelt.

Auch das Nash-Gleichgewicht lässt sich in 3 Schritten ermitteln:

1. Wähle für einen der beiden Spieler eine beliebige Strategie, beispielsweise „Gestehen" für Spieler A.

2. Was ist die beste Antwort des Gegenspielers auf diese Wahl? Wie bereits oben ausgeführt ist es für Partner B optimal, d.h. payoff-maximierend, nun ebenfalls zu gestehen. Hier ist die Herleitung des Nash-Gleichgewichtes aber noch nicht zu Ende. Der entscheidende Schritt folgt:

3. Gegeben diese beste Antwort des Gegenspielers, hätte der erste Spieler nun einen Anreiz von der im ersten Schritt für ihn angenommenen Strategie abzuweichen? Nur wenn diese Frage verneint wird, hat man ein Nash-Gleichgewicht ermittelt! Im Beispiel zeigt sich, dass Spieler A als beste Antwort auf die Wahl von B zu gestehen, ebenfalls weiterhin gestehen würde. Er hat also keinen Anreiz von der zunächst nur angenommenen Gleichgewichts-Strategie abzuweichen.

(Gestehen, Gestehen) ist somit auch ein Nash-Gleichgewicht, da die beiden Strategien wechselseitig beste Antworten zueinander darstellen. Kein Spieler hat einen Anreiz von seiner Wahl zu gestehen abzuweichen, sofern der Gegenspieler ebenfalls nicht abweicht.

Gibt es noch weitere Nash-Gleichgewichte in diesem Spiel? Beginnt man die Gleichgewichtsanalyse mit der Hypothese, dass Spieler A leugnet, so stellt man fest, dass die beste Antwort von Partner B in diesem Fall „Gestehen" lautet. Wenn Partner B jedoch gesteht, so ist es für A nicht mehr sinnvoll zu leugnen. Er könnte sich vielmehr besser stellen, wenn er ebenfalls gestehen würde (da er dann nur eine Strafe von 8 Jahren statt von 10 Jahren bekäme). Keine weitere Strategie außer „Gestehen" stellt somit im dargestellten Beispiel ein Gleichgewicht dar.

Ein ganz anderes Bild von der Gleichgewichtssituation im Gefangenen-Dilemma ergibt sich, wenn man eine kleine Änderung in der Payoff-Struktur unterstellt. Nimmt man an, dass die Beweislage nicht ausreicht, um die beiden Partner zu einer Gefängnisstrafe zu verurteilen, wenn sie beide leugnen, so ergibt sich die Darstellung aus Tab. 4.2.

Tabelle 4.2. Modifiziertes Prisoners' Dilemma 1

A/B	Gestehen	Leugnen
Gestehen	$-8/-8$	$0/-10$
Leugnen	$-10/0$	$0/0$

In diesem Fall kann man zeigen, dass keine stark dominante Strategie existiert. Es gibt somit auch kein Gleichgewicht in dominanten Strategien. Allerdings existiert eine schwach dominierte Strategie: „Leugnen". Wählt beispielsweise Partner A „Leugnen", so erhält er zwar eine höhere Strafe als durch die Wahl der zweiten möglichen Strategie „Gestehen", wenn Partner B gesteht. Leugnet Partner B jedoch, so erhält A keine Strafe egal ob er leugnet oder gesteht. „Leugnen" ist somit nur schwach dominiert, d.h. diese Strategie führt nicht immer zu einem niedrigeren Payoff. Eliminiert man „Leugnen" für Partner A - und aufgrund derselben Überlegung in diesem symmetrischen Spiel auch für Partner B - so verbleibt hier gerade ein Gleichgewicht in iteriert dominanten Strategien: (Gestehen, Gestehen).

Analysiert man das obige Spiel auf Nash-Gleichgewichte, so stellt man fest, dass (Gestehen, Gestehen) weiterhin ein solches Gleichgewicht ist, dass allerdings auch noch weitere Gleichgewichte existieren. So kann man zeigen, dass auch die Strategie „Leugnen" für beide Spieler eine wechselseitig beste Antwort darstellt: Leugnet Partner A, so ist Partner B zunächst indifferent, ob er leugnen oder gestehen soll. Beides endet für ihn in einem Freispruch. Nimmt man an, dass er sich nun für „Leugnen" entscheidet, so hat Partner A wiederum keinen Anreiz von seiner zunächst für ihn angenommenen Strategie abzuweichen, da er sowohl bei Gestehen als auch bei Leugnen freigesprochen wird, solange B leugnet. Das Gleichgewicht (Leugnen, Leugnen) ist allerdings nur ein schwaches Nash-Gleichgewicht, da sich die beiden Spieler durch die Wahl dieser Gleichgewichts-Strategien zumindest nicht schlechter stellen als durch die Wahl einer anderen Strategie. (Gestehen, Gestehen) stellt dagegen ein starkes Nash-Gleichgewicht dar.

Die Payoff-Struktur in diesem modifizierten Gefangenen-Dilemma zeigt, dass das Nash-Gleichge-wichtskonzept tatsächlich geringere Anforderungen an die gleichgewichtigen Strategien stellt als das Gleichgewicht in dominanten Strategien. Aus diesem Grund resultieren in obigem Beispiel nun aber gerade multiple Gleichgewichte nach der Nash-Konzeption, die eine Prognose des Spielergebnisses unmöglich machen. Selbst wenn das Gleichgewicht (Leugnen, Leugnen) im Sinne Paretos als das „sinnvollere" erscheint, kann trotzdem nicht sicher geschlossen werden, dass die Spieler tatsächlich ihr Verhalten auf dieses Gleichgewicht koordinieren werden. Statische Spiele der betrachteten Form enthalten typischerweise keinen Koordinationsmechanismus, der das Problem multipler Gleichgewichte lösen könnte. Spiele mit mehreren möglichen Nash-Gleichgewichten bezeichnet man daher auch als Koordinationsspiele.

4.4 Nash-Gleichgewichte in gemischten Strategien

Bisher wurden lediglich Gleichgewichte in reinen Strategien betrachtet. Meist existieren jedoch, gerade unter der Nash-Konzeption, noch weitere Gleichgewichte in gemischten Strategien. Die Herleitung solcher Gleichgewichte soll an einem nochmals modifizierten Gefangenen-Dilemma erläutert werden. Die strategische Form des Spiels sei wie in Tab. 4.3 gegeben.

Tabelle 4.3. Modifiziertes Prisoners' Dilemma 2

A/B	Gestehen	Leugnen
Gestehen	$-8/-8$	$0/-5$
Leugnen	$-5/0$	$0/0$

Auch hier existieren zwei Nash-Gleichgewichte in reinen Strategien: (Gestehen, Gestehen) und (Leugnen, Leugnen), von denen letzteres Pareto-superior ist. Zusätzlich gibt es aber auch noch ein Nash-Gleichgewicht in gemischten Strategien. Auch für ein solches Gleichgewicht gilt, dass die gewählten Strategien wechselseitig beste Antworten darstellen müssen. In einem symmetrischen Spiel, so wie in obigem Beispiel, ist auch ein Gleichgewicht in gemischten Strategien symmetrisch, d.h. die optimale Wahrscheinlichkeitsverteilung über die möglichen Aktionen muss für alle Spieler gleich sein.

Zur Herleitung eines Nash-Gleichgewichtes in gemischten Strategien kann man sich den einfachen Zusammenhang zunutze machen, dass jeder Spieler im Gleichgewicht indifferent sein muss zwischen seinen möglichen Aktionen. Die Indifferenz-Bedingung impliziert, dass für jeden Spieler die Payoffs der möglichen Strategien, gewichtet mit ihrer Wahrscheinlichkeit, gleich sind. Sei p die Wahrscheinlichkeit mit der ein Spieler „Gestehen" wählt und $1-p$ die Wahrscheinlichkeit für „Leugnen". Es muss dann für die Payoffs von Partner A gelten:

$$\pi_A(\text{Gestehen}) = \pi_A(\text{Leugnen})$$
$$p \cdot (-8) + (1-p) \cdot 0 = p \cdot (-5) + (1-p) \cdot (-1)$$
$$p = \frac{1}{4} \, .$$

Dieselbe Überlegung gilt aufgrund der Symmetrie des Spiels auch für Partner B. Im Gleichgewicht wird somit jeder Spieler mit Wahrscheinlichkeit $0,25$ gestehen und mit Wahrscheinlichkeit $0,75$ leugnen.

Grundsätzlich gibt es zwei Möglichkeiten, ein Nash-Gleichgewicht in gemischten Strategien zu ermitteln. Machen wir uns dies an einem allgemeinen Beispiel deutlich. Wir betrachten dazu ein 2×2-Spiel mit zwei Spielern (A und B) und jeweils zwei Strategien (oben/unten und links/rechts).

Tabelle 4.4. Nash-Gleichgewicht in gemischen Strategien

A / B	Links (WS θ)	Rechts (WS $1 - \theta$)
Oben (WS γ)	a/w	b/x
Unten (WS $1 - \gamma$)	c/y	d/z

Hier wird mit θ die Wahrscheinlichkeit bezeichnet, dass Spieler B die Strategie „Rechts" wählt. γ stellt die Wahrscheinlichkeit dar, dass Spieler A sich für die Strategie „Oben" entscheidet.

Betrachten wir zunächst die Herleitung des Gleichgewichtes anhand der Indifferenz-Bedingung, so wie im Gefangenen-Dilemma. Spieler A ist indifferent zwischen seinen beiden Strategien „Oben" und „Unten", wenn ihm beide denselben erwarteten Payoff erbringen, d.h. wenn gilt:

$$\pi_A(\text{Oben}) = \pi_B(\text{Unten})$$
$$\theta \cdot a + (1-\theta) \cdot b = \theta \cdot c + (1-\theta) \cdot d \, .$$

Wählt Spieler A die Strategie „Oben", so erzielt er einen Payoff von a genau dann, wenn Spieler B die Strategie „Links" gewählt hat, was hier mit Wahrscheinlichkeit θ der Fall ist. Anderenfalls, d.h. mit der Gegenwahrscheinlichkeit $1 - \theta$, erzielt A einen Payoff von b. Aus der Wahl von „Unten" entsteht A nach derselben Logik ein Payoff von c mit Wahrscheinlichkeit θ und d mit Wahrscheinlichkeit $1 - \theta$.

Für Spieler B gilt folgende Indifferenz-Bedingung:

$$\pi_B(\text{Links}) = \pi_B(\text{Rechts})$$
$$\gamma \cdot w + (1-\gamma) \cdot y = \gamma \cdot x + (1-\gamma) \cdot z \, .$$

Löst man die beiden Gleichgewichtsbedingungen nach den gesuchten Gleichgewichtsparametern θ und γ auf, so ergeben sich die optimalen Wahrscheinlichkeiten zu:

$$\theta^* = \frac{d-b}{d-b+a-c}$$

und

$$\gamma^* = \frac{z-y}{z-y+w-x} \, .$$

Die Gleichgewichtswerte für die Wahrscheinlichkeiten, mit der die Spieler ihre jeweiligen Strategien wählen werden, hängen also ab von den Payoffs, die mit den Aktionen verbunden sind. Interessanterweise ergibt dabei die Indifferenzbedingung für Spieler A den gleichgewichtigen Wahrscheinlichkeitswert für Spieler B, während der optimale Wahrscheinlichkeitswert für die Strategien von A sich aus der Indifferenzbedingung für Spieler B errechnet. Dies folgt aus der Konzeption des Nash-Gleichgewichtes als wechselseitig beste Antworten der Spieler.

Eine zweite Möglichkeit der Herleitung des Nash-Gleichgewichtes in gemischten Strategien besteht in der Berücksichtigung, dass die Wahrscheinlichkeiten für die Strategien der Spieler jeweils so gewählt werden, dass sie die erwarteten Payoffs der Spieler maximieren. Für Spieler A ergibt sich beispielsweise sein gesamter erwarteter Payoff zu:

$$\pi_A = \gamma[\theta a + (1-\theta)b] + (1-\gamma)[\theta c + (1-\theta)d] \, ,$$

da Spieler A mit Wahrscheinlichkeit γ Strategie „Oben" und mit Wahrscheinlichkeit $(1-\gamma)$ „Unten" spielen wird. Er wird daher γ so wählen, dass sein Payoff maximiert wird. Setzt man die erste Ableitung der Payofffunktion nach γ gleich Null, so ergibt sich die optimale Wahrscheinlichkeit θ^* zu $(d-b)/(d-b+a-c)$, ebenso wie nach der Herleitung auf Basis der Indifferenz-Bedingung. Genauso wird auch Spieler B seinen Payoff:

$$\pi_B = \theta[\gamma w + (1-\gamma)y] + (1-\theta)[\gamma x + (1-\gamma)z]$$

durch optimale Wahl von θ maximieren, was zu einem Gleichgewichtswert von $\gamma^* = (z-y)/(z-y+w-x)$ führt. Man erkennt also, dass die gleichgewichtige Wahrscheinlichkeitsverteilung über die möglichen Aktionen eines Spielers sowohl seinen erwarteten Payoff maximiert, als auch zu Indifferenz zwischen den Strategien führt.

Entsprechend der Motivation für die Wahl gemischter Strategien lautet eine (weitere) mögliche Interpretation des ermittelten Gleichgewichts wie folgt: zieht man aus einer unendlich großen Population an Spielern für Typ A und für Typ B, so werden γ^*-Prozent aller Typ-A Spieler die Strategie „Oben" wählen und θ^*-Prozent aller Typ-B Spieler die Strategie „Links".

Zur Verdeutlichung der Eigenschaften eines Gleichgewichts in gemischten Strategien sei ein weiteres Beispiel betrachtet: Im Rahmen einer Steuerprüfung kann das Finanzamt Firma XX prüfen, um einen Betrug zu vermindern bzw. aufzudecken. Der Gewinn aus einer erfolgreichen Prüfung beträgt 4, dem Finanzamt entstehen dabei jedoch Kosten von $C < 4$. Ist die Firma grundsätzlich ehrlich, so verursacht ihr eine fehlerfreie Steuererklärung Kosten von 1. Wird sie dagegen im Betrugsfall vom Finanzamt überführt, so muss sie eine Strafe von $S > 1$ zahlen.

Tabelle 4.5. Steuerprüfung

FA / XX	Betrug (θ)	Wahrheit ($1 - \theta$)
Prüfen (γ)	$4 - C/ - S$	$4 - C/ - 1$
Vertrauen ($1 - \gamma$)	$0/0$	$4/ - 1$

Dieses Spiel enthält kein Gleichgewicht in reinen Strategien (weder in dominanten Strategien noch als Nash-Gleichgewicht). Zur Bestimmung des Gleichgewichts in gemischten Strategien ergibt sich die Payoff-Funktion des Finanzamts zu:

$$\pi_{FA} = \gamma(4 - C) + (1 - \gamma)((1 - \theta)4)$$

und der Payoff der Firma zu:

$$\pi_{XX} = \theta(-S\gamma) + (1 - \theta)(-1) \, .$$

Maximiert jeder Spieler seinen Payoff durch optimale Wahl der Wahrscheinlichkeiten γ und θ, so ergibt sich das folgende Gleichgewicht: die Firma wird mit Wahrscheinlichkeit $\theta^* = C/4$ eine falsche Steuererklärung abgeben, während das Finanzamt mit Wahrscheinlichkeit $\gamma^* = 1/S$ die Erklärung prüfen wird.

Die aus diesem Gleichgewicht resultierenden Payoffs lauten dann:

$$\pi_{FA} = \frac{1}{S}\frac{C}{4}(4 - C) + (1 - \frac{C}{4})(4 - C)) + (1 - \frac{1}{S})(0 + (1 - \frac{C}{4})4) = 4 - C$$

und

$$\pi_{XX} = \frac{C}{4}(\frac{1}{S}(-S) + (1 - \frac{1}{S})0) + (1 - \frac{C}{4})(\frac{1}{S}(-1) + (1 - \frac{1}{S})(-1)) = -1 \, .$$

Diese Parameterwerte kennzeichnen dabei nicht das Gleichgewicht des Spiels, sondern nur das Ergebnis.

5
Gleichgewichtskonzepte in dynamischen Spielen

Dynamische Spiele sind gekennzeichnet durch eine sequentielle Abfolge der Spielzüge. Im Unterschied zu statischen Spielen kommt hier der Informationsverteilung zwischen den Spielern eine höhere Bedeutung zu. Bezüglich der Gleichgewichtskonzepte für dynamische Spiele unterscheidet man dementsprechend zwischen Spielen mit symmetrischer und asymmetrischer Information. Das vorherrschende Gleichgewichtskonzept für Spiele mit symmetrischer Information ist das der *Teilspielperfektheit*. Erweitert auf asymmetrische Information verwendet man dagegen üblicherweise das Konzept des (perfekten) *Bayesianischen Gleichgewichts*. Beide Konzepte stellen Verfeinerungen des Nash-Gleichgewichts in einem dynamischen Kontext dar, in dem Spieler aus Beobachtungen der Spielzüge ihrer Gegenspieler lernen können.

Da dem Lernen aus Beobachtungen der Spielzüge anderer Personen in dynamischen Spielen eine besondere Bedeutung zukommt, wollen wir an dieser Stelle das sogenannte *Bayesianische Updating* kurz darstellen. Diese Form des Lernens kommt für rationale Spieler dann zur Anwendung, wenn sie aufgrund einer Beobachtung frühere „ungenauere" Informationen, sogenannte Prior-Informationen, aktualisieren können und somit Posterior-Informationen bilden können. Insbesondere gilt dies für Spielzüge der Natur. Typischerweise wird angenommen, dass die Personen in einem Spiel den verschiedenen Umweltzuständen, zwischen denen die Natur meist in einem ersten Schritt des Spiels wählt, gewisse Eintritts-Wahrscheinlichkeiten zuordnen können. Beispielsweise wissen Banken mit welcher (Prior-) Wahrscheinlichkeit ein potentieller Kreditnehmer ein „guter" oder ein „schlechter" Schuldner sein wird. Die Qualität des Schuldners ist in diesem Beispiel der Umweltzustand, über den die Natur entscheidet. Stellt eine Bank nun tatsächlich den Total-Ausfall eines Kredits fest, so kann sie mit Hilfe dieser Beobachtung ihre anfängliche Information über die Qualität des Kreditnehmers neu (und genauer) berechnen.

Formal verläuft dieser Prozess des Bayesianischen Updating wie folgt: Sei $a_1, a_2, ..., a_n$ eine vollständige Zerlegung von Ereignissen a einer Grundgesamtheit. Die Prior-Wahrscheinlichkeit $p(a_i)$ für jedes dieser einzelnen Ereignisse sei allen Spielern bekannt. Es wird nun ein Ereignis b beobachtet, dessen bedingte Eintrittswahrscheinlichkeit $p(b|a_i)$ ebenfalls bekannt ist. Mit Hilfe des Bayesianischen Updating kann man nun die Frage beantworten, wie hoch die Wahrscheinlichkeit für das Ereignis a_i ist, nachdem b beobachtet wurde. Sie berechnet sich nach der Formel von Bayes wie folgt:

$$
p(a_i|b) = \frac{p(a_i \cap b)}{p(b)}
$$
$$
= \frac{p(a_i) \cdot p(b|a_j)}{\sum_{j=1}^{n} p(a_j) \cdot p(b|a_j)} .
$$

Nehmen wir in unserem Beispiel an, eine Bank wüsste, dass ihre Kundenstruktur zu gleichen Teilen aus guten und schlechten Schuldnern besteht. Diese Werte ergeben die Prior-Wahrscheinlichkeiten $p(a_i)$, die in einem Spiel, in dem die Regeln Common Knowledge darstellen, allen Spielern bekannt sind. Des Weiteren sei bekannt, dass gute Kreditnehmer typischerweise mit einer Wahrscheinlichkeit von 0,2 ausfallen, während die Kredite schlechter Kreditnehmer mit einer Wahrscheinlichkeit von 0,6 zu einem Ausfall führen. Diese Werte stellen die bedingten Wahrscheinlichkeiten $p(b|a_i)$ dar. Wie hoch ist nun die Wahrscheinlichkeit, dass ein Kreditausfall von einem guten Kreditnehmer verursacht wurde? Die gesuchte Wahrscheinlichkeit $p(\text{gut}|\text{Ausfall})$ ergibt sich nach Bayes zu:

$$
p(\text{gut}|\text{Ausfall}) = \frac{p(\text{gut}) \cdot p(\text{Ausfall}|\text{gut})}{p(\text{gut})p(\text{Ausfall}|\text{gut}) + p(\text{schlecht})p(\text{Ausfall}|\text{schlecht})}
$$
$$
= \frac{0,5 \cdot 0,2}{0,5 \cdot 0,2 + 0,5 \cdot 0,6} = 0,25 .
$$

Während die Prior-Wahrscheinlichkeit für einen guten Schuldner bei $0,5$ lag, ist die Posterior-Wahrscheinlichkeit aufgrund der Beobachtung eines tatsächlich erfolgten Kreditausfalls wesentlich genauer und damit geringer: $0,25$.

In den folgenden Kapiteln werden wir bei Spielen mit asymmetrischer Information das Bayesianische Updating einsetzen, um das Gleichgewicht zu ermitteln. Zunächst wird jedoch das Gleichgewichtskonzept für Spiele mit symmetrischer Information dargestellt.

5.1 Teilspielperfektes Gleichgewicht in Spielen mit symmetrischer Information

Das Gleichgewichtskonzept der Teilspielperfektheit überträgt das Prinzip des Nash-Gleichgewichts auf dynamische Spiele. Notwendige Voraussetzung dieser einfachen Übertragbarkeit ist dabei, dass die Spieler über symmetrische

Information verfügen, d.h. kein Spieler darf eine feinere Informationspartition besitzen als seine Gegenspieler.

Ein *Teilspiel* ist in einem dynamischen Kontext definiert als ein Spiel mit einem Startknoten, der als einziger die Folgeknoten mit dem Rest des Spiels verbindet. Der Startknoten eines Teilspiels muss dabei durch ein ein-elementiges Informationsset für jeden Spieler gekennzeichnet sein.[1] Alle nachfolgenden Informationssets müssen vollständig in dem Teilspiel enthalten sein. Ein Teilspiel darf also mehr-elementige Informationssets nicht zerteilen. Je nach der Art der Informationssets kann ein dynamisches Spiel somit mehrere Teilspiele beinhalten.

Ein teilspielperfektes Gleichgewicht ist sodann definiert als ein Strategienprofil, von dem kein Spieler in keinem der möglichen Teilspiele des gesamten Spiels abweichen wird (Holler und Illing [31]). Dieses gleichgewichtige Strategienprofil ist daher nicht nur ein Nash-Gleichgewicht für das gesamte Spiel (so wie es bisher in den statischen Spielen definiert war), sondern auch für jedes der Teilspiele. Daraus folgt, dass selbst solche Teilspiele, die nicht auf dem Gleichgewichtspfad durch den Spielbaum liegen, die also aufgrund des gleichgewichtigen Verhaltens der Spieler gar nicht „gespielt werden", das Gleichgewichtsverhalten der Spieler nicht beeinflussen dürfen.

Dynamische Spiele werden üblicherweise durch Rückwärts-Induktion gelöst. Nach Dixit [18] gilt: „Look ahead and reason back." In diesem Sinne stellt die Analyse teilspielperfekter Gleichgewichte eine generalisierte Eliminierung schwach dominierter Strategien dar. Während sich jedoch in statischen Spielen das Gleichgewichtskonzept der iteriert dominanten Strategien jeweils nur auf einen Ast des dynamischen Spiels konzentrieren würde, betrachtet das teilspielperfekte Gleichgewicht immer das gesamte Spiel.

Im Folgenden wollen wir die Herleitung teilspielperfekter Gleichgewichte anhand eines einfachen Beispiels verdeutlichen. Wir betrachten den Fall zweier Unternehmen, von denen eines bisher als Monopolist in einem Markt agierte und das zweite nun überlegt, ebenfalls im Markt aktiv zu werden. Wir nehmen an, dass der bisherige Monopolist (M) die Möglichkeit hat, dem potentiellen Newcomer (N) mit einem Preiskampf zu drohen, oder den Markteintritt des Konkurrenten friedlich hinnehmen kann. In der bisherigen Marktlage erzielt der Monopolist einen Gewinn von 300. Ergäbe sich jedoch durch den Markteintritt des zweiten Unternehmens ein Duopol, so könnten beide Anbieter lediglich einen Gewinn von jeweils 50 erzielen. Dem Newcomer entstehen beim Markteintritt Kosten in Höhe von 10.

Die Normalform dieses Spiels ist in Tab. 5.1 dargestellt.

Mit Hilfe dieser Darstellungsform lassen sich sofort zwei Nash-Gleichgewichte in reinen Strategien ermitteln: (Eintreten / Frieden) und (Nicht eintreten / Kampf). Beide Strategienprofile sind durch wechselseitig beste Antworten ge-

---

[1] Jeder Spieler erkennt somit, ob und wann das Gesamtspiel das Teilspiel erreicht hat.

Tabelle 5.1. Markteintritts-Spiel in strategischer Darstellungsform

N / M	Friede	Kampf
Eintreten	50 − 10/50	−10/0
Nicht eintreten	0/300	0/300

kennzeichnet, wobei ersteres ein strenges Nash-Gleichgewicht, letzteres ein schwaches Nash-Gleichgewicht darstellt. Des Weiteren ergibt sich auch ein Gleichgewicht in iteriert dominanten Strategien (Eintreten / Frieden), da die Aktion „Kampf" für den Monopolisten schwach dominiert ist. Die Multiplizität der Gleichgewichte - wenn man sich auf die übliche Verwendung der Nash-Gleichgewichtskonzeption konzentriert - konfrontiert dabei wieder mit dem Problem der Nicht-Vorhersagbarkeit des Verhaltens der Spieler. In diesem Fall resultiert dieses Problem aus der rein statischen Betrachtung - anhand der Normalform - eines dynamischen Spiels. Man erkennt somit recht deutlich, dass durch die Darstellung in strategischer Form Informationen verloren gehen, die nützlich sein können, um das Gleichgewicht des Spiels herzuleiten. In dem betrachteten Beispiel handelt es sich dabei konkret um die Informationen über die Reihenfolge der Spielzüge. Implizit haben wir in der strategischen Darstellungsform angenommen, dass Monopolist und Newcomer simultan über ihre Aktionen entscheiden müssen. Sinnvollerweise sollte das Spiel jedoch eine sequentielle Abfolge der Entscheidungen unterstellen: der Monopolist kann zunächst beobachten, ob der Newcomer überhaupt in den Markt eintritt oder nicht. Dies wird deutlich anhand der extensiven Darstellung mit Hilfe des Spielbaums in Abb. 5.1

Anhand dieser Darstellung kann man leicht erkennen, dass (Nicht eintreten, Kampf) kein teilspielperfektes Gleichgewicht ist. Hat sich der Newcomer nämlich dazu entschlossen, in den Markt einzutreten, so ist es für den Monopolisten nicht mehr optimal zu kämpfen. Die Strategie „Kampf" ist somit für den Monpolisten im Gesamtspiel optimal, nicht jedoch in dem Teilspiel, das in dem Knoten M_1 beginnt. In diesem Teilspiel könnte der Monopolist einen Payoff von 40 realisieren, würde er sich mit dem Newcomer den Markt teilen, während er nach einer Entscheidung für „Kampf" einen Payoff von −10 erzielt. Letztere Strategie ist somit nicht teilspielperfekt. Einzige Ratio für die Entscheidung zu kämpfen, ist es, den Newcomer gänzlich von einem Markteintritt abzuhalten. Diese Überlegung wird jedoch hinfällig, wenn der Unternehmer bereits in den Markt eingetreten ist.

Die Lösung der extensiven Form dynamischer Spiele erfolgt, wie gesehen, rückwärts. Die Teilspielperfektheit des Gleichgewichts eliminiert dabei unglaubwürdige Drohungen: im Knoten M_1 ist die Drohung des Monopolisten, den Newcomer zu bekämpfen, nicht mehr glaubwürdig. Diese unglaubwürdige Drohung hat daher keinen Einfluss auf das einzige teilspielperfekte Gleichgewicht des Spiels (Eintreten / Frieden). Eine Strategie ist daher nur dann glaubhaft (bzw. teilspielperfekt), wenn zu jedem Zeitpunkt des Spiels, d.h.

Payoffs (N; M):

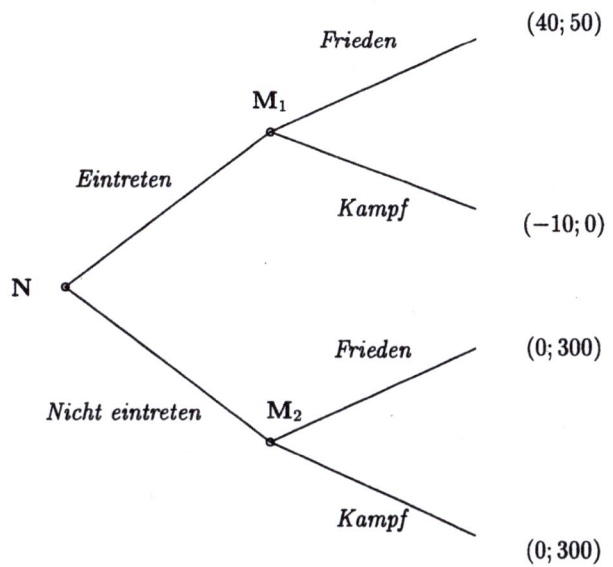

Abb. 5.1. Markteintritts-Spiel in extensiver Darstellungsform

in jedem Teilspiel, ein Abweichen von dieser Strategie nicht optimal ist. Das Konzept der Teilspielperfektheit lässt sich daher als Verfeinerung des Nash-Gleichgewichts für dynamische Spiele charakterisieren, indem unglaubwürdige Strategien eliminiert werden (Gibbons [20]).

Da in obigem Beispiel kein Informationsset mehr als ein Element enthält, beginnt in jedem Knoten (außer in den Endknoten) jeweils ein Teilspiel. In jedem dieser Teilspiele muss das sich insgesamt als teilspielperfektes Gleichgewicht erweisende Strategienprofil ein Nash-Gleichgewicht sein. Diese stärkere Anforderung an das gleichgewichtige Strategienprofil eliminiert nicht-glaubwürdige Gleichgewichte und kann somit, wie in unserem Beispiel, das Problem multipler Gleichgewichte eventuell lösen.

Im folgenden Kapitel wollen wir den Fall betrachten, dass insbesondere die Züge der Natur nicht beobachtbar sind. Informationssets sind dann nicht mehr unbedingt ein-elementig, so dass diese Spiele sich nicht an jedem Knoten in weitere Teilspiele aufspalten. Das Konzept der Teilspielperfektheit ist dann nicht mehr ohne weiteres anwendbar.

5.2 Perfektes Bayesianisches Gleichgewicht in Spielen mit asymmetrischer Information

In Spielen mit asymmetrischer Information reicht das Konzept der Teilspiel-perfektheit meist nicht aus, um ausreichend viele der möglicherweise entstehenden multiplen Nash-Gleichgewichte zu eliminieren. Man benötigt vielmehr einen zusätzlichen Mechanismus, um das Problem der asymmetrischen Informationsverteilung zwischen den Spielern zu lösen. Teilspielperfektheit ist nur dann ein geeignetes Gleichgewichtskonzept, wenn das dynamische Spiel ausreichend viele Teilspiele besitzt. In Spielen mit asymmetrischer Information ist dies jedoch gerade nicht der Fall, da die Spieler mit einem Informationsnachteil mehr-elementige Informationssets besitzen, die die Bildung von Teilspielen behindern.

Aufgrund der asymmetrischen Informationsverteilung existieren in den im Folgenden analysierten Spielen für einige Teilnehmer handlungsrelevante, private Informationen. Für die Spieler mit einem Informationsnachteil haben die - aufgrund der Dynamik des Spiels - beobachteten Entscheidungen der Gegenspieler einen hohen (Informations-) Wert. Die Analyse der Gleichgewichte hängt daher sehr stark davon ab, wie sie die Informationen nutzen, um ihre Erwartungen zu aktualisieren, d.h. ihren bisherigen Informationsnachteil zu reduzieren.

Im Unterschied zu einem teilspielperfekten Gleichgewicht besteht ein perfektes Bayesianisches Gleichgewicht aus zwei wesentlichen Elementen: dem gleichgewichtigen Strategienprofil und den sogenannten „Beliefs" der Spieler. Der Belief eines Spielers gibt die Wahrscheinlichkeit an, mit der der Spieler sich an einem Knoten zu befinden glaubt, der zu einem mehr-elementigen Informationsset gehört. Die sogenannten Prior-Beliefs sind in diesem Zusammenhang die Wahrscheinlichkeiten, mit der die Natur (meist zu Beginn des Spiels) die möglichen Umweltzustände wählt.[2] Häufig bezeichnet man die Umweltzustände auch als „Typen" der Spieler[3], beispielsweise den eines guten oder schlechten Schuldners. Die Prior-Beliefs werden dabei für alle Spieler als Common Knowledge angenommen. Ist der Zug der Natur nicht beobachtbar, so dass tatsächlich asymmetrische Information vorliegt, so werden die Spieler ihre Prior-Beliefs über den gewählten Umweltzustand (bzw. ihren Typ) anhand der nachfolgend beobachteten Handlungen der Spieler aktualisieren. Dazu verwenden sie das oben erläuterte Bayesianische Updating. Die mit Hil-

---

[2]Die Prior-Beliefs sind somit die Wahrscheinlichkeiten, die die Spieler den nicht-beobachtbaren Zügen der Natur beimessen, bevor noch andere Beobachtungen getätigt werden können.

[3]Dies folgt aus der sogenannten Harsanyi-Transformation. Diese Transformation dient dazu, ein Spiel mit unvollständiger Information in ein Spiel mit vollständiger, aber imperfekter Information zu verwandeln. Spieler mit unterschiedlichen Payoffs werden dabei als unterschiedliche „Typen" deklariert. Die Wahl der Typen erfolgt als Zug der Natur mit festen Wahrscheinlichkeiten, den sogenannten Prior Beliefs.

fe der Beobachtungen aktualisierten Beliefs bezeichnet man dann auch als Posterior-Beliefs.

Das grundsätzliche Problem bei der Ermittlung eines perfekten Gleichgewichts in einem dynamischen Spiel mit asymmetrischer Information besteht darin, dass die Anwendung der Bayesianischen Regel rationales Handeln der Spieler voraussetzt. Rationalität bedeutet in diesem Zusammenhang, dass die Spieler einer Gleichgewichtsstrategie folgen. Ob sie dies tatsächlich tun, können wir jedoch zu diesem Zeitpunkt noch nicht verifizieren, da die Bayesianische Regel ja gerade im Zuge der Ermittlung des Gleichgewichtes verwendet wird. Bewegten sich die Spieler außerhalb des Gleichgewichtspfades, so ließen sich die Beliefs nicht mit Hilfe der Regel von Bayes aktualisieren, sondern es müsste ein anderer Mechanismus verwendet werden, um die dann als *Out-of-equilibrium-Beliefs* bezeichneten Wahrscheinlichkeiten festzulegen.

Man erkennt anhand dieser Problematik, dass ein perfektes Bayesianisches Gleichgewicht somit ein perfektes Nash-Gleichgewicht ab jedem Informationsset sein muss, gegeben die Beliefs und, damit verbunden, die Strategien der anderen Spieler (Bierman und Fernandez [11]). Im Unterschied dazu war ein teilspielperfektes Gleichgewicht definiert als ein Nash-Gleichgewicht in jedem Teilspiel. Da es unter asymmetrischer Information kaum mehr ausreichend viele Teilspiele gibt, wird diese Anforderung ersetzt durch die Notwendigkeit, dass die Strategien optimal sein müssen ab jedem Informationsset. Weil außerdem auch Züge außerhalb des Gleichgewichts berücksichtigt werden müssen, spielen auch die Beliefs der Gegenspieler eine Rolle, die nicht nach Bayes aktualisiert werden, d.h. die nicht aufgrund der Annahme rationalen Verhaltens von jedem Spieler antizipiert werden können. Anders als das teilspielperfekte Gleichgewicht berücksichtigt das perfekte Bayesianische Gleichgewicht also auch irrationale Züge der Spieler, z.B. auch unglaubwürdige Drohungen.

Das folgende Beispiel soll die Herleitung perfekter Bayesianischer Gleichgewichte erläutern. Um den Unterschied zur Teilspielperfektheit unter symmetrischer Information deutlich zu machen, verwenden wir wieder eine Form des Markteintritts-Spiels. Ebenso wie in Kapitel 5.1 wird angenommen, dem Newcomer entstünden Kosten durch den Markteintritt in Höhe von 10. Der Monopolist erziele einen Gewinn in Höhe von 300. Im Unterschied zum ersten Beispiel existieren jedoch zwei verschiedene „Typen" von Newcomern: ein starker und ein schwacher. Kämpft der Monopolist nun gegen den starken Newcomer, so wird er den Markt komplett verlieren. Kämpft er jedoch gegen einen schwachen Newcomer, so verliert er nur einen Teil des Marktes und erzielt einen Gewinn von 60. Beschließt der Monopolist dagegen Frieden zu halten, so teilen sich beide den Markt und erzielen jeweils einen Gewinn von 50. Es sei zusätzlich angenommen, dass beide Typen des Newcomers mit gleicher Wahrscheinlichkeit auftreten. Die extensive Form des Spiels ist in Abb. 5.2 ersichtlich.

Anhand der eingezeichneten Informationssets ist zu erkennen, dass der Monopolist nur beobachten kann, ob der Newcomer tatsächlich in den Markt

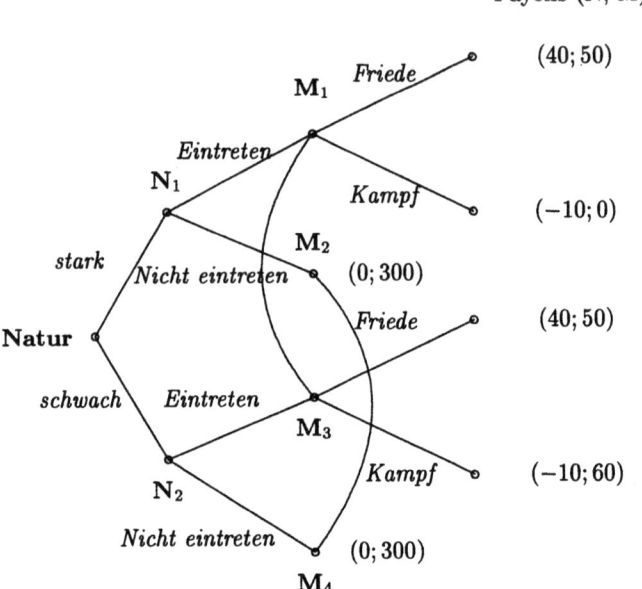

Abb. 5.2. Markteintritts-Spiel mit asymmetrischer Information in extensiver Darstellungsform

eingetreten ist oder nicht. Er kann jedoch nicht unterscheiden, ob der Newcomer vom schwachen oder starken Typ ist. Der Monopolist hat also mehrelementige Informationssets und somit einen Informationsnachteil. Er weiß zwar, an welcher Stufe sich das Spiel befindet (d.h. er weiß welcher Spieler am Zug ist), aber nicht genau an welchem Knoten.

Die Herleitung eines perfekten Bayesianischen Gleichgewichts erfolgt in 4 Schritten. Zunächst muss eine Gleichgewichtsvermutung (ein Gleichgewichtsprofil) aufgestellt werden, um festlegen zu können, an welchen Knoten die Bayes-Regel zum Aktualisieren von Beliefs verwendet werden kann.[4] An den übrigen Knoten müssen andere Konzepte helfen, um Out-of-equilibrium-Beliefs festzulegen. Der zweite Schritt besteht nun gerade in der Bestimmung der Beliefs, d.h. der Wahrscheinlichkeiten, mit denen sich die jeweiligen Spieler an ihren Handlungsknoten zu befinden glauben. Im darauffolgenden dritten Schritt werden die in Schritt eins bisher nur vermuteten Gleichgewichtsstrategien der Spieler auf ihre Gleichgewichtseigenschaft hin überprüft. Stellt man fest, dass kein Spieler einen Anreiz hat, von der für ihn angenommenen Strate-

---

[4]Natürlich ist diese Überlegung nur relevant für mehr-elementige Informationssets, d.h. für Knoten über die asymmetrische Information besteht.

gie abzuweichen, so stellt das Gleichgewichtsprofil aus Schritt eins tatsächlich ein Gleichgewicht dar. Anderenfalls ist das vermutete Strategienprofil kein Gleichgewicht. In einem letzten Schritt ist das gesamte Schema zu wiederholen für alle weiteren möglichen Gleichgewichtsvermutungen.

Durchlaufen wir sukzessive die genannten Schritte, so müssen wir zunächst analysieren, welche möglichen Gleichgewichtsprofile existieren können. Da Informationsasymmetrie über den Typ eines Spielers besteht, dieser Typ zwei Ausprägungen annehmen kann und der Spieler gerade zwei unterschiedliche Aktionen wählen kann, sind vier verschiedene Gleichgewichtsprofile denkbar:

- Pooling-Gleichgewicht 1: Der Newcomer tritt immer in den Markt ein, egal ob er vom starken oder schwachen Typ ist.

- Pooling-Gleichgewicht 2: Der Newcomer tritt nie in den Markt ein, egal ob er vom starken oder schwachen Typ ist.

- Separating-Gleichgewicht 1: Nur der starke Newcomer tritt in den Markt ein, der schwache dagegen nicht.

- Separating-Gleichgewicht 2: Nur der schwache Newcomer tritt in den Markt ein, der starke dagegen nicht.

Die Begriffe Pooling- und Separating-Gleichgewicht beziehen sich auf das Verhalten der unterschiedlichen „Typen". Wenn die Typen des Newcomers sich dadurch unterscheiden, dass sie verschiedene Aktionen wählen, bezeichnet man dies als Separating. Kann man dagegen nicht von einer beobachteten Aktion auf einen bestimmten Typ schließen, so liegt Pooling vor. Für jedes der vier oben beschriebenen vermuteten Gleichgewichtsprofile muss nun das genannte Schema durchlaufen werden. Beginnen wir mit Pooling-Gleichgewicht 1.

Fall 1: Gleichgewichtsvermutung Pooling 1

1. *Verhaltensvermutung*

   Im Pooling-Gleichgewicht 1 wird der Newcomer immer in den Markt eintreten, unabhängig von seinem Typ. Es gilt also:

   $$p(\text{eintreten}|\text{schwach}) = 1$$

   und

   $$p(\text{eintreten}|\text{stark}) = 1 \ .$$

   Nachdem der Markteintritt erfolgt ist, entscheidet der Monopolist, ob er den Newcomer bekämpfen wird oder ob er friedlich bleibt.

2. *Bestimmung der Beliefs*

   Während der Newcomer seinen „Typ" kennt, besitzt der Monopolist einen Informationsnachteil. Er kann aus der Beobachtung eines Markteintritts nicht eindeutig auf den Typ des Newcomers zurückschließen. Aller-

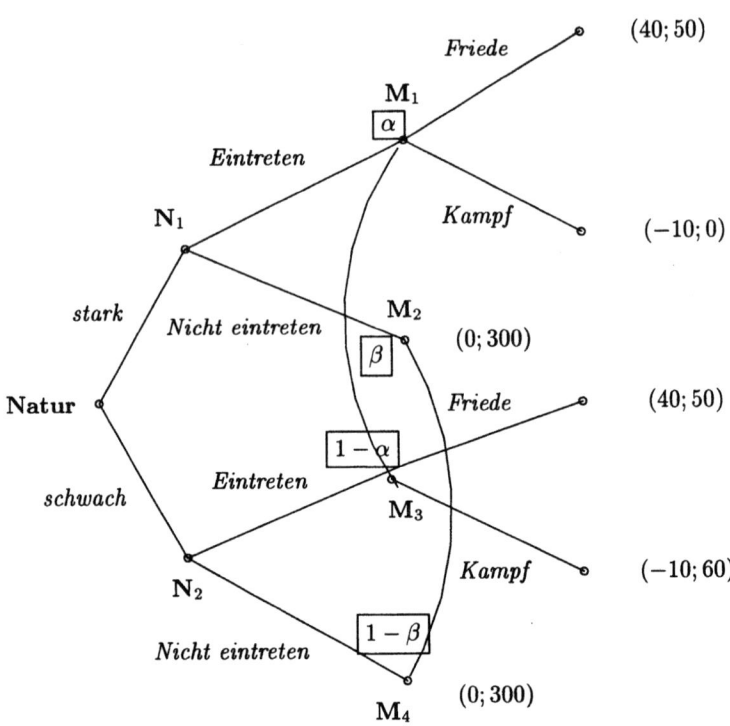

Payoffs (N; M):

Abb. 5.3. Markteintritts-Spiel mit asymmetrischer Information - Bezeichnung der Beliefs

dings kann er mit Hilfe seiner Beobachtung seine Prior-Beliefs aktualisieren. Während er zunächst, d.h. ohne Beobachtung des Verhaltens des Newcomers, folgende Wahrscheinlichkeiten ansetzte: $p(\text{stark}) = 0,5$ und $p(\text{schwach}) = 0,5$, so kann er seine Vermutungen nun updaten. Im weiteren wollen wir seine Posterior-Beliefs wie folgt bezeichnen:

Sei $\alpha = p(\text{stark}|\text{eintreten}) \Leftrightarrow 1 - \alpha = p(\text{schwach}|\text{eintreten})$ und $\beta = p(\text{stark}|\text{nicht eintreten}) \Leftrightarrow 1 - \beta = p(\text{schwach}|\text{nicht eintreten})$.

Die entsprechenden Wahrscheinlichkeiten sind im Spielbaum der Abb. 5.3 eingetragen.

Aufgrund der Verhaltensvermutung für das Gleichgewicht aus Schritt 1 gilt, dass der Monopolist im Gleichgewicht immer einen Markteintritt beobachten wird. α und $1 - \alpha$ sind somit Eintrittswahrscheinlichkeiten für Knoten, die auf einem (vermuteten) Gleichgewichtspfad liegen. Sie lassen sich nach Bayes berechnen zu:

$$\begin{aligned} \alpha &= \frac{p(\text{stark}) \cdot p(\text{eintreten}|\text{stark})}{p(\text{stark}) \cdot p(\text{eintreten}|\text{stark}) + p(\text{schwach}) \cdot p(\text{eintreten}|\text{schwach})} \\ &= \frac{0,5 \cdot 1}{0,5 \cdot 1 + 0,5 \cdot 1} = 0,5 \end{aligned}$$

und dementsprechend $1 - \alpha = 0,5$.

Die Wahrscheinlichkeiten β und $1 - \beta$ basieren dagegen auf der Beobachtung eines Nicht-Markteintritts. Dieser kann jedoch nur dann erfolgen, wenn der Newcomer von der Gleichgewichtsvermutung in Pooling 1 abweicht. β und $1 - \beta$ können daher nicht nach Bayes errechnet werden, da dies zwingend rationales, d.h. gleichgewichtiges, Verhalten unterstellt. Solche Out-of-equilibrium-Beliefs werden in dynamischen Spielen typischerweise exogen festgesetzt. Es gibt keine festen Regeln dafür, allerdings sollte darauf geachtet werden, dass die Werte sinnvoll angesetzt werden. Ein häufig angewendetes Verfahren ist das der *passiven Vermutung*. Hier setzt man die festzulegenden Posterior-Beliefs gleich den Prior-Beliefs, d.h. $\beta = p(\text{stark}|\text{nicht eintreten}) = p(\text{stark}) = 0,5$ und $1 - \beta = p(\text{schwach}|\text{nicht eintreten}) = p(\text{schwach}) = 0,5$. Bedingte und unbedingte Wahrscheinlichkeiten werden somit als äquivalent betrachtet, der Informationsgehalt einer Beobachtung über das Verhalten des Gegenspielers vernachlässigt.

3. *Überprüfung der Strategien auf Gleichgewichtseigenschaft*

Wie immer erfolgt die Überprüfung der vermuteten Gleichgewichtsstrategien im Rahmen einer Rückwärts-Induktion, d.h. man startet mit dem letzten Spieler, hier dem Monopolisten, und prüft, welches seine gleichgewichtige Strategie ist. Anschließend überprüft man, ob der Newcomer als vorletzter Spieler, gegeben das gleichgewichtige Verhalten des Monopolisten, einen Anreiz hat, von der für ihn in Schritt 1 vermuteten Strategie abzuweichen.

Für den Monopolisten ergeben sich folgende Payoffs aus seinen beiden Aktionen „Kampf" oder „Frieden", sofern der Newcomer seiner vermuteten Gleichgewichtsstrategie folgt und in den Markt eintritt:

$$\pi_M(\text{Kampf}|\text{eintreten}) = \alpha \cdot 0 + (1 - \alpha) \cdot 60 = 30$$
$$\pi_M(\text{Frieden}|\text{eintreten}) = \alpha \cdot 50 + (1 - \alpha) \cdot 50 = 50 \,.$$

Nach Beobachtung eines Markteintritts des Newcomers wird der Monopoplist mit Sicherheit Frieden wählen, da ihm diese Aktion den höheren erwarteten Payoff erbringt.

Weicht der Newcomer jedoch von der für ihn vermuteten Gleichgewichts-strategie ab und tritt nicht in den Markt ein, so ergeben sich folgende Payoffs für den Monopolisten:

$$\pi_M(\text{Kampf}|\text{nicht eintreten}) = \beta \cdot 300 + (1 - \beta) \cdot 300 = 300$$
$$\pi_M(\text{Frieden}|\text{nicht eintreten}) = \beta \cdot 300 + (1 - \beta) \cdot 300 = 300\ .$$

In diesem Fall ist der Monopolist also indifferent zwischen einer Wahl von „Kampf" oder „Frieden". Dies gilt hier für alle möglichen Werte der Out-of-equilibrium-Beliefs β und $1 - \beta$.

Fassen wir beide Fälle zusammen, so können wir festhalten, dass der Monopolist eine schwache Präferenz für die Strategie „Frieden" besitzt. Zu diesem Schluss wird auch der Newcomer kommen, der die Payoffs des Monopolisten kennt und für den die Regeln der Belief-Bildung bekannt sein müssen (sie gehören zu den Regeln des Spiels, die annahmegemäß Common Knowledge für alle Spieler sind). Das Gleichgewichtskalkül des Newcomers basiert somit auf den folgenden erwarteten Payoff-Werten:

$$\pi_N^{st}(\text{eintreten}|\text{Frieden}) = 40\ ,$$

wenn er vom starken Typ ist, bzw.

$$\pi_N^{schw}(\text{eintreten}|\text{Frieden}) = 40\ ,$$

wenn er vom schwachen Typ ist. Beschließt er dagegen, nicht in den Markt einzutreten, so wird er unabhängig von seinem Typ immer einen Payoff von Null erzielen. Beide Typen des Newcomers stehen sich also besser, wenn sie in den Markt eintreten (da $40 > 0$). Der Newcomer wird somit niemals von dem für ihn in Schritt 1 vermuteten Gleichgewichtsverhalten abweichen: er wird immer in den Markt eintreten.

Als Fazit können wir aus dieser Analyse festhalten, dass Pooling 1 tatsächlich ein Gleichgewicht darstellt. Dies gilt hier, aufgrund der besonderen Payoffstruktur des Spiels, sogar unabhängig von den spezifizierten Out-of-equilibrium-Beliefs β.

In einem letzten Schritt müssen wir diese Schema nun noch für die restlichen drei spezifizierten Gleichgewichtsvermutungen durchlaufen.

Fall 2: Gleichgewichtsvermutung Pooling 2

1. *Verhaltensvermutung*

Das Gleichgewichtsprofil Pooling 2 unterstellt, dass der Newcomer niemals in den Markt eintritt, egal ob er vom starken oder schwachen Typ ist. Formal bedeutet dies:

$$p(\text{nicht eintreten}|\text{schwach}) = 1$$

und

$$p(\text{nicht eintreten}|\text{stark}) = 1 \, .$$

2. *Bestimmung der Beliefs*

Da der Newcomer auf seinem Gleichgewichtspfad nicht in den Markt eintreten wird, lassen sich nun β und $1 - \beta$ nach Bayes berechnen, während α und $1 - \alpha$ Out-of-equilibrium-Beliefs darstellen. Es ergibt sich zunächst nach Bayes für β ein Wert von $0,5$ und somit auch $1 - \beta = 0,5$. Setzt man für α und $1 - \alpha$ passive Vermutungen an, so erhält man mit Hilfe der gegebenen Prior-Beliefs $\alpha = 0,5$ und $1 - \alpha = 0,5$.

3. *Überprüfung der Strategien auf Gleichgewichtseigenschaft*

Im Rahmen einer Rückwärts-Induktion gilt zunächst für den Monopolisten:

$$\pi_M(\text{Kampf}|\text{nicht eintreten}) = \beta \cdot 300 + (1 - \beta) \cdot 300 = 300$$
$$\pi_M(\text{Frieden}|\text{nicht eintreten}) = \beta \cdot 300 + (1 - \beta) \cdot 300 = 300 \, .$$

Sofern der Newcomer auf seinem vermuteten Gleichgewichtspfad agiert, ist der Monopolist somit indifferent zwischen seinen beiden Aktionen. Weicht der Newcomer dagegen vom vermuteten Gleichgewichtsverhalten ab und wählt den Markteintritt, so ergibt sich:

$$\pi_M(\text{Kampf}|\text{eintreten}) = \alpha \cdot 0 + (1 - \alpha) \cdot 60 = 30$$
$$\pi_M(\text{Frieden}|\text{eintreten}) = \alpha \cdot 50 + (1 - \alpha) \cdot 50 = 50 \, .$$

Der Monopolist hat also insgesamt eine schwache Präferenz für „Frieden". Gegeben dieses Gleichgewichtsverhalten des Monopolisten, so gilt für den Newcomer:

$$\pi_N^{st}(\text{nicht eintreten}|\text{Frieden}) = 0$$
$$\pi_N^{st}(\text{eintreten}|\text{Frieden}) = 40 \, ,$$

sofern er vom starken Typ ist, und:

$$\pi_N^{schw}(\text{nicht eintreten}|\text{Frieden}) = 0$$
$$\pi_N^{schw}(\text{eintreten}|\text{Frieden}) = 40 \, ,$$

wenn er zum schwachen Typ gehört. Der Newcomer hat somit eine starke Präferenz in den Markt einzutreten, unabhängig davon zu welchem Typ er gehört. Damit weicht er von dem im ersten Schritt vermuteten Gleichgewichtsverhalten ab. Pooling 2 ist somit bei den hier unterstellten Out-of-equilibrium-Beliefs kein Gleichgewicht. Es ist zu beachten, dass die Frage, ob das in Pooling 2 spezifizierte Verhalten ein Gleichgewicht darstellt oder nicht, stark von den angesetzten Beliefs α und $1 - \alpha$ abhängt. Wäre α so festgesetzt worden, dass nach einem Abweichen des Newcomers vom vermuteten Gleichgewicht, d.h. nach Beobachtung eines Markteintritts, der Monopolist „Kampf" statt „Frieden" gewählt hätte, so wäre es für den Newcomer tatsächlich optimal gewesen, nicht in den Markt einzutreten ($0 > -10$). In diesem Fall wäre Pooling 2 ein gleichgewichtiges Strategienprofil.

Von den beiden verbleibenden Gleichgewichtsprofilen wollen wir lediglich Separating 1 genauer untersuchen. Es ist leicht zu verifizieren, dass Separating 2 keine Gleichgewichtseigenschaft erfüllt, da gerade der schwache Newcomer einen geringeren Payoff aus einem Markteintritt erwarten kann, während der starke Newcomer einen höheren erwarteten Payoff erzielen kann.

Fall 3: Gleichgewichtsvermutung Separating 1

1. *Verhaltensvermutung*

   Separating 1 nimmt an, dass nur der starke Newcomer in den Markt eintritt, der schwache dagegen nicht. Auf Basis der Verhaltensvermutung gilt hier:

   $$p(\text{eintreten}|\text{stark}) = 1$$

   und

   $$p(\text{nicht eintreten}|\text{schwach}) = 1 \, .$$

2. *Bestimmung der Beliefs*

   Aufgrund des separierenden Verhaltens der beiden Newcomer-Typen, das sich gerade in zwei unterschiedlichen Aktionen äußern kann, kommt es hier nicht zu Out-of-equilibrium-Beliefs. Beide Beobachtungen, d.h. „Eintreten" sowie „Nicht Eintreten", sind durchaus mit dem postulierten Gleichgewichtsverhalten vereinbar. Somit können sowohl α als auch β nach Bayes berechnet werden:

   $$\alpha = p(\text{stark}|\text{eintreten})$$
   $$= \frac{0,5 \cdot 1}{0,5 \cdot 1 + 0,5 \cdot 0} = 1 \, ,$$

   und

   $$\beta = p(\text{stark}|\text{nicht eintreten})$$
   $$= \frac{0,5 \cdot 0}{0,5 \cdot 0 + 0,5 \cdot 1} = 0 \, .$$

Aus seiner Beobachtung kann der Monopolist somit direkt auf den Typ des Newcomers schließen: beobachtet er einen Markteintritt, so weiß er, dass der Newcomer vom starken Typ ist, anderenfalls vom schwachen.

3. *Überprüfung der Strategien auf Gleichgewichtseigenschaft*

Für den Monopolisten ergeben sich nach der Beobachtung eines Markteintritts mit Hilfe seiner Beliefs folgende erwarteten Payoffs:

$$\pi_M(\text{Kampf}|\text{eintreten}) = \alpha \cdot 0 + (1 - \alpha) \cdot 60 = 0$$
$$\pi_M(\text{Frieden}|\text{eintreten}) = \alpha \cdot 50 + (1 - \alpha) \cdot 50 = 50 \,.$$

In einem solchen Fall wird der Monopolist immer friedlich bleiben wollen anstatt zu kämpfen. Ist der Newcomer dagegen nicht in den Markt eingetreten, so erwartet der Monopolist folgende Payoffs:

$$\pi_M(\text{Kampf}|\text{nicht eintreten}) = \beta \cdot 300 + (1 - \beta) \cdot 300 = 300$$
$$\pi_M(\text{Frieden}|\text{nicht eintreten}) = \beta \cdot 300 + (1 - \beta) \cdot 300 = 300 \,.$$

In diesem Fall ist der Monopolist indifferent zwischen seinen beiden Aktionen. Insgesamt besitzt er somit eine schwache Präferenz für die Aktion „Frieden".

Was folgt daraus für den Newcomer? Ist er vom starken Typ, so erwartet er einen Payoff von

$$\pi_N^{st}(\text{eintreten}|\text{Frieden}) = 40 \,,$$

wenn er tatsächlich in den Markt eintritt, so wie in der Gleichgewichtsvermutung für ihn postuliert. Weicht er dagegen ab, so gilt:

$$\pi_N^{st}(\text{nicht eintreten}|\text{Frieden}) = 0 \,.$$

Ist er vom schwachen Typ, so lauten die erwarteten Payoffs aus seinen beiden möglichen Aktionen:

$$\pi_N^{schw}(\text{eintreten}|\text{Frieden}) = 40$$
$$\pi_N^{schw}(\text{nicht eintreten}|\text{Frieden}) = 0 \,.$$

Es ergibt sich daraus, dass die in Schritt 1 formulierte Verhaltensvermutung kein Gleichgewicht darstellt: der Newcomer wird immer in den Markt eintreten, egal ob er vom starken oder vom schwachen Typ ist. Ursache dafür ist, dass der Monopolist erwartet, nur der starke Newcomer trete in den Markt ein und daraufhin friedlich bleibt, statt ihn zu bekämpfen, wie er es bei einem schwachen Newcomer tun würde. Separating 1 ist somit kein Gleichgewicht.

Man kann nun leicht zeigen, dass auch Separating 2 kein Gleichgewicht darstellen kann. Auch hier werden sich beide Newcomer-Typen gleich verhalten (und dabei nicht in den Markt eintreten), was der Gleichgewichtshypothese eines separierenden Handelns widerspricht.

Die Lösung dynamischer Spiele mit asymmetrischer Information erfolgt somit durch Heuristik und die anschließende Überprüfung potentieller Gleichgewichte. Zunächst muss ein erwartetes Verhalten der Spieler als zu prüfendes gleichgewichtiges Strategienprofil festgelegt werden. Anschließend werden mit Hilfe der Regel von Bayes die Beliefs der Spieler aktualisiert. Sie beantworten die Frage, mit welcher Wahrscheinlichkeit sich ein Spieler nach Beobachtung der Handlungen seiner Gegenspieler an einem bestimmten Knoten in einem Informationsset zu befinden glaubt. Die Bayesianische Regel ist dabei jedoch nur anwendbar für solche Knoten, die auf dem gleichgewichtigen Pfad durch den Spielbaum liegen. Haben sich dagegen die Gegenspieler irrational verhalten, d.h. basiert die Beobachtung auf einem out-of-equilibrium Zug der anderen Spieler, so können die Wahrscheinlichkeiten für das Erreichen eines Knoten nicht nach Bayes aktualisiert werden. Da es keine eindeutige Regel gibt, nach der diese Posterior-Beliefs festgesetzt werden können, werden häufig sogenannte passive Vermutungen angestellt: mangels besseren Wissens setzt man die Posterior-Beliefs gleich den Prior-Beliefs, die für alle Spieler bereits vor Beginn des Spiels Common-Knowledge sind. Gegeben diese (rationalen und out-of-equilibrium) Posterior-Beliefs muss nun getestet werden, ob tatsächlich kein Spieler einen Anreiz hat, von der für ihn vermuteten gleichgewichtigen Strategie abzuweichen. Nur wenn dies der Fall ist, stellt das anfangs vermutete Strategienprofil ein Gleichgewicht dar.

Auch bei dynamischen Spielen mit asymmetrischer Information können multiple Gleichgewichte entstehen. Wichtig ist dabei zu beachten, dass ein perfektes Bayesianisches Gleichgewicht immer nur im Zusammenhang mit den Out-of-equilibrium-Beliefs definiert ist. Setzt man andere Belief-Werte für irrationales Verhalten der Spieler an, so kann sich eine vollkommen andere Gleichgewichtssituation ergeben. Zusätzlich können Gleichgewichte natürlich auch in gemischten Strategien existieren, was die Vielzahl möglicher Gleichgewichtssituationen noch erhöht. Die Suche nach einem optimalen Vertrag zwischen zwei oder mehreren Parteien in den folgenden Teilen des Buches muss somit immer auch von der Frage begleitet sein, ob ein als optimal ermittelter Vertrag ein eindeutiges Gleichgewicht darstellt.

6

Anwendungsbeispiele und Übungen

Die folgende Beispiele und Übungsaufgaben sollen die in diesem Kapitel dargestellten Gleichgewichtskonzepte und deren Herleitung nochmals verdeutlichen. Die Aufgaben folgen der Reihenfolge, in der die Gleichgewichtskonzepte für statische und dynamische Spiele dargestellt wurden.

6.1 Leben im Urwald - Nash-Gleichgewichte in reinen und gemischten Strategien

Dieses Beispiel ist angelehnt an Gintis [22]. Zwei Affen leben gemeinsam in einem Dschungel. Üblicherweise ernähren sie sich von Früchten und Beeren, die an niedrigen Büschen wachsen. Sie brauchen jedoch auch Nährstoffe einer Frucht, die nur auf hohen Bäumen wächst. Um an diese Frucht zu gelangen, muss ein Affe an einem dieser Bäume hochklettern und die Äste kräftig schütteln. Davon löst sich die Frucht und fällt zu Boden. Eine dieser Früchte erbringt einem Affen eine Energiezufuhr von 10 Kilokalorien. Der große Affe (GA) verbraucht jedoch bereits 2 Kalorien beim Ernten der Frucht. Der kleine, leichte Affe (KA) dagegen nichts. Falls beide Affen versuchen die Frucht zu ernten und sie anschließend teilen, bekommt der große Affe 7 Kalorien, der kleine Affe muss mit den restlichen 3 Kalorien auskommen. Klettert nur der große Affe auf den Baum, so kann der kleine ihm beim Essen zuvorkommen, und erhält immerhin 4 Kalorien, der große die verbleibenden 6 Kalorien. Klettert dagegen der kleine Affe, so bekommt er nur 1 Kalorie von der Frucht, während der große sich die restlichen 9 Kalorien einverleibt.

Aufgaben:

(a) Welche verschiedene Spielmöglichkeiten gibt es in diesem Futter-Kampf?

(b) Nehmen Sie an, beide Affen müssten gleichzeitig entscheiden, ob sie klettern oder lieber am Boden warten. Zeichnen Sie den Spielbaum und die Normalform des Spiels.

Payoffs (GA; KA):

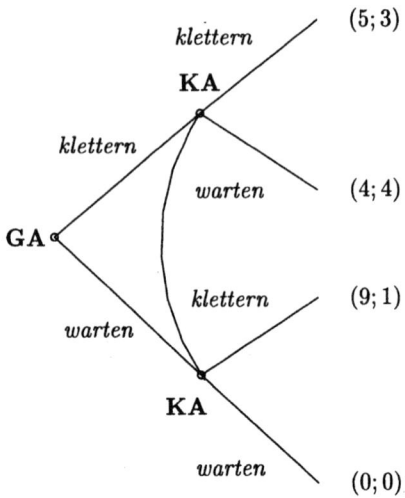

Abb. 6.1. Leben im Urwald - Extensive Darstellungsform

(c) Ermitteln Sie Nash-Gleichgewichte in reinen Strategien. Gibt es mehrere?

(d) Ermitteln Sie ein Nash-Gleichgewicht in gemischten Strategien.

Lösungen:

(a) Grundsätzlich existieren hier drei verschiedene Spielmöglichkeiten: Entweder beide Affen entscheiden gleichzeitig, ob sie versuchen die Frucht zu ernten oder lieber am Boden bleiben und warten. Oder der kleine Affe entscheidet zuerst, der große Affe nach ihm, oder umgekehrt. Es gibt also ein statisches und zwei dynamische Spielmöglichkeiten.

(b) Die Normalform des Spiels lautet wie in Tab. 6.1 dargestellt.

Tabelle 6.1. Leben im Urwald

GA / KA	klettern	warten
klettern	5/3	4/4
warten	9/1	0/0

Die extensive Form des Spiels ist in Abb. 6.1 dargelegt.

Aufgrund des eingezeichneten Informationssets für den kleinen Affen ist es unerheblich, ob der Spielbaum mit der Entscheidung für den großen Affen zuerst, oder für den kleinen Affen zuerst gezeichnet wird. Allerdings ist auf die korrekte Bezeichnung der Payoffs an den Endknoten entsprechend der Reihenfolge der dargestellten Spielzüge zu achten.

(c) Es gibt zwei Nash-Gleichgewichte in reinen Strategien:

- Wählt GA die Aktion „klettern", so ist für KA „warten" optimal. Gegeben diese Reaktion von KA hat GA keinen Anreiz von seiner Aktion „klettern" abzuweichen ⇒ (klettern, warten) ist ein Nash-Gleichgewicht.

- Wählt GA dagegen „warten", so ist die beste Reaktion von KA zu „klettern". Gegeben, dass KA klettert, hat GA wiederum keinen Anreiz abzuweichen und ebenfalls zu klettern ⇒ (warten, klettern) ist ein Nash-Gleichgewicht.

Man kann außerdem leicht zeigen, dass beide Nash-Gleichgewichte in reinen Strategien keine Gleichgewichte in dominanten Strategien sind.

(d) Für die Herleitung eines Nash-Gleichgewichts in gemischten Strategien sei p die Wahrscheinlichkeit mit der GA „klettern" wählt und q die Wahrscheinlichkeit, mit der KA „klettern" wählt. Nach der Methode der Indifferenzbedingung muss für GA gelten:

$$q \cdot 5 + (1-q) \cdot 4 = q \cdot 9 + (1-q) \cdot 0$$
$$q = \frac{1}{2}$$

und für KA:

$$p \cdot 3 + (1-p) \cdot 1 = p \cdot 4 + (1-p) \cdot 0$$
$$p = \frac{1}{2} \, .$$

Im Gleichgewicht wählen also beide Affen die Aktion „klettern" mit Wahrscheinlichkeit 0,5 und „warten" mit Wahrscheinlichkeit 0,5. Dabei erzielt der große Affe einen Kaloriengewinn von $0,5 \cdot 5 + 0,5 \cdot 4 = 4,5$ und der kleine Affe einen Kalorienwert von $0,5 \cdot 3 + 0,5 \cdot 1 = 2$.

6.2 Financial Distress - Nash-Gleichgewichte in diskreten Aktionen

Ein Unternehmen benötigt für ein Investitionsprojekt einen Kredit. Zwei Kreditgeber stellen zum Zeitpunkt t_0 einen Betrag von jeweils 100 zur Verfügung. In t_1 entscheiden die beiden Gläubiger simultan (aber unabhängig voneinander), ob sie das Projekt eine Periode weiterfinanzieren, oder liquidieren und ihre Gelder frühzeitig zurückverlangen. Falls beide weiterfinanzieren, erzielt das Projekt in t_2 für jeden der beiden Kreditgeber eine Payoff von 110. Liquidieren dagegen beide, so erhalten sie in t_2 einen Betrag von jeweils nur 70. Liquidiert dagegen nur einer der beiden Gläuber, so erhält er seinen gesamten Kreditbetrag unverzinst zurück, während der andere einen Verlust von 40 hinnehmen muss.

Aufgaben:

(a) Geben Sie die Normalform des Spiels an.

(b) Ermitteln Sie das Nash-Gleichgewicht des Spiels.

(c) Welches Problem erkennen Sie?

Lösungen:

(a) Die Normalform des Spiels lautet wie in Tab. 6.2 dargestellt.

Tabelle 6.2. Financial Distress

1 / 2	liquidieren	fortführen
liquidieren	70/70	100/60
fortführen	60/100	110/110

(b) Es existieren zwei Nash-Gleichgewichte in reinen Strategien: (liquidieren, liquidieren) oder (fortführen, fortführen)

(c) Das Spiel führt zu multiplen Gleichgewichten (eventuell existieren noch weitere Gleichgewichte in gemischten Strategien). Daraus ergibt sich das Problem, dass nicht genau vorausgesagt werden kann, ob sich die beiden Gläubiger auf das effiziente Gleichgewicht (fortführen, fortführen) einigen, oder ob sie vielmehr sich selbst und den Kreditnehmer schädigen, indem sie beide frühzeitig ihre Gelder zurückfordern. An der Wurzel des Übels liegt hier das Phänomen sich selbst-erfüllender Prophezeiungen: erwartet Gläubiger 2, dass Gläubiger 1 liquidiert, so ist es für ihn optimal ebenfalls zu liquidieren. Verhält er sich dementsprechend, wird es in der Tat optimal sein für Gläubiger 1 zu liquidieren, selbst wenn er dies anfänglich nicht vorhatte. Dasselbe gilt auch für das zweite Gleichgewicht. Multiple Gleichgewichte infolge sich selbst-erfüllender Prophezeiungen sind ein großes volkswirtschaftliches Problem. Man kann mit ihnen beispielsweise das Zustandekommen von sogenannten Bank Runs oder auch Währungskrisen ex-post erklären, aber nicht ex-ante prognostizieren.

6.3 Optimale Produktion - Nash-Gleichgewichte in stetigen Aktionen

Zwei Firmen (A, B) müssen ihre Ausbringungsmengen q_A und q_B simultan festlegen mit $q \in [0, \infty)$. Sie sehen sich einer Nachfragefunktion von $P(Q) = 120 - q_A - q_B$ gegenüber.

Aufgaben:

(a) Wie lauten die optimalen Ausbringungsmengen der beiden Firmen (Cournot-Lösung)?

(b) Was wäre im Vergleich dazu die Lösung im Monopol?

(c) Wie lautet das Stackelberg-Gleichgewicht (Vorsicht: dynamisches Spiel!), in dem Firma A zuerst die Ausbringungsmenge festlegt?

Lösungen:

(a) Die Gewinnfunktionen der beiden Firmen lauten:

$$\pi_A = q_A \cdot P(Q) = 120q_A - q_A^2 - q_A q_B$$
$$\pi_B = q_B \cdot P(Q) = 120q_B - q_A q_B - q_B^2$$

mit $Q = q_A + q_B$. Beide Firmen werden im Gleichgewicht versuchen, ihren Gewinn durch die Wahl ihrer Ausbringungsmenge zu maximieren, gegeben das entsprechende Verhalten des Konkurrenten. Daraus folgt für Firma A:

$$\frac{\partial \pi_A}{\partial q_A} = 120 - 2q_A - q_B = 0 .$$

Dies führt zu einer optimalen Ausbringungsmenge für Firma A von:

$$q_A = 60 - \frac{q_B}{2} .$$

Ebenso ergibt sich auch für Firma B die optimale Höhe ihrer Ausbringungsmenge zu $q_B = 60 - \frac{q_A}{2}$. Diese beiden Angebotsfunktionen sind best-response Strategien im Sinne eines Nash-Gleichgewichts mit dem Ergebnis $q_A = q_B = 40$. Beide Firmen erzielen dabei einen Gewinn von $\pi_A = \pi_B = 1600$.

(b) Die Gewinnfunktion eines Monopolisten ergibt sich zu

$$\pi_M = q \cdot P(q) = 120q - q^2 .$$

Auch der Monopolist wird versuchen seinen Gewinn durch die Wahl der Ausbringungsmenge q zu maximieren:

$$\frac{\partial \pi_M}{\partial q} = 120 - 2q = 0 .$$

Dies ergibt einen optimalen Wert von $q = 60$, so dass der Monopolist im Gleichgewicht einen Gewinn von $\pi_M = 3600$ erzielt.

(c) Firma A ist Stackelberg-Führer und legt die Ausbringungsmenge zuerst fest. Hauptunterschied zur ersten Teilaufgabe besteht darin, dass A nun die Reaktion von Firma B auf Änderungen ihrer Ausbringungsmenge q_A berücksichtigt. D.h. ausgehend von dem statischen Spiel weiß Firma A, wie sich Firma B verhalten wird, wie ihre Reaktionfunktion lautet. Die Gewinnfunktion von Firma A lautet also weiterhin:

$$\pi_A = q_A \cdot P(Q) = 120 q_A - q_A^2 - q_A q_B ,$$

wobei für q_B nun die Reaktionsfunktion von Firma B eingesetzt werden kann. (Die Maximierung der Gewinnfunktion folgt nun auf Basis besserer Informationen für Firma A: sie setzt schon die Reaktionsfunktion von Firma B ein. Ex-post hat dann zwar Firma B die besseren Informationen - sie kann q_A beobachten - allerdings hat Firma B dann keinen Einfluss mehr auf die Entscheidung von Firma A.) Daraus ergibt sich:

$$\pi_A = 120 q_A - q_A^2 - q_A (60 - \frac{q_A}{2}) .$$

Leitet man dies wieder nach q_A ab (Firma A versucht ihren Payoff zu maximieren), ergibt sich:

$$120 - 2 q_A - 60 + q_A = 0$$

und somit $q_A = 60$. Setzt man dies wiederum in die Reaktionsfunktion von Firma B ein, so ergibt sich $q_B = 30$, also eine wesentlich geringere Ausbringungsmenge. Dies ist der Nachteil des Stackelberg-Followers!

Als Payoffs ergeben sich hier $\pi_A = 1800$ und $\pi_B = 900$.

6.4 Das Monty-Hall-Problem - Bayesianisches Updating

Sie sind Teilnehmer einer Fernsehshow. Hinter 3 Türen (A, B, C) warten drei Gewinne auf sie: zwei Nieten und ein Cabrio als Hauptgewinn. Sie wählen Tür A und der Showmaster antwortet, indem er Tür B öffnet, hinter der sich ein Toaster zeigt: „Glücklicherweise haben Sie nicht B gewählt. Bevor ich Ihnen nun zeige, was sich hinter den beiden anderen Türen befindet, können Sie sich noch einmal umentscheiden." Sollten Sie das tatsächlich tun? Wie hoch ist die Wahrscheinlichkeit, dass hinter Tür C das Cabrio steht?

Lösungen:

Gesucht sind folgende Wahrscheinlichkeiten:

$$p(\text{Auto in C}|\text{Showmaster öffnet B})$$

und

$$p(\text{Auto in A|Showmaster öffnet B}) \, .$$

Diese beiden Wahrscheinlichkeiten sind miteinander zu vergleichen. Nur wenn nach der Beobachtung der Niete hinter Tür B die Wahrscheinlichkeit, dass das Auto nun hinter Tür C steht, größer ist als die Wahrscheinlichkeit für Tür A, sollte man sich umentscheiden. Die Prior-Wahrscheinlichkeiten, d.h. die Wahrscheinlichkeiten, die man ohne Zusatzinformationen wie das Öffnen einer Tür, ermittelt hätte, ergeben sich für alle Türen zu p(Cabrio in A) = p(Cabrio in B) = p(Cabrio in C) = $\frac{1}{3}$.

Obige bedingten Wahrscheinlichkeiten lassen sich leicht mit Hilfe der Formel von Bayes berechnen, wenn man sich die noch fehlenden bedingten Wahrscheinlichkeiten herleitet. Sie folgen aus den Regeln des Spiels. Berücksichtigt man, dass der Showmaster weiß, hinter welcher Tür sich das Cabrio verbirgt und dass er überdies ein strategischer Spieler ist, so ergibt sich folgendes:

Hat man sich im ersten Schritt für Tür A entschieden, so kann der Showmaster nur noch B oder C öffnen. In unserem Beispiel hat er sich für Tür B entschieden. Welche Informationen gibt uns seine Wahl? (Implizit wird in der Aufgabe danach gefragt, ob seine Wahl überhaupt Informationen beinhaltet, d.h. ob die Teilnehmer aus der Beobachtung einer geöffneten Tür „lernen" können.) Er wird keinesfalls die Tür öffnen, hinter der das Cabrio steht, da sonst das Spiel beendet wäre. Es muss also gelten:

$$p(\text{Showmaster öffnet B|Auto in B}) = 0 \, .$$

Verbirgt sich das Cabrio hinter Tür C, so muss er im Umkehrschluss zwingend Tür B öffnen, d.h.:

$$p(\text{Showmaster öffnet B|Auto in C}) = 1 \, .$$

Als letzte Alternative könnte das Cabrio auch, so wie vom Teilnehmer vermutet, tatsächlich hinter Tür A stehen. In diesem Fall wäre der Showmaster indifferent, ob er Tür B oder C öffnen soll. Es gilt also:

$$p(\text{Showmaster öffnet B|Auto in A}) = 0,5 \, .$$

Nach Bayes ergeben sich dann folgende Lösungen für die gesuchten bedingten Wahrscheinlichkeiten:

$$p(\text{Auto in C|Showmaster öffnet B}) = \frac{1 \cdot \frac{1}{3}}{1 \cdot \frac{1}{3} + 0 + \frac{1}{2} \cdot \frac{1}{3}} = \frac{2}{3}$$

und

$$p(\text{Auto in A|Showmaster öffnet B}) = \frac{\frac{1}{2} \cdot \frac{1}{3}}{1 \cdot \frac{1}{3} + 0 + \frac{1}{2} \cdot \frac{1}{3}} = \frac{1}{3} \, .$$

Offensichtlich ist die Posterior-Wahrscheinlichkeit für den Hauptgewinn in Tür C nach Beobachtung der Niete in Tür B im Vergleich zur Prior-Wahrscheinlichkeit gestiegen, während sie für A konstant geblieben ist. Die Erklärung dafür steckt bereits in der Herleitung der fehlenden bedingten Wahrscheinlichkeiten zum Aufstellen des Bayesianischen Updating. Steht das Cabrio nämlich tatsächlich hinter Tür A, so ist der Showmaster vollkommen indifferent, welche der beiden verbleibenden Türen, B oder C, er öffnen soll. Dann hat seine Handlung tatsächlich keinen Informationswert. Nachdem er Tür B geöffnet hat, ist es allerdings doppelt so wahrscheinlich, dass das Cabrio sich hinter Tür C verbirgt. Wäre dies tatsächlich der Fall, so hätte er nämlich zwingend Tür B öffnen müssen, nachdem der Kandidat sich anfänglich für Tür A entschieden hat.

Nach Beobachtung der Niete hinter Tür B ist es demnach tatsächlich sinnvoll, die Entscheidung zu revidieren und sich nun auf Tür C festzulegen.

6.5 Nuisance-Suit - Teilspielperfektes Gleichgewicht

Das folgende Beispiel ist ein typischer Fall eines sogenannten „Nuisance-Suit", d.h. einer gerichtlichen Klage, die eines eigentlichen Klagegrundes entbehrt und lediglich auf einen Vergleich ausgerichtet ist. Ziel ist es, zu erkennen, ob und wann die Drohung einer Klage glaubwürdig ist und somit ein teilspielperfektes Gleichgewicht darstellt.

Der „Verband zum Schutz der Kleinaktionäre" (kurz: Verband) überlegt, eine ungerechtfertigte Klage gegen das große börsennotierte Unternehmen XY AG zu erheben. Die primäre Motivation für eine solche Klage ist die Hoffnung auf eine außergerichtliche Einigung (Vergleich), da die Gewinnchancen in einem solchen Fall äußerst gering sind.

Nach Klageerhebung kann der Verband dem Unternehmen einen Vergleich anbieten, d.h. gegen eine Zahlung von s die Klage zurückziehen. Bei Klageerhebung entstehen dem Verband Kosten in Höhe von c. Das Unternehmen kann den Vergleich annehmen, womit die Klage hinfällig wird, oder ablehnen. Der Verband kann bei Ablehnung des Vergleichs die Klage tatsächlich zur Verhandlung bringen oder aufgeben. Kommt es zur Verhandlung, so beträgt der Gewinnerwartungswert für den Verband 0. Bei Verhandlung entstehen der XY AG jedoch Kosten in Höhe von d.

Alle Handlungen in diesem Spiel seien von der Gegenpartei beobachtbar.

Aufgaben:

(a) Zeichnen Sie den Spielbaum und bestimmen Sie das Gleichgewichtsverhalten. Geben Sie die Gleichgewichtsstrategien der Spieler vollständig an.

(b) Wie hoch ist der maximale Gewinn für den Verband?

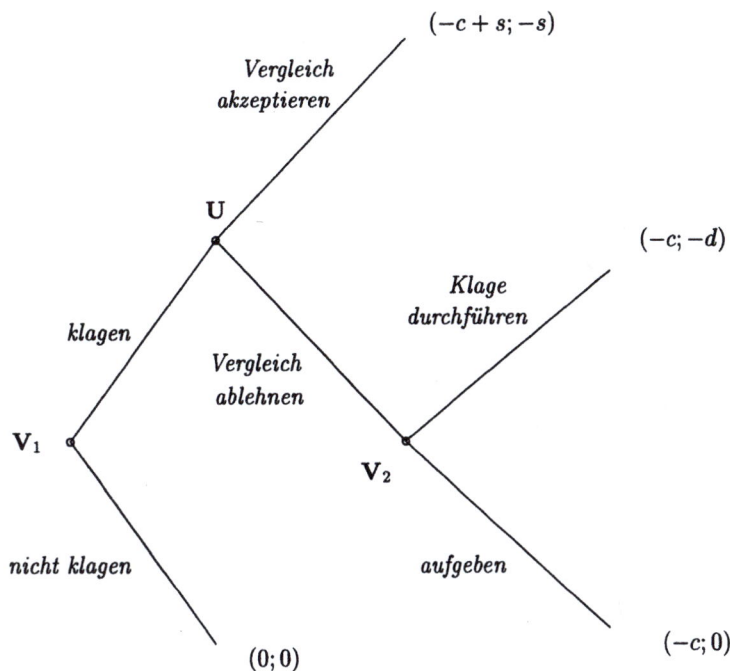

Payoffs (V; U):

$(-c + s; -s)$

Vergleich
akzeptieren

U

$(-c; -d)$

Klage
durchführen

klagen

Vergleich
ablehnen

V_1

V_2

nicht klagen   *aufgeben*

$(0; 0)$ $(-c; 0)$

Abb. 6.2. Nuisance-Suit - Extensive Darstellungsform

(c) Überlegen Sie, was sich an dem Gleichgewicht aus (a) verändert, wenn die XY AG die Kosten der Klage nicht erst nach dem Vergleichsangebot, sondern schon vorher als versunkene Kosten aufbringen würde. Geben Sie auch hier das Gleichgewicht vollständig an.

(d) Gibt es in der Realität für Unternehmen institutionelle Gegebenheiten, die man entsprechend der Idee aus (c) interpretieren könnte?

Lösungen:

(a) Der Spielbaum des Spiels ist in Abb. 6.2 dargestellt. Man löst das dynamische Spiel wie immer durch Rückwärts-Induktion:

Der Verband ist an seinem letzten Entscheidungsknoten V_2 indifferent, ob er die Klage durchführen soll oder nicht, da ihm beide Aktionen einen Payoff von $-c$ erbringen. Nehmen wir an, im Fall der Indifferenz wird der Verband die Klage nicht durchführen. Das Unternehmen wird daraufhin den Vergleich ablehnen, da es dadurch einen Payoff von 0 erzielt statt eines Verlustes in

Höhe von $|-s|$ durch den akzeptierten Vergleich. Dies wiederum veranlasst den Verband an seinem ersten Entscheidungsknoten gar nicht erst zu klagen, da er damit eine Zahlung von c vermeiden kann.

Das teilspielperfekte Gleichgewicht lautet somit:

- V_2: aufgeben
- U: Vergleich ablehnen
- V_1: nicht klagen

Nehmen wir dagegen an, der Verband würde im Indifferenzfall die Klage durchführen, so gilt: Das Unternehmen wird den Vergleich akzeptieren, sofern $s < d$. Anderenfalls wird das Unternehmen den Vergleich ablehnen. Ist also $s < d$, so wird das Unternehmen den Vergleich akzeptieren. Daraufhin wird der Verband Klage erheben, falls $s > c$. Ist dagegen $s < c$, so wird der Verband nicht klagen. Sei $s > d$: Das Unternehmen wird den Vergleich ablehnen. Infolgedessen wird der Verband nicht klagen, da $-c < 0$.

Das teilspielperfekte Gleichgewicht lautet also hier entweder:

- V_2: Klage durchführen
- U: Vergleich akzeptieren falls $s < d$
- V_1: Klage erheben, falls $s > c$ bzw keine Klage erheben, falls $s < c$.

oder

- V_2: Klage durchführen
- U: Vergleich ablehnen, falls $s > d$
- V_1: nicht klagen

(b) Der maximale Gewinn des Verbandes beträgt $\max\{0, s-c\}$, da er entweder keine Klage erhebt (Gewinn von 0) oder das Unternehmen den Vergleich nach Klageerhebung annimmt, falls $d > s$ (Gewinn für den Verband von $s - c$).

(c) Wenn das Unternehmen die Kosten einer Klage d bereits vor dem Vergleich aufbringen muss, so gibt es keinen Grund mehr, den Vergleich nach Klageerhebung anzunehmen, d.h. der neue Spielbaum lautet wie in Abb. 6.3.

Rückwärts-Induktion liefert hier das folgende Ergebnis. Der Verband ist zunächst indifferent zwischen der Entscheidung die Klage wirklich durchzuführen oder aufzugeben. Entscheidet er sich dafür, die Klage durchzuführen, so wird das Unternehmen den Vergleich ablehnen (da $-d > -d - s$) und der Verband wird daraufhin gar keine Klage erheben wollen. Entscheidet sich der Verband in V_2 dafür, die Klage fallenzulassen, so wird das Unternehmen mit derselben Begründung den Vergleich ablehnen und der Verband in V_1 gar nicht erst eine Klage erheben.

Payoffs (V; U):

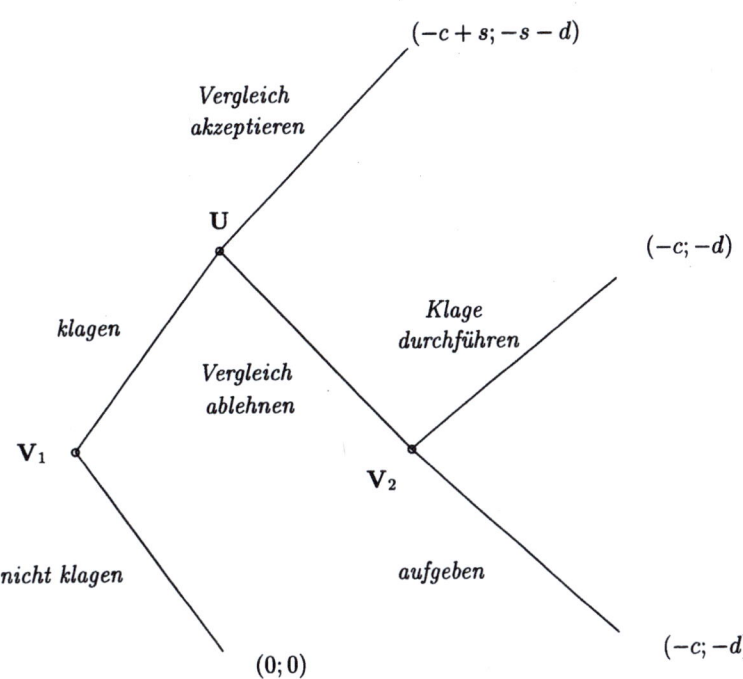

$(-c + s; -s - d)$

*Vergleich
akzeptieren*

U

$(-c; -d)$

klagen

*Klage
durchführen*

*Vergleich
ablehnen*

V_1

V_2

nicht klagen

aufgeben

$(0; 0)$

$(-c; -d)$

Abb. 6.3. Nuisance-Suit mit Sunk Costs - Extensive Darstellungsform

(d) Die Kosten einer Gerichtsverhandlung sind für Unternehmen tatsächlich Sunk Costs, wenn sie beispielsweise eine juristische Abteilung installiert haben, in der Juristen quasi nur darauf warten, tätig werden zu können.

6.6 Manager und Autowahl - Perfektes Bayesianisches Gleichgewicht

Ein Unternehmen N tritt in einen Monopolmarkt ein. Der Monopolist M kann nicht beobachten, ob der Newcomer am Markt ein starker oder schwacher Rivale ist. Er setzt a priori eine Wahrscheinlichkeit von 0, 9 für einen starken Newcomer an. Der bisherige Monopolist weiß darüber hinaus, dass Manager starker Firmen bescheiden sind und am liebsten Golf fahren. Manager schwacher Firmen können zwar auch Golf fahren, sie präferieren jedoch Porsche. Der Manager einer starken Firma fährt alternativ zum Golf nur einen Mercedes. Es sei angenommen, dass das Fahren des präferierten Autos für jeden Manager zu einem Nutzengewinn von 1 führt.

Der Monopolist kann nach dem Markteintritt von N die Autowahl des Firmenchefs beobachten. Versucht er einen starken Rivalen zu bekämpfen, so wird er seinen Markt vollständig verlieren, d.h. ihm verbleibt ein Nutzen von 0, während der gesamte Marktnutzen von 2 an das Newcomer-Unternehmen geht. Kämpft der Monopolist jedoch gegen einen schwachen Newcomer, so behält er seinen Markt und der Rivale geht leer aus. Verhält sich der Monopolist friedlich, so teilt er sich mit dem Newcomer den Markt (unabhängig vom Newcomer-Typ), d.h. beide erzielen einen Nutzen von 1.

Aufgaben:

(a) Stellen Sie das Spiel in extensiver Form dar, d.h. zeichnen Sie den Spielbaum inklusive der Informationssets, Beliefs und Payoffs.

(b) Prüfen Sie, ob ein perfektes Bayesianisches Gleichgewicht existiert, in dem der Newcomer-Manager niemals Golf fährt. Geben Sie dabei alle in Frage kommenden Gleichgewichtsvermutungen an und achten Sie auf eine vollständige Beschreibung der Strategien und Beliefs.

(c) Für welche Out-of-equilibrium-Beliefs ist die in (b) dargestellte Situation ein Gleichgewicht?

Lösungen:

(a) Im dargestellten Spiel hat der Monopolist einen Informationsnachteil, d.h. ein mehr-elementiges Informationsset, da er nach Beobachtung der Autowahl „Golf" nicht unterscheiden kann, ob dieser von einem starken oder schwachen Newcomer gefahren wird. Des Weiteren seien die Beliefs wie folgt benannt: $\alpha = p(\text{stark}|\text{Golf})$, $\beta = p(\text{stark}|\text{Mercedes})$ und $\gamma = p(\text{schwach}|\text{Porsche})$. Es gilt dabei, dass $\beta = 1$ und $\gamma = 1$, d.h. aus der Beobachtung von „Porsche" und „Mercedes" kann direkt auf den Typ des Newcomers geschlossen werden. Die extensive Form ist in Abb. 6.4 dargestellt.

(b) Das zu überprüfende Gleichgewicht ist ein Separating-Gleichgewicht: beide Typen des Newcomers sollen sich unterschiedlich verhalten. Da jedoch mehr Aktionen für den Newcomer existieren als Typen, kann es durchaus out-of-equilibrium Bewegungen geben, d.h. selbst wenn der starke und der schwache Newcomer jeweils unterschiedliche Autos wählen, so wie in der Gleichgewichtsvermutung vorgesehen, besteht die Möglichkeit, dass der Newcomer ein Auto wählt, nämlich Golf, das im Gleichgewicht nicht vorgesehen ist.

Zur Herleitung des Gleichgewichts durchlaufen wir die üblichen Schritte:

1. *Verhaltensvermutung*

   Das vermutete Separating-Gleichgewicht verlangt, dass der Manager des starken Newcomers immer Mercedes fährt (also nicht sein präferiertes Auto) und der Manager des schwachen Newcomers immer Porsche (sein

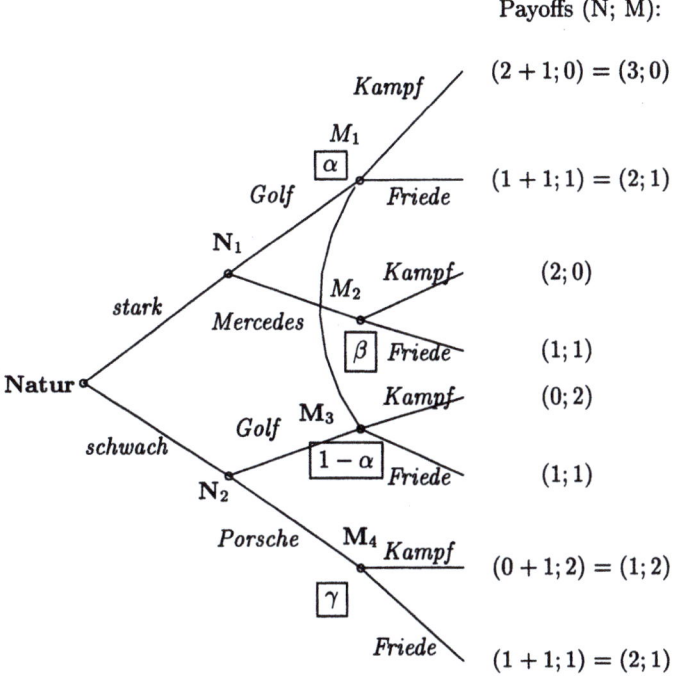

Payoffs (N; M):

$Kampf$ $(2+1;0) = (3;0)$

M_1 α

$Golf$ $Friede$ $(1+1;1) = (2;1)$

N_1

$stark$ M_2 $Kampf$ $(2;0)$

$Mercedes$

β $Friede$ $(1;1)$

$Natur$ $Kampf$ $(0;2)$

$Golf$ M_3

$schwach$ $1-\alpha$ $Friede$ $(1;1)$

N_2

$Porsche$ M_4 $Kampf$ $(0+1;2) = (1;2)$

γ

$Friede$ $(1+1;1) = (2;1)$

Abb. 6.4. Manager und Autowahl - Extensive Darstellungsform

präferiertes Auto), d.h. es soll gelten:

$$p(\text{Mercedes}|\text{stark}) = 1 \,,$$
$$p(\text{Golf}|\text{stark}) = 0 \,,$$
$$p(\text{Porsche}|\text{schwach}) = 1 \,,$$
$$p(\text{Golf}|\text{schwach}) = 0 \,.$$

2. *Bestimmung der Beliefs*

α und $1 - \alpha$ sind in dem vermuteten Gleichgewicht Out-of-equilibrium-Beliefs, da sie bedingt sind auf eine Beobachtung, die ausserhalb des postulierten Gleichgewichtspfades liegt. Sie können somit nicht nach Bayes berechnet werden. Nutzt man passive Vermutungen, so gilt:

$$\alpha = p(\text{stark}|\text{Golf}) = p(\text{stark}) = 0,9 \,.$$

Somit ergibt sich $1 - \alpha = 0,1$. Die Wahrscheinlichkeiten β und γ lassen sich dagegen nach Bayes sehr einfach berechnen und betragen jeweils 1.

3. *Überprüfung der Strategien auf Gleichgewichtseigenschaft*

Der Monopolist hat die Wahl zwischen „Kampf" und „Frieden". Beobachtet er, dass der Newcomer einen Mercedes fährt, so lauten seine erwarteten Payoffs aus diesen beiden Aktionen:

$$\pi_M(\text{Kampf}|\text{Mercedes}) = 0$$
$$\pi_M(\text{Frieden}|\text{Mercedes}) = 1 \,.$$

Beobachtet der Monopolist also „Mercedes", so wird er lieber Frieden halten wollen.

Nach Beobachtung von „Porsche" gilt:

$$\pi_M(\text{Kampf}|\text{Porsche}) = 2$$
$$\pi_M(\text{Frieden}|\text{Porsche}) = 1 \,.$$

In diesem Fall wird der Monopolist lieber kämpfen wollen.

Für die out-of-equilibrium Beobachtung „Golf" gilt:

$$\pi_M(\text{Kampf}|\text{Golf}) = \alpha \cdot 0 + (1 - \alpha) \cdot 2 = 0,2$$
$$\pi_M(\text{Frieden}|\text{Golf}) = \alpha \cdot 1 + (1 - \alpha) \cdot 1 = 1 \,.$$

Sieht der Monopolist, dass der Newcomer (abweichend vom erwarteten Gleichgewicht) Golf fährt, so wird er lieber Frieden halten wollen.

Was folgt daraus für den Newcomer? Ist er vom schwachen Typ, so hat er die Wahl zwischen Golf und Porsche. Er weiß, dass der Monopolist auf die Beobachtung von Porsche mit Kampf, auf die Beobachtung von Golf mit Frieden reagieren wird. Seine Payoffs lauten somit:

$$\pi_N(\text{Porsche}|\text{schwach, Kampf}) = 1$$
$$\pi_N(\text{Golf}|\text{schwach, Frieden}) = 1 \,.$$

Der schwache Newcomer ist somit indifferent, ob er Porsche oder Golf fahren soll.

Für den starken Newcomer ergibt sich die Wahl zwischen Mercedes und Golf. In beiden Fällen wird der Monopolist sich friedlich verhalten. Für die Payoffs gilt daher:

$$\pi_N(\text{Mercedes}|\text{stark, Frieden}) = 1$$
$$\pi_N(\text{Golf}|\text{stark, Frieden}) = 2 \,.$$

Der starke Newcomer wird somit vom vermuteten Gleichgewichtsverhalten abweichen und Golf fahren.

Das spezifizierte Separating-Strategienprofil ist somit kein Gleichgewicht, sofern Out-of-equilibrium-Beliefs von $\alpha = 0,9$ angesetzt werden.

(c) Gefragt ist hier nach dem sogenannten „kritischen" α, d.h. dem Wert für den Out-of-equilibrium-Belief, der dazu führt, dass der uninformierte Spieler (Monopolist) indifferent ist zwischen seinen Aktionen. Der kritische Wert für α ergibt sich aus folgender Indifferenzbedingung:

$$\pi_M(\text{Kampf}|\text{Golf}) = \pi_M(\text{Frieden}|\text{Golf})$$
$$\alpha^* \cdot 0 + (1 - \alpha^*) \cdot 2 = \alpha^* \cdot 1 + (1 - \alpha^*) \cdot 1$$
$$\alpha^* = 0,5\,.$$

Für $\alpha > 0,5$ wird der Monopolist nach Beobachtung von „Golf" lieber Frieden wählen, für $\alpha < 0,5$ entscheidet er sich dagegen für Kampf.

Es lässt sich leicht zeigen, dass auch für den Fall $\alpha < 0,5$ das vermutete Separating-Profil kein Gleichgewicht darstellt, da dann der starke Newcomer abweicht und Golf fährt.

6.7 Übernahmeschlachten, Greenmail und White-Knights - Perfektes Bayesianisches Gleichgewicht

Auch Übernahmeschlachten zwischen Unternehmen und die damit verbundenen Aktionen lassen sich im Rahmen eines perfekten Bayesianischen Gleichgewichts untersuchen. Im Folgenden wollen wir die optimale Strategie des Managements einer Firma analysieren, die von einer Übernahme durch ein zweites Unternehmen bedroht ist. Der Fokus soll dabei weniger auf der detaillierten Betrachtung eines voll spezifizierten Modells als vielmehr auf einem Abgleich mit dem in der Realität beobachteten Verhalten von Firmen liegen. Die theoretische Grundlage für die Aussagen dieses Kapitels geht auf Shleifer und Vishney [59] zurück.

Eine mögliche Antwort des Managements einer Firma (A) auf eine „unfreundliche" Übernahme eines zweiten Unternehmens (B) stellt die sogenannte „Greenmail" dar. Versucht Unternehmen B Firma A zu übernehmen, indem es droht, einen ausreichend hohen Prozentsatz der Unternehmensanteile von den Aktionären zu kaufen, so kann das Management von A ein Gegenangebot stellen, die Anteile zu einem entsprechenden Preisaufschlag zurückzukaufen. Als Greenmail bezeichnet man dabei die Differenz zwischen dem Preis, zu dem B die Anteile an Unternehmen A von den Aktionären anzukaufen bereit ist, und dem Preis, den Firma A nun an B zahlt, um B vom Ankauf abzuhalten. Die Greenmail ist somit nichts anderes als ein Bestechungsgeld von Unternehmen A an Unternehmen B. Eine solche Strategie ist durchaus umstritten, da sie zwar die Arbeitsplätze des Managements von Firma A sichert, den Aktionären jedoch keinen Gewinn erbringt. Sie hätten vielmehr einen Gewinn im Verkauf der Unternehmensanteile an Firma B erzielen können, da der hierbei von B gebotene Preis meist deutlich über dem Aktienkurs liegt.

Allerdings existiert auch ein Argument, das durchaus für die Zahlung einer Greenmail im Sinne der Aktionäre spricht: so wäre es möglich, dass das Management von Firma A infolge der Greenmail-Zahlung andere Unternehmen auf sich aufmerksam macht, die dann in einer „freundlichen" Übernahme um die Unternehmensanteile an A bieten und den Aktienpreis in die Höhe treiben. Ein sogenannter „weißer Ritter" (White-Knight) ist dabei ein besonderes Unternehmen (C), das vom Management der Firma A gebeten wurde, in diesen Prozess einzugreifen. Häufig gibt dabei das Management von A besondere Insider-Informationen an C, die eine Übernahme für C interessant machen.

Untersucht man nun eine Situation, in der Unternehmen B droht, Firma A zu übernehmen, und kein weißer Ritter für A existiert, so stellt man fest, dass die Zahlung einer Greenmail auch hier zum Vorteil der Aktionäre von A wirken kann. Es bewirkt dann eine höhere Konkurrenz um die Anteile der Firma zwischen weiteren Unternehmen D, E, etc., die lediglich das Signal der Greenmail-Zahlung beobachten. Wie oben beschrieben wirkt dies im Rahmen eines perfekten Bayesianischen Gleichgewichts als Signal über die Firmenqualität, die in diesem dynamischen Spiel private Information für Unternehmen A darstellt. In der Realität stellte eine Studie von Mikkelson und Ruback [43] für den Zeitraum 1978 bis 1983 jedoch fest, dass Greenmail-Zahlungen überwiegend von fallenden Aktionkursen gefolgt wurden.

Lässt man in dem theoretischen Modell jedoch einen weißen Ritter zu, so kann das Ergebnis des perfekten Bayesianischen Gleichgewichts besser mit den Beobachtungen in der Realität in Übereinstimmung gebracht werden. In einem solchen Fall liefert das theoretische Modell als Ergebnis, dass das Management von Firma A nur dann eine Greenmail zahlen wird, wenn es nicht über einen White-Knight verfügt. Anderenfalls wird sie auf die Zahlung der Greenmail verzichten, die private Information über ihre Firmenqualität an den weißen Ritter weitergeben und ihm somit eine bessere Verhandlungsposition um die Anteile an Firma A verschaffen. In einem solchen Spiel wirkt nun die Zahlung einer Greenmail als „schlechtes" Signal. Dies erklärt, warum der Aktienkurs nach der Bekanntgabe einer Greenmail-Zahlung sinkt. Eine detailliertere Analyse der Wirkungsweise von Signalen in dynamischen Spielen mit asymmetrischer Information erfolgt in Kapitel 16.

Teil III

Moral-Hazard

7

Grundproblem

Der Begriff des „moralischen Risikos" (Moral-Hazard) stammt ursprünglich aus der Versicherungsindustrie. Er bezeichnet das zusätzliche Schadensrisiko, das der Versicherung entsteht, wenn der Versicherte nach Versicherungsabschluss nicht mehr die nötige Sorgfalt aufwendet, um Schaden zu vermeiden.

Die Analyse von *Moral-Hazard-Problemen* erfolgt typischerweise im Rahmen des Principal-Agent-Modells. Wie bereits in Kapitel 2.2 kurz dargelegt, repräsentiert der Agent den informierten Spieler, der im Auftrag des Principal handelt. Der Principal ist demnach der uninformierte Spieler, der Handlungsrechte an den Agent delegiert. Er verpflichtet ihn durch einen bindenden Vertrag, bestimmte Aufgaben zu übernehmen. Nach Vertragsabschluss ist der Agent jedoch frei zu entscheiden, ob und wie er die Handlung vornimmt. Seine Handlungen beeinflussen dabei sowohl seinen eigenen Nutzen als auch den des Principals. Das Principal-Agent-Modell abstrahiert dabei in seiner Urform von zusätzlichen Fragen der Verhandlungsmacht, indem die Beziehungen zwischen den beiden Akteuren als ein sogenanntes Stackelberg-Spiel angesehen werden. Der Principal (als Stackelberg-Führer) formuliert den Vertrag als ein *Take-it-or-leave-it-Angebot*. Der Agent (als Stackelberg-Folger) hat sodann lediglich die Auswahl, den Vertrag anzunehmen oder abzulehnen. Diese Vereinfachung beeinträchtigt die Nützlichkeit des Konzeptes wenig, sofern man hauptsächlich an den generellen Eigenschaften eines optimalen Vertrages interessiert ist und nicht nach einem bestimmten optimalen Vertrag sucht. Allerdings unterstellt diese Modellstruktur, dass der gesamte Zusatznutzen dem Principal zufließt, während der Agent lediglich ein konstantes Nutzenniveau erreicht. Diese Annahme muss in der Realität nicht grundsätzlich erfüllt sein. Im Folgenden werden wir uns jedoch bei der Herleitung optimaler Verträge, die den unterschiedlichen Problemen, die aus einer asymmetrischen Informationsverteilung folgen können, Rechnung tragen, weitgehend am einfachen Principal-Agent-Modell orientieren.

Das Phänomen des Moral-Hazard tritt nun in zwei unterschiedlichen Formen auf: zum einen als *Hidden-Action*, zum anderen als *Hidden- Information-*

Problem. In beiden Fällen handelt es sich in der strengen, spieltheoretischen
Definition um Spiele mit vollkommener Information: zum Zeitpunkt des Vertragsabschlusses haben beide Spieler dieselbe, d.h. symmetrische, Information.
Im Falle Hidden-Action ergreift der Agent jedoch nach Vertragsabschluss eine
für den Principal nicht beobachtbare Handlung, die das angestrebte Ergebnis
beeinflusst. Eine alternative Formulierung des Hidden-Action Problems sieht
vor, dass die Handlung des Agent zwar beobachtbar ist, aber vom Principal
nicht gegenüber Dritten, beispielsweise einem Gericht, verifizierbar ist. In der
Versicherungsindustrie wird beispielsweise leicht ersichtlich, dass ein Käufer
einer Haftpflichtversicherung nach Versicherungsabschluss nicht mehr notwendigerweise dieselbe Sorgfalt im Umgang mit fremdem Eigentum aufbringen
wird wie im Vergleich zu einer Situation ohne die entsprechende Versicherung.[1] Ob er sich jedoch tatsächlich fahrlässig verhalten hat, ist im Schadens-
fall von der Versicherung nur sehr schwer überprüfbar bzw. kann teilweise nur
unter hohem Aufwand vor Gericht belegt werden.

Das Problem der Hidden-Information liegt demgegenüber dann vor, wenn der
Agent Informationen erhält über den Zustand der Welt, die wiederum die
optimale Wahl seiner Handlung bestimmen, der Principal dagegen nicht. Beispielsweise können die Aktionäre einer Firma, die im Export-Import-Handel
tätig ist, nicht erkennen, ob ein günstiges Firmenergebnis tatsächlich darauf
zurückzuführen ist, dass das Management besonders eifrig neue Kunden aqui-
riert hat oder ob lediglich die Wechselkursentwicklung dazu geführt hat, dass
besonders viele Kunden Geschäfte abgeschlossen haben.

Ein Beispiel von Milgrom und Roberts [45] verdeutlicht, wie ähnlich die beiden Probleme der Hidden-Action und der Hidden-Information in ihren Auswirkungen sind. So stellte eine Studie in den USA im Jahr 1990 fest, dass
der Anteil an Volvo-Fahrern, die im Sommer 1990 in Washington D.C. dabei
ertappt wurden, nicht vorschriftsmäßig an Stop-Schildern gehalten zu haben,
größer ist als der Anteil an Fahrern aller anderen Automarken. Diese zunächst
erstaunliche Feststellung (da Volvos einen Ruf als besonders sichere und zu-
verlässige Autos mit der entsprechenden Kundenklientel haben) lässt sich auf
zwei unterschiedliche Arten erklären. Zum einen könnte ein Hidden-Action-
Problem vorliegen. Nachdem eine Person einen Volvo gekauft hat und weiß,
dass sie ein sehr sicheres Auto fährt, besteht keine Notwendigkeit mehr, besonders vorsichtig im Straßenverkehr zu agieren. Es könnte jedoch auch ein
Hidden-Information-Problem vorliegen. Nach dieser Argumentation werden
gerade solche Autofahrer, die von sich wissen, dass sie unsicher oder unkon-

---

[1]Holmström und Milgrom [34] verdeutlichen das Problem mit den Worten von
Mark Twain's Adventures of Huckleberry Finn: „Well, then, says I, what's the use
you learning to do right when it's troublesome to do right and ain't no trouble to
do wrong, and the wages is just the same? I was stuck. I couldn't answer that. So I
reckoned I wouldn't bother no more about it, but afterwards always do whichever
comes handiest at the time."

zentriert fahren, einen sicheren Wagen wie einen Volvo kaufen, der ihre mangelnden Fahrfähigkeiten kompensiert.[2]

Im Folgenden wollen wir uns zunächst mit dem Problem der Hidden-Action befassen. Das grundlegende Vertragsproblem besteht somit darin, dass der Principal die Handlung des Agent nicht beobachten kann. Dem Principal ist dabei bewusst, dass er durch den Vertrag die Aktionen des Agent nicht direkt steuern kann. Ihm bleibt lediglich die Möglichkeit, durch den Vertrag eine geeignete Anreizstruktur zu erstellen, die den Agent nach Vertragsabschluss dazu veranlasst, im Eigeninteresse das vom Principal gewünschte Ergebnis zu erzielen. Der optimale Vertrag ist somit durch eine Interessenskonvergenz zwischen Principal und Agent gekennzeichnet.

7.1 Grundmodell - Der optimale Vertrag unter symmetrischer Information

Bevor wir versuchen den optimalen Vertrag für ein Moral-Hazard-Problem herzuleiten, wollen wir zunächst als „Benchmark-Fall" einen optimalen Vertrag mit symmetrischer Information darstellen. Dies soll anhand eines typischen Beispiels erfolgen: dem sogenannten Produktions-Spiel. Die Darstellung des Modells orientiert sich dabei im wesentlich an Macho-Stadler und Perez-Castrillo [41] sowie Salanie [56]. Der Principal in diesem Spiel ist der Manager eines Unternehmens, der Agent ein dem Manager unterstellter Arbeitnehmer. Das dynamische Spiel dieser beiden Akteure gliedert sich in die folgenden Spielzüge: der Manager unterbreitet dem Arbeitnehmer einen Arbeitsvertrag in Form eines Take-it-or-leave-it-Vertrags, der einen bestimmten Lohn w für den Agent vorsieht. Der Agent kann entscheiden, ob er den Vertrag annimmt oder nicht. Akzeptiert er das Angebot, so wird er daraufhin seinen Arbeitseinsatz e („Effort") wählen. Da wir ein Spiel mit symmetrischer Information unterstellen, kann das Anstrengungsniveau e vom Principal beobachtet werden. Durch seinen Arbeitseinsatz kann der Agent einen Output von q erwirtschaften, der allerdings, um das Modell realistisch zu gestalten, noch einer Risikokomponente unterworfen ist.

Es gelten diesbezüglich folgende weitere Annahmen:

- Der Output q sei eine Zufallsvariable aus einer endlichen Menge, d.h. $q = \{q_1, q_2, ..., q_n\}$. Die Wahrscheinlichkeit, dass ein bestimmtes Outputniveau q_i mit $i \in \{1, 2, ..., n\}$ durch ein Anstrengungsniveau von e realisiert wird, bezeichnet man mit $p(q = q_i | e) = p_i(e)$. Es wird dabei angenommen, dass $p_i(e) > 0$, so dass kein Outputniveau existiert, das bei einem bestimmten Arbeitseinsatz e unmöglich zu erreichen ist. Anders gesagt

---

[2]Könnte man davon ableiten, dass der Firma Volvo durch diese Selbst-Selektion der Volvo-Fahrer Kosten entstehen, so läge das Phänomen der „Adverse-Selection" vor. Dieses werden wir in Kapitel IV genauer analysieren.

kann von einem beobachteten Outputniveau somit nicht auf ein bestimmtes Anstrengungslevel zurückgeschlossen werden.

- Die Nutzenfunktion $U(w, e)$ des Agent steigt in seinem Lohn w und sinkt in seiner Anstrengung e, d.h. in seinem „Arbeitsleid". Des Weiteren nehmen wir zur Vereinfachung an, die Nutzenfunktion des Agent sei additiv separierbar in ihre beiden Komponenten, d.h. $U(w, e) = u(w) - v(e)$. Dies impliziert, dass eine mögliche Risikoaversion des Agent nicht von seinem Anstrengungsniveau abhängt. Außerdem soll gelten: $u' > 0, u'' \leq 0, v' > 0$ und $v'' \geq 0$.[3] Aufgrund der Eigenschaften für u ergibt sich, dass der Agent entweder risikoneutral oder risikoavers im Hinblick auf seinen Lohn ist. Aus den Eigenschaften von v folgt, dass das Grenzleid der Arbeit nicht sinkt.

- Die Nutzenfunktion des Principal $B(q - w)$ steigt im produzierten Output q und sinkt im Lohn w, der an den Agent gezahlt wird. Die Nutzenfunktion des Principal sei darüber hinaus konkav ansteigend, d.h. $B' > 0$ und $B'' \leq 0$. Der Principal ist somit entweder risikoneutral oder risikoavers.

Der typische Principal-Agent-Konflikt, der selbst bei symmetrischer Information existiert, ergibt sich nun daraus, dass der Nutzen B des Principals nicht direkt vom Anstrengungsniveau e des Agent abhängt, wohl aber vom produzierten Output q, der wiederum eine Funktion von e ist. Demgegenüber hängt jedoch der Nutzen U des Agent nicht direkt vom Output q ab, sehr stark dagegen von seinem Arbeitseinsatz e.

Die Lösung dieses Zielkonfliktes erfolgt im Rahmen eines Stackelberg-Spiels: der Principal wird den Vertrag so formulieren, dass sein Nutzen maximiert wird. Der Agent hat lediglich die Möglichkeit, diesen Take-it-or-leave-it-Vertrag anzunehmen oder abzulehnen. Bei der Vertragsgestaltung wird der Principal diese Restriktion berücksichtigen, indem er den Vertrag so formuliert, dass der Agent durch die Annahme nicht schlechter gestellt wird als bei Ablehnung. Der gesuchte Vertrag stellt somit ein Optimum im Sinne Paretos dar: der Nutzen des Agent bleibt konstant im Vergleich zu seiner sogenannten Outside-Option, während der Principal als Stackelberg-Führer seinen Nutzen maximieren kann.

Der optimale Vertrag muss im Falle symmetrischer Informationen daher den Nutzen des Principal maximieren unter einer Restriktion, der sogenannten *Partizipationsbedingung* des Agent: der Vertrag muss so gestaltet sein, dass der Agent ihn auch tatsächlich anzunehmen bereit ist. Er muss dadurch also mindestens seinen Reservationsnutzen $\bar{U}$, d.h. das Nutzenniveau, das er auch ohne den Vertrag realisieren könnte, erreichen. Der optimale Vertrag wird hier hergeleitet unter der Annahme, alle relevanten Informationen seien verifizierbar, d.h. die notwendigen Werte (z.B. des Anstrengungsniveaus oder des Lohnsatzes) seien messbar und gegenüber einem Gericht beweisbar. Der Vertrag hängt nun von allen verifizierbaren Werten des Spiels ab. Formal lautet

---

[3]Die Zeichen $'$ und $''$ bezeichnen die erste und zweite Ableitung.

daher das Problem des optimalen Vertrages unter symmetrischer Information wie folgt:

$$\max_{e,w(q_i)} \sum_{i=1}^{n} p_i(e) B(q_i - w(q_i)) \,,$$

unter Beachtung der Nebenbedingung der Partizipation des Agent:

$$U(w,e) \geq \bar{U}$$

$$\sum_{i=1}^{n} p_i(e) u(w(q_i)) - v(e) \geq \bar{U} \,.$$

Der Principal muss den Vertrag, d.h. hier das Anstrengungsniveau e, das er dem Agent abverlangt, und den Lohnsatz w, so wählen, dass sein Nutzen maximiert wird unter der Nebenbedingung, dass der Agent keinen Anreiz hat, den Vertrag abzulehnen. Wichtig hierbei ist, dass aufgrund der Annahme symmetrischer Information davon ausgegangen wird, der Principal könne das Anstrengungsniveau e des Agent beobachten und auch gegenüber Dritten verifizieren. Somit kann er vor einem Gericht durchsetzen, dass der Agent, sofern er den Vertrag akzeptiert, sich auch tatsächlich an die vereinbarten Anforderungen hält. Aus der Menge der Verträge, die für den Agent akzeptabel sind, wird der Principal schließlich den auswählen, der für ihn am kostengünstigsten ist, der also mit dem geringsten Lohn w zu erreichen ist.

Betrachtet man das Optimierungsproblem des Principal genauer, so stellt man fest, dass der optimale Vertrag leicht herzuleiten ist für gegebene Werte von e, da die Funktionen $B(q - w)$ und $u(w)$ konkav in w sind.[4] Schwieriger ist dagegen die Herleitung des optimalen Anstrengungsniveaus e, da sowohl die Nutzenfunktion des Agent in der Partizipationsbedingung als auch der Nutzen des Principal mit den Wahrscheinlichkeiten für die unterschiedlichen Outputniveaus gewichtet werden, die wiederum von e abhängen.

Im Folgenden wollen wir der Einfachheit halber das Problem lösen unter der Annahme e^* sei das effiziente Anstrengungsniveau des Agent. Die Lagrange-Funktion für das Optimierungsproblem des Principal lautet dann:

$$L = \sum_{i=1}^{n} p_i(e^*) B(q_i - w(q_i)) + \lambda \cdot (\sum_{i=1}^{n} p_i(e^*) u(w(q_i)) - v(e^*) - \bar{U}) \,,$$

mit folgender Bedingung erster Ordnung:

$$\frac{\partial L}{\partial w(q_i)} = -p_i(e^*) B'(q_i - w(q_i)) + \lambda p_i(e^*) u'(w(q_i)) = 0 \,. \qquad (7.1)$$

Daraus folgt:

---

[4]Die Kuhn-Tucker-Bedingungen, d.h. die Bedingungen erster und zweiter Ordnung zur Lösung des Lagrange-Optimierungsproblems, sind damit notwendig und hinreichend zur Herleitung eines globalen Optimums.

$$\lambda = \frac{B'(q_i - w^*(q_i))}{u'(w^*(q_i))} \, . \tag{7.2}$$

Man erkennt leicht, dass der zur Partizipationsbedingung gehörende Multiplikator λ strikt positiv sein muss, da per Annahme $B' > 0$ und $u' \neq \infty$. Die Partizipationsbedingung ist daher bindend.[5] Dies ist ein intuitives Ergebnis. Wäre die Partizipationsbedingung als Ungleichheits- und nicht als Gleichheitsbeziehung erfüllt, so wäre der Nutzen des Agent aus dem Vertrag größer als sein Reservationsnutzen, d.h. $U > \bar{U}$, und er wäre faktisch bereit für den Vertrag zu zahlen. Anders formuliert wäre der Vertrag damit in der bestehenden Form für den Principal zu teuer und folglich nicht optimal. Offensichtlich beeinflusst der Reservationsnutzen $\bar{U}$ des Agent sehr stark die konkrete Ausgestaltung des optimalen Vertrages. Variationen von $\bar{U}$ liefern somit die effiziente Allokations-Grenze für optimale Verträge.

Wie lassen sich nun die Eigenschaften des optimalen Vertrages anhand von (7.1) und (7.2) interpretieren? Aus (7.2) folgt, dass:

$$\frac{B'(q_i - w^*(q_i))}{u'(w^*(q_i))} = \text{const.} \, ,$$

da der Lagrange-Multiplikator nichts anderes als eine Konstante darstellt. Diese Konstanz im Verhältnis der Grenznutzen entspricht der üblichen Pareto-Effizienz-Bedingung des Ausgleichs der Grenzraten der Substitution. Gibt es beispielsweise nur zwei mögliche Outputniveaus q_1 und q_2 mit zwei zugehörigen Löhnen w_1 und w_2, so ergibt sich:

$$\frac{B'(q_2 - w_2)}{B'(q_1 - w_1)} = \frac{u'(w_2)}{u'(w_1)} \, .$$

Zusammen mit der für diesen Spezialfall geltenden Partizipationsbedingung:

$$\sum_{i=1}^{2} p_i(e^*)u(w_i) - v(e^*) = \bar{U}$$

legt dies dann den optimalen Vertrag fest, d.h. w_1^* und w_2^* bei gegebenem e^*.

Allgemein hängt die genaue Aufteilung des Outputs auf Principal und Agent von ihren Nutzenfunktionen, insbesondere ihrer Risikoneigung, ab. Wir können in Anlehnung an Macho-Stadler und Perez-Castrillo [41] drei Fälle unterscheiden:

1. Ist der Principal risikoneutral, so dass $B' = \text{const.}$, so erfordert der optimale Vertrag nach (7.2), dass auch $u'(w(q_i))$ konstant ist für alle Outputniveaus q_i. Ist der Agent dabei risikoavers, so ist diese Bedingung nur erfüllt, wenn der Lohn konstant ist, d.h. für $w(q_i) = w(q_j)$. Bei Risikoneutralität des Principal und Risikoaversion des Agent sieht der optimale

---

[5] Die Partizipationsbedingung wäre nicht bindend für einen Wert des Multiplikators von $\lambda = 0$.

Vertrag also einen konstanten Lohn für den Agent vor. Er wird vollständig gegen ein mögliches Outputrisiko versichert und der Principal trägt das gesamte Risiko allein. Der Lohn ergibt sich aus der Partizipationsbedingung des Agent und hängt nur von seinem Anstrengungsniveau e ab:

$$w^* = u^{-1}(\bar{U} + v(e^*)) \, .$$

2. Ist dagegen der Agent risikoneutral, d.h. $u' = $ const., so erfordert der optimale Vertrag, dass auch $B'(q_i - w(q_i))$ konstant ist. Im Fall eines risikoaversen Principal, d.h. $B'' < 0$, muss somit der Gewinn des Principal für alle möglichen Outputniveaus konstant sein, d.h. es muss gelten: $q_1 - w(q_1) = q_2 - w(q_2) = \ldots$ Nun versichert also der Agent den Principal gegen das Outputrisiko und der optimale Vertrag ist von der Form $w(q_i) = q_i - k$, wobei die Konstante k wiederum die Partizipationsbedingung des Agent erfüllen muss.

3. Sind sowohl der Principal als auch der Agent risikoavers, so muss jeder einen Teil des Risikos tragen. Der exakte Anteil hängt dabei vom Grad ihrer Risikoaversion ab. Grundsätzlich gilt: es trägt derjenige Vertragspartner den größeren Teil des Risikos, der weniger risikoavers ist. Ihm verursacht die Risikoübernahme geringere Kosten.

Die Herleitung des optimalen Anstrengungsniveaus e^* für den Agent ist wesentlich komplizierter als obige Analyse des optimalen Lohnsatzes w^*. Anstelle einer allgemeinen Herleitung werden wir das Problem des effizienten Anstrengungsniveaus in späteren Kapiteln anhand von Beispielen deutlich machen.

Ist das effiziente Anstrengungsniveau e^* gefunden, so existieren verschiedene Formen von Verträgen, die unter symmetrischer Information den Agent dazu bewegen, tatsächlich den erwünschten Arbeitseinsatz e^* zu wählen. Grundsätzlich unterscheidet man zwischen einem sogenannten „Forcing-Contract", einem „Threshold-Contract" und einem linearen Vertrag. Ein Forcing-Contract sieht eine Lohnzahlung nur dann vor, wenn exakt das gewünschte Anstrengungsniveau vom Agent realisiert wird, d.h. $w(e^*) > 0$ und $w(e \neq e^*) = 0$. Ein Threshold-Contract gewährt dagegen eine postive Lohnzahlung für alle Anstrengungsniveaus, die mindestens dem gewünschten Niveau entsprechen: $w(e \geq e^*) > 0$ und $w(e < e^*) = 0$. Ein linearer Vertrag sieht eine Lohnzahlung vor, die linear mit dem gewählten Anstrengungsniveau variiert, d.h. $w(e) = \alpha + \beta e$, wobei α und β so gewählt werden, dass $U(w(e^*), e^*) = \bar{U}$.

Grundsätzlich könnte der optimale Vertrag auch unter der Annahme hergeleitet werden, dass der Agent den Vertrag vorschlägt und der Principal die Wahl hat, den Vertrag anzunehmen oder nicht. In diesem Fall müsste die Partizipationsbedingung auf den Principal angepasst werden, d.h. sein Reservationsnutzenniveau $\bar{B}$ entscheidet dann über die effiziente Höhe des Vertrags.

7.2 Moral-Hazard - Der optimale Vertrag unter asymmetrischer Information

Unter asymmetrischer Information kann ein Moral-Hazard-Problem auftreten, wenn eine der folgenden beiden Bedingungen erfüllt ist: entweder das Verhalten des Agent ist vom Principal nicht beobachtbar, oder es ist, falls beobachtbar, nicht vor einem Gericht beweisbar. Diese *Nicht-Verifizierbarkeit* des Anstrengungsniveaus durch den Agent führt dazu, dass der Parameter e nicht in den Vertrag mit aufgenommen werden kann. Selbst wenn der Vertrag einen festen Wert für das Arbeitsniveau e spezifizieren sollte, könnte kein Gericht ex-post feststellen, ob der Vertrag gehalten oder gebrochen wurde. Dieser typische Fall der Nicht-Verifizierbarkeit trifft für viele Verträge der realen Welt zu, beispielsweise für Arbeitsverträge, in denen das tatsächliche Anstrengungsniveau eines Arbeitnehmers nicht explizit festgelegt wird, oder auch für Versicherungsverträge, die kein bestimmtes Niveau an Vorsicht oder Sorgfalt für den Versicherungsnehmer vorschreiben.

Die zeitliche Abfolge des „Spiels" zwischen Principal und Agent, das wir im Folgenden betrachten wollen, lautet wie folgt:

1. Der Principal schlägt dem Agent einen Vertrag vor.

2. Der Agent nimmt den Vertrag entweder an oder lehnt ihn ab.

3. Hat der Agent den Vertrag akzeptiert, so wählt er, basierend auf der konkreten Ausgestaltung des Vertrags, sein optimales Anstrengungsniveau. Dies ist vom Principal nicht beobachtbar bzw. nicht gegenüber Dritten verifizierbar.

4. Entsprechend der Anstrengung des Agent wird der Output realisiert. Der Principal kann das erreichte Outputniveau beobachten und zahlt den vereinbarten Lohn an den Agent.

Kann das optimale Niveau von e nun aus den genannten Gründen nicht im Vertrag festgeschrieben werden, ergibt sich folgendes Problem. Nehmen wir zur Illustration an, der Principal sei risikoneutral, der Agent dagegen risikoavers. Wie wir bereits im letzten Kapitel sahen, verlangt der optimale Vertrag unter symmetrischer Information über e in einem solchen Fall, dem Agent einen konstanten Lohn zu zahlen. Der Principal bietet dem Agent damit eine vollkommene Versicherung gegen Outputrisiken. Ist e jedoch nicht beobachtbar, so wird der Agent nach Vertragsabschluss das für ihn optimale Anstrengungsniveau wählen. Da e seinen Nutzen negativ beeinflusst, wird er dementsprechend den niedrigst möglichen Anstrengungslevel e^{min} realisieren. In einem solchen Fixlohn-System wird der Principal bei der Konstruktion des Vertrages diese Überlegung des Agents berücksichtigen, und ihm den geringstmöglichen Lohn anbieten, der den Agent gerade noch zur Annahme des Vertrages veranlasst, d.h. $w = w^{min} = u^{-1}(\bar{U} + v(e^{min}))$. Verträge, die den Agent vollständig gegen Risiko versichern, können nie zu einem höheren als dem minimalen Anstrengungsniveau führen. Dementsprechend wird auch nur ein recht geringer Output realisiert, was wiederum den Nutzen des Principal beschränkt.

Wählt der Principal dagegen einen Vertrag, in dem der Lohn vom Ergebnis der Anstrengung des Agent, d.h. vom beobachteten Output, abhängt, so kann er dem Agent dadurch Anreize zu einer höheren Anstrengung geben. Gleichzeitig setzt er den Agent jedoch einem gewissen Risiko aus, da ein niedriges Output-niveau dann durch einen geringeren Lohn „bestraft" wird, unabhängig davon, ob der Agent den niedrigen Outputlevel zu verantworten hat oder nicht. Ein risikoaverser Agent wird daher nur dann bereit sein, einen solchen Vertrag zu akzeptieren, wenn er für die Übernahme des Risikos durch eine Prämie entschädigt wird. Das Setzen von Leistungsanreizen ist somit für den Prin-cipal bei einem risikoaversen Agent teuer. Der optimale Vertrag muss daher versuchen, den dargestellten Trade-off zwischen Risikoausgleich und effizien-ten Arbeitsanreizen zu minimieren. Eine möglichst hohe Interessenkonvergenz zwischen Principal und Agent durch geschickte Vertragsanreize kann die Kos-ten des Trade-offs für den Principal auf ein optimales Niveau reduzieren.

Der Trade-off zwischen Risikoausgleich und effizientem Anstrengungsniveau verschwindet jedoch, sofern der Agent risikoneutral ist. In einem solchen Fall entstehen ihm keine Kosten durch die Übernahme des Output-Risikos, er wird somit keine Kompensation durch den Principal verlangen und der optimale Vertrag in diesem Fall entspricht dem unter symmetrischer Information. Der Vertrag berücksichtigt dann nur die optimalen Leistungsanreize für den Agent, während eine optimale Risikoteilung hinfällig wird: der Agent kann das volle Risiko kostenfrei übernehmen.

Herleitung optimaler Verträge

8.1 Bedingungen eines optimalen Vertrages unter Moral-Hazard

Formal lässt sich der optimale Vertrag herleiten als perfektes Bayesianisches Gleichgewicht in oben dargestelltem dynamischen Spiel zwischen Principal und Agent. Das Lösungsverfahren folgt der Rückwärts-Induktion. Auf der letzten Stufe des Spiels entscheidet der Agent über sein Anstrengungsniveau. Als Nutzenmaximierer wird er einen Anstrengungslevel e wählen, der seinen Nutzen optimiert, d.h.:

$$e \in \arg \max_{\hat{e}} \{ \sum_{i=1}^{n} p_i(\hat{e}) u(w(q_i)) - v(\hat{e}) \} \ .$$

Diese Bedingung für das optimale Anstrengungsniveau des Agent bezeichnet man als *Anreizkompatibilitäts-Bedingung*. Sie spiegelt das eigentliche Moral-Hazard-Problem unter asymmetrischer Information wider: sobald der Agent den Vertrag unterzeichnet hat, wird er den Anstrengungslevel wählen, der ihm den höchsten Nutzen bereitet (unabhängig von der vertraglichen Regelung).

Auf der vorletzten Spielstufe entscheidet der Agent, ob er den Vertrag annehmen soll oder nicht. Er wird den Vertrag nur dann akzeptieren, falls:

$$\sum_{i=1}^{n} p_i(e) u(w(q_i)) - v(e) \geq \bar{U} \ .$$

Dies ist die bereits bekannte *Partizipationsbedingung*, die auch unter symmetrischer Information existiert. Unabhängig von der Verifizierbarkeit des Anstrengungsniveaus e muss der Vertrag also für den Agent die *Bedingung individueller Rationalität* erfüllen. D.h. er muss ihm einen Nutzen liefern, der mindestens so hoch ist wie der Nutzen, der ihm aus seiner besten Alternative enstehen würde.

Auf der ersten Spielstufe muss nun schließlich der Principal den Vertrag formulieren. Unter vollkommener Rationalität wird er dabei die dargestellten Überlegungen des Agent antizipieren und in der Vertragsgestaltung berücksichtigen. Formal stellt daher der von ihm vorgeschlagene Vertrag eine Lösung zu folgendem Gesamtproblem dar:

$$\max_{[e,\{w(q_i)\}_{i=1,\dots,n}]} \sum_{i=1}^{n} p_i(e)B(q_i - w(q_i)) , \tag{8.1}$$

unter den beiden Nebenbedingungen der Partizipation:

$$\sum_{i=1}^{n} p_i(e)w(q_i)) - v(e) \geq \bar{U} \tag{8.2}$$

und der Anreizkompatibilität des Agent:

$$e \in \arg \max_{\hat{e}}\{\sum_{i=1}^{n} p_i(\hat{e})u(w(q_i)) - v(\hat{e})\} . \tag{8.3}$$

Die Herleitung des optimalen Vertrages unter Moral-Hazard stellt somit ein in sich verschachteltes und somit doppeltes Optimierungsproblem dar. Der Principal versucht den Vertrag so zu formulieren, dass sein Nutzen maximiert wird. Dabei muss er berücksichtigen, dass der für ihn nutzenstiftende Output von einem Agent produziert wird, der ebenfalls seinen Nutzen maximiert.

8.2 Der First-Order-Condition(FOC)-Ansatz

Der sogenannte „First-Order-(Condition)-Approach" von Holmström [32] basiert auf der zweifachen Maximierungseigenschaft des optimalen Vertrages. Da die Anreizkompatibilitäts-Bedingung für den Agent ebenfalls eine Optimierungsüberlegung voraussetzt, ersetzt der First-Order-Ansatz die Anreizverträglichkeit durch die Bedingung erster Ordnung für den Agent. D.h. anstelle der oben dargestellten Anreizkompatibilitäts-Bedingung (8.3) berücksichtig die Herleitung des optimalen Vertrages folgende (vereinfachte) Bedingung:

$$\sum_{i=1}^{n} p_i'(e)u(w(q_i)) - v'(e) = 0 . \tag{8.4}$$

Grundsätzlich macht dieser Ansatz die Herleitung des optimalen Vertrages wesentlich leichter möglich, allerdings führt er auch zu weiteren Problemen. Insbesondere gilt, dass Bedingung (8.4) mehr Lösungen für das Optimierungsproblem des Agent zulässt als die „wahre" Anreizkompatibilitäts-Bedingung in (8.3). Ursache dafür ist, dass im allgemeinen Optimierungsproblem die Nebenbedingung (8.3) ersetzt wird durch eine notwendige, aber nicht unbedingt hinreichende Bedingung (8.4), was bei einer nicht-konkaven Nutzenfunktion zu einer größeren Lösungsmenge führen kann. Im Falle einer konkaven Nutzenfunktion des Agent kann der FOC-Ansatz jedoch problemlos verwendet werden.

Sind die Bedingungen zur korrekten Anwendung des First-Order-Condition-Ansatzes erfüllt, so lautet das Optimierungsproblem des Principal wie folgt:

$$\max_{[e,\{w(q_i)\}_{i=1,\ldots,n}]} \sum_{i=1}^{n} p_i(e)B(q_i - w(q_i)) \, ,$$

unter Berücksichtigung der Partizipationsbedingung:

$$\sum_{i=1}^{n} p_i(e)u(w(q_i)) - v(e) \geq \bar{U}$$

und der modifizierten Anreizkompatibilitäts-Bedingung:

$$\sum_{i=1}^{n} p_i'(e)u(w(q_i)) - v'(e) = 0 \, .$$

Im Folgenden sei zur Vereinfachung angenommen, dass $B(q_i - w(q_i)) = q_i - w(q_i)$ und $\bar{U} = 0$. Bezeichnet man mit λ wieder den Lagrange-Multiplikator der Partizipations-Bedingung und mit μ den Multiplikator der Anreiz-Bedingung, so ergibt sich die Bedingung erster Ordnung der Lagrangefunktion hinsichtlich des Lohnes zu:

$$-p_i(e) + \lambda p_i(e)u'(w(q_i)) + \mu p_i'(e)u'(w(q_i)) = 0 \, .$$

Diese notwendige Bedingung ist tatsächlich auch hinreichend für ein lokales Maximum und läßt sich umschreiben zu:

$$\frac{1}{u'(w(q_i))} = \lambda + \mu \frac{p_i'(e)}{p_i(e)} \, . \tag{8.5}$$

Man erkennt sehr deutlich, dass, sobald ein Moral-Hazard-Problem vorliegt ($\mu > 0$) und die Anreiz-Bedingung somit bindet, der optimale Vertrag unter asymmetrischer Information nicht mehr dem unter symmetrischer Information entspricht. Der optimale Lohn hängt nun nicht mehr nur ab vom Verhältnis der Grenznutzen von Principal und Agent, sondern auch vom sogenannten *Likelihood-Ratio* $p_i'(e)/p_i(e)$.

Gilt beispielsweise, dass das Likelihood-Ratio im Outputniveau steigt, d.h. $\frac{\partial (p_i'(e)/p_i(e))}{\partial i} > 0$, so muss notwendigerweise auch die linke Seite von Gleichung (8.5) in i steigen. Da $u' > 0$ und $u'' \leq 0$, so folgt daraus, dass der Lohnsatz $w(q_i)$ ebenfalls in i steigen muss. Der optimale Vertrag sieht dann also vor, dass ein höherer beobachteter Output durch einen höheren Lohnsatz

w „belohnt" wird. Ausgelöst wird dieser Mechanismus durch den Anstiegt des Likelihood-Ratios mit dem Outputniveau. Dies bedeutet nämlich, dass ein hoher beobachteter Output ein Signal dafür ist, dass dieses Outputniveau von einem entsprechend hohen Anstrengungslevel ausgelöst wurde. Anders ausgedrückt impliziert ein Anstieg des Likelihood-Ratios, dass ein hoher Output umso wahrscheinlicher wird, je höher das Anstrengungsniveau des Agent ist.

Um den FOC-Ansatz korrekt verwenden zu können, muss die Verteilungsfunktion des Outputs in Abhängigkeit vom Anstrengungsniveau bestimmten Anforderungen genügen. Ein Beispiel dafür liefert das sogenannte LEN-Modell, das im folgenden Kapitel vorgestellt wird. Es ist gleichzeitig auch ein Anwendungsbeispiel für eine zweite Methode, mit der der FOC-Ansatz zur Analyse der Eigenschaften optimaler Verträge verwendet werden kann, unabhängig vom effizienten Anstrengungsniveau. Diese zweite Methode von Grossman und Hart [24] stellt einen zweistufigen Prozess dar. Zunächst wird für jedes Anstrengungsniveau e der kostengünstigste Vertrag w ermittelt, der e implementiert, d.h. der dazu führt, dass der Agent freiwillig ein Anstrengungsniveau von e wählt. Aus allen Kombinationen von w und e wird schließlich im zweiten Schritt der Vertrag ausgewählt, der den Nutzen des Principal maximiert. Der erste Schritt der Analyse basiert auf den beiden Nebenbedingungen der Partizipation und Anreizkompatibilität, der zweite Schritt berücksichtigt darauf aufbauend das Nutzenmaximierungsproblem der Principal. Zu beachten ist, dass die Methode von Grossman und Hart [24] sich tatsächlich nur der Analyse der Charakteristika optimaler Verträge widmet. Sie beantwortet nicht die Frage nach der konkreten Ausgestaltung eines optimalen Vertrages. Die Herleitung dieses besten Vertrages im LEN-Modell des folgenden Kapitels orientiert sich jedoch am zweistufigen Verfahren nach Grossman und Hart.

8.3 Das LEN-Modell als Anwendungsbeispiel

Der First-Order-Condition-Ansatz lässt sich nur dann korrekt anwenden, wenn die Verteilungsfunktion des Outputs in Abhängigkeit vom Anstrengungsniveau e bestimmte Bedingungen erfüllt. Das sogenannte LEN-Modell von Spremann [63] trifft nun Annahmen über die Nutzenfunktionen der Spieler, die Verteilung des Outputs und die Art des Vertrages, die zur Gültigkeit des FOC-Ansatzes führen. Insbesondere wird angenommen, dass der Vertrag *linear* sein soll, die Nutzenfunktionen *exponentiell* und die Risikokomponente des Outputs *normalverteilt*.

Konkret sei der Output gegeben mit $q = e + \theta$, wobei die Risikokomponente normalverteilt sei mit $\theta \sim N(0, \sigma_\theta^2)$. Der zu schließende Vertrag sei von der Form $w = \alpha + \beta q$. Die Nutzenfunktion des Principals laute $B = E(\text{Gewinn}) - 0,5 r_P \text{Var}(\text{Gewinn})$, die des Agent $U = E(\text{Lohn}) - 0,5 r_A \text{Var}(\text{Lohn}) - 0,5 \frac{e^2}{h}$ mit r als Koeffizient absoluter Risikoaversion und $\frac{1}{h}$ als „Arbeitsleid". Der gesuchte optimale Vertrag setzt sich aus den beiden Parametern α und β zusammen.

Wie lässt sich ein solcher linearer Vertrag in finanzwirtschaftlichen Zusammenhängen interpretieren? Ein typisches Beispiel für ein solches LEN-Modell ist die Zusammenarbeit zwischen einem Unternehmer (Agent) und seinem Financier (Principal). Eine reine Beteiligungsfinanzierung kann durch den genannten linearen Vertrag dargestellt werden mit $\alpha > 0$ und $\beta = 0$. In diesem Fall beträgt der Gewinn des Financiers $q - w = q - \alpha$, während der Lohn des Unternehmers sich ergibt zu $w = \alpha$. Folglich trägt der Principal das gesamte Risiko der Unternehmung, da ihm der Output q zufällt, der Agent erhält einen fixen Lohn in Höhe von α. Eine reine Kreditfinanzierung ergibt sich dagegen für $\alpha < 0$ und $\beta = 1$. Hier erzielt der Financier einen Gewinn von $q - w = q - \alpha - q = -\alpha > 0$, während der Unternehmer einen Lohn von $w = \alpha + q$ erhält. In diesem Fall trägt also der Unternehmer das gesamte Risiko (bzw. den Anteil $\beta = 1$) und zahlt eine Kreditbedienung in Höhe von $-\alpha$ an den Financier. Eine Mischform aus Kredit- und Beteiligungsfinanzierung ergibt sich dementsprechend für $\alpha < 0$ und $0 < \beta < 1$ mit $-\alpha$ als Kreditbedienung und $(1 - \beta)$ als Gewinnanteil des Financiers aus der Beteiligungsfinanzierung.

Setzt man zunächst den Gewinn und den Lohn in die Nutzenfunktionen für Principal und Agent ein, so ergibt sich:[1]

$$
\begin{aligned}
B &= E(q - w) - 0,5r_P \mathrm{Var}(q - w) \\
&= E(q - \alpha - \beta q) - 0,5r_P \mathrm{Var}(q - \alpha - \beta q) \\
&= (1 - \beta)E(q) - \alpha - 0,5r_P \mathrm{Var}((1 - \beta)q) \\
&= (1 - \beta)e - \alpha - 0,5r_P(1 - \beta)^2\sigma_\theta^2
\end{aligned}
$$

und

$$
\begin{aligned}
U &= E(w) - 0,5r_A \mathrm{Var}(w) - 0,5\frac{e^2}{h} \\
&= E(\alpha + \beta(e + \theta)) - 0,5r_A \mathrm{Var}(\alpha + \beta(e + \theta)) - 0,5\frac{e^2}{h} \\
&= \alpha + \beta e - 0,5r_A\beta^2\sigma_\theta^2 - 0,5\frac{e^2}{h} \, .
\end{aligned}
$$

Die Optimierungsaufgabe für den Principal lautet somit:

$$
\max_{e,\alpha,\beta} (1 - \beta)e - \alpha - 0,5r_P(1 - \beta)^2\sigma_\theta^2 \, ,
$$

unter Beachtung der Nebenbedingungen der Partizipation:

$$
\alpha + \beta e - 0,5r_A\beta^2\sigma_\theta^2 - 0,5\frac{e^2}{h} \geq \bar{U}
$$

---

[1] Hinweis: $\mathrm{Var}(x) = \mathrm{Cov}(x,x)$, $\mathrm{Var}(ax) = a^2\mathrm{Var}(x)$ mit a als Konstante, $\mathrm{Var}(a) = 0$.

und der Anreizkompatibilität:

$$e \in \mathrm{argmax}_e [\alpha + \beta e - 0,5 r_A \beta^2 \sigma_\theta^2 - 0,5 \frac{e^2}{h}] \,.$$

Da die Nutzenfunktion des Agent konkav in e und somit die hinreichende Bedingung zur korrekten Anwendung des FOC-Ansatzes erfüllt ist, kann die Anreizkompatibilitäts-Bedingung durch die Bedingung erster Ordnung zur Maximierung des Nutzens des Agent ersetzt werden. Für einen gegebenen Vertrag mit Parametern α und β wählt der Agent somit sein nutzenmaximierendes Anstrengungsniveau e gemäß:

$$\frac{\partial U}{\partial e} = \beta - \frac{e}{h} = 0 \,.$$

Es ergibt sich damit ein für den Agent optimales Anstrengungsniveau von $e^* = \beta h$.

Entsprechend des zweistufigen Prozesses von Grossman und Hart [25] liefert die Optimalitätsbeziehung $e^* = \beta h$ für jeden Lohn w das Anstrengungsniveau e, das mit diesem Lohnsatz implementierbar ist. Aus der Menge aller dieser Verträge versucht nun der Principal denjenigen zu wählen, der seinen Nutzen maximiert, d.h. der seine Kosten aus der Lohnzahlung minimiert. Dies setzt notwendigerweise einen Vertrag voraus, den der Agent gerade noch anzunehmen bereit ist, so dass die Partizipationsbedingung bindet:

$$U = \bar{U}$$
$$\alpha + \beta e - 0,5 r_A \beta^2 \sigma_\theta^2 - 0,5 \frac{e^2}{h} = \bar{U} \,.$$

Daraus folgt ein optimaler Wert für α von $\alpha^* = \bar{U} - \beta e + 0,5 r_A \beta^2 \sigma_\theta^2 + 0,5 e^2 / h$. Setzt man die optimalen Werte e^* und α^* in die Nutzenfunktion des Principal ein, so ergibt sich:

$$B = \beta h - \bar{U} - 0,5 \sigma_\theta^2 (r_A \beta^2 + r_P (1 - \beta)^2) - 0,5 \beta^2 h \,.$$

Den letzten noch freien Parameter des Vertrages, β, wird der Principal nun so wählen, dass sein Nutzen maximiert wird:

$$\frac{\partial B}{\partial \beta} = h - 0,5 \sigma_\theta^2 (2 r_A \beta - 2 r_P (1 - \beta)) - \beta h = 0 \,.$$

Der optimale Vertrag zwischen Unternehmer und Financier liefert dem Unternehmer somit eine erste Lohnkomponente von:

$$\alpha^* = \bar{U} - \beta e + 0,5 r_A \beta^2 \sigma_\theta^2 + 0,5 \frac{e^2}{h}$$

(sofern $\alpha^* > 0$, anderenfalls handelt es sich hierbei um die Höhe der Kreditbedienung) und einen Anteil am riskanten Ergebnis von:

$$\beta^* = \frac{h + r_P \sigma_\theta^2}{h + \sigma_\theta^2 (r_A + r_P)} \, ,$$

während der Financier einen Beteiligungsanteil von $1 - \beta^*$ des produzierten Outputs q erhält. Der Vertrag wird den Unternehmer dazu veranlassen, ein Anstrengungsniveau von:

$$e^* = \beta^* h$$

zu realisieren.

Interessante Erkenntnisse liefert eine Analyse der optimalen Vertragsparameter. Insbesondere Parameter β^* lässt weitergehende Schlüsse auf die Interpretation eines optimalen Vertrages im Hinblick auf eine effiziente Allokation und Risikoaufteilung zwischen Principal und Agent zu:

- β^* bestimmt sowohl das effiziente Anstrengungsniveau e^* (d.h. den Leistungsanreiz für den Unternehmer), als auch die Risikoaufteilung zwischen Principal und Agent. Für $\beta^* = 1$ ist der Leistungsanreiz am größten, d.h. e^* nimmt seinen höchstmöglichen Wert an. Allerdings trägt dann der Agent allein das gesamte Risiko. Ist dagegen $\beta^* = 0$, so trägt der Principal das ganze Risiko und der Agent hat keinen weiteren Leistungsanreiz.

- Bezüglich der optimalen Risikoaufteilung zwischen Principal und Agent gilt das folgende:

  - Ist der Agent risikoneutral, d.h. $r_A = 0$, so ergibt sich $\beta^* = 1$: der Agent behält den gesamten Output abzüglich α, der Principal erreicht nur sein Mindest-Nutzenniveau von $-\alpha$. Der Agent trägt somit das gesamte Risiko, hat jedoch auch den höchsten Leistungsanreiz. Ist der Agent dagegen risikoscheu, d.h. $r_A > 0$, so ist $\beta^* < 1$, d.h. eine Risikoteilung zwischen Principal und Agent ist optimal.

  - Für $r_A > 0$ ergibt sich darüber hinaus $\partial \beta^* / \partial h > 0$. Für einen risikoaversen Agent sinkt somit sein Risiko- bzw. Outputanteil β^* in seinem Arbeitsleid $1/h$.

  - Für $r_P \geq 0$ gilt des Weiteren $\partial \beta^* / \partial r_A < 0$. Ist also der Principal entweder risikoavers oder risikoneutral, so sinkt der Risiko- bzw. Outputanteil des Agent in seiner Risikoaversion r_A.

  - Weiterhin lässt sich zeigen, dass für $r_A > 0$ gilt $\partial \beta^* / \partial r_P > 0$. Ist der Agent risikoavers, so steigt sein Risiko- bzw. Outputanteil in der Risikoaversion des Principal.

Zusammenfassend lässt sich festhalten, dass, in Übereinstimmung mit früheren Ergebnissen zur Frage nach der optimalen Risikoaufteilung, auch im LEN-Modell immer der Vertragspartner den größten Teil des Risikos trägt, der am wenigsten risikoavers ist, d.h. dem es die geringsten Kosten verursacht.

Weiteren Aufschluss liefert auch der Vergleich des als optimal hergeleiteten Vertrages mit der sogenannten First-best-Lösung, d.h. mit dem optimalen

Vertrag unter Informationssymmetrie. Hier kann der Financier das von ihm gewünschte effiziente Anstrengungsniveau e direkt im Vertrag festschreiben, so dass die Herleitung des optimalen Vertrages auf die Anreizkompatibilitäts-Bedingung verzichtet. Der Principal maximiert somit seine Nutzenfunktion:

$$\max_{e,\alpha,\beta} (1 - \beta)e - \alpha - 0,5r_P(1 - \beta)^2\sigma_\theta^2 ,$$

unter der Nebenbedingung der Partizipation des Agent: $U \geq \bar{U}$.

Wiederum setzt der kostengünstigste Vertrag für den Principal zwingend voraus, dass die Partizipationsbedingung bindend erfüllt ist. Daraus ergibt sich wie oben der optimale Wert für α zu $\alpha^* = \bar{U} - \beta e + 0,5r_A\beta^2\sigma_\theta^2 + 0,5e^2/h$. Setzt man diesen in die Nutzenfunktion des Principal ein, so liefert dies:

$$B = (1 - \beta)e - \bar{U} + \beta e - 0,5r_A\beta^2\sigma_\theta^2 - 0,5\frac{e^2}{h} - 0,5r_P(1 - \beta)^2\sigma_\theta^2 .$$

Der Principal maximiert seinen Nutzen durch optimale Wahl des Anstrengungsniveaus e:

$$\frac{\partial B}{\partial e} = 1 - \beta + \beta - \frac{e}{h} = 0 .$$

Dies ergibt einen optimalen Wert von $e^* = h$. Setzt man diesen wiederum in B ein und berücksichtigt, dass der Principal auch den letzten noch fehlenden Vertragsparameter β so wählen wird, dass sein Nutzen maximiert wird, ergibt sich $\beta^* = r_P/(r_A + r_P)$.

Im Unterschied zum optimalen Vertrag unter asymmetrischer Information, d.h. mit Moral-Hazard, ist der optimale Arbeitseinsatz unabhängig von Risikoaufteilung β^* und wird nur bestimmt vom Arbeitsleid $1/h$. Der Parameter β^* bestimmt tatsächlich nur die Risikoaufteilung, nicht mehr das effiziente Niveau. Insbesondere hängt β^* nur von den Risikoparametern r_A und r_P ab. Des Weiteren erkennt man, dass First- und Second-best-Lösung (unter asymmetrischer Information) bezüglich der Risikoaufteilung und dem effizienten Anstrengungsniveau übereinstimmen, falls der Agent risikoneutral ist, da dann $\beta^* = 1$.

8.4 MLRP: Monotones Wahrscheinlichkeitsverhältnis

Eine weitere Hilfestellung bei der Herleitung eines optimalen Vertrages unter Moral-Hazard-Problemen liefert die sogenannte *Monotone-Likelihood-Ratio-Property* (MLRP). Sie beantwortet die Frage, wann der Output q als einzige beobachtbare Größe für den Principal ein gutes Signal für den Arbeitseinsatz e des Agent darstellt.

Betrachten wir zunächst den einfachen Fall, dass der Agent zwischen zwei Anstrengungsniveaus e_H und e_L wählen kann mit $e_H > e_L$. Es seien zwei

Outputniveaus q_H und q_L realisierbar mit $q_H > q_L$. Ein monotones Wahrscheinlichkeitsverhältnis ist nun gegeben, wenn gilt:

$$p_H(e_H)p_L(e_L) - p_H(e_L)p_L(e_H) > 0$$

bzw.:

$$\frac{p_H(e_H)}{p_L(e_H)} > \frac{p_H(e_L)}{p_L(e_L)} .$$

Hierbei steht $p_H(e_H)$ wie bereits in den vorherigen Kapiteln als abkürzende Schreibweise für $p(q = q_H | e_H)$. Die MLRP besagt somit, dass die Wahrscheinlichkeit, dass ein hoher Output q_H von einem hohen Arbeitseinsatz e_H herrührt, größer ist als bei einem niedrigen Anstrengungsniveau e_L. Es gilt somit $\frac{\partial(p_i(e_H)/p_i(e_L))}{\partial i} > 0$.

Die Aussage der MLRP lässt sich recht einfach interpretieren. Nach der Regel von Bayes ergibt sich die Wahrscheinlichkeit, dass ein beobachteter Output q_i durch einen hohen Arbeitseinsatz e_H erzielt wurde, zu:

$$p(e_H|q_i) = \frac{p(e_H)p(q_i|e_H)}{p(e_H)p(q_i|e_H) + p(e_L)p(q_i|e_L)}$$

$$= \frac{1}{1 + \frac{p(e_L)}{p(e_H)}\frac{p_i(e_L)}{p_i(e_H)}} .$$

Ist die MLRP erfüllt, so gilt $\frac{\partial(p_i(e_L)/p_i(e_H))}{\partial i} < 0$, der Nenner sinkt also in q_i. Folglich muss $\partial p(e_H|q_i)/\partial i$ steigen. Je höher also der beobachtete Output q_i, desto größer ist die Wahrscheinlichkeit, dass er durch das hohe Anstrengungsniveau e_H realisiert wurde.

Gilt die MLRP, so ist der Output ein gutes Signal für den Arbeitseinsatz und kann als sinnvolle Basis für einen optimalen Vertrag dienen. Der optimale Vertrag sieht dann vor, dass ein höherer Output mit einem höheren Lohn bezahlt wird: der Lohn steigt monoton mit dem beobachteten Output.

In stetiger Form hatten wir die Konsequenzen eines monotonen Wahrscheinlichkeitsverhältnisses für den optimalen Vertrag bereits in Kapitel 8.2 erläutert. Hier hatten wir festgestellt, dass der optimale Vertrag durch folgende Bedingung gekennzeichnet ist:

$$\frac{1}{u'(w(q_i))} = \lambda + \mu\frac{p_i'(e)}{p_i(e)} .$$

Ein monoton (steigendes) Likelihood Ratio impliziert, dass $\frac{(\partial p_i'(e)/p_i(e))}{\partial i} > 0$. Daraus folgt bei den unterstellten Eigenschaften der Nutzenfunktion des Agent ($u' > 0$, $u'' \leq 0$), dass der Lohn mit i, d.h. mit steigendem Outputniveau, ebenfalls wachsen muss.

Die Aussage der MLRP in diskreter Form gilt nicht mehr grundsätzlich, wenn der Agent zwischen mehr als zwei Aktionen wählen kann. Sie ist also nur begrenzt gültig. In einem allgemeineren Fall mit $k > 2$ Aktionen muss vielmehr die gesamte Verteilungsfunktion des Outputs analysiert werden. Ein simpler Vergleich zweier ihrer Werte reicht dann nicht mehr aus. Für mehr als zwei Aktionen des Agent ist die MLRP zwar eine notwendige, aber nicht mehr hinreichende Bedingung für einen monotonen Vertrag als optimalen Vertrag. Eine hinreichende Bedingung wäre in diesem Fall die sogenannte „Condition of Convexity of the Distribution Function".

9

Moral-Hazard mit Hidden-Information: Das Revelation-Prinzip

Eine zweite Form des Moral-Hazard-Problems ergibt sich, wenn die Handlung des Agent nach Vertragsabschluss zwar beobachtbar ist, er jedoch über private Informationen verfügt, die dem Principal nicht erlauben, die Effizienz seiner Handlungen einzuschätzen. Beispielhaft lässt sich dies deutlich machen anhand einer Situation, in der ein Vermögensverwalter Gelder eines Kunden in verschiedene Anlageformen investiert. So kann der Kunde als Principal zwar genau beobachten, welcher Teil seines Geldes in Aktien, in festverzinsliche Wertpapiere, Immobilien etc. angelegt wird, er kann jedoch nicht beurteilen, ob dies tatsächlich für ihn effiziente Entscheidungen darstellen.

Der optimale Vertrag in diesem Falle muss versuchen, dem Agent seine private Information zu entlocken. In obigem Beispiel könnte der Kunde dem Vermögensverwalter weitere Fragen stellen zu seinem Anlageverhalten, etwa auch danach, wie er sein eigenes Vermögen investiert hat. Aus den Antworten wird der Principal dann aufgrund einer „Regel", die auch dem Agent bekannt ist, versuchen, auf die private Information des Agent zurückzuschließen. Da dem Agent der Zweck dieser zusätzlichen Befragung bewusst ist, hat er dieselben Anreize seine Antworten zu verfälschen, wie bei der direkten Frage nach seiner privaten Information.

Der optimale Vertrag in einem solchen Spiel mit Moral-Hazard und Hidden-Information setzt den zu zahlenden Lohn nicht nur in Bezug zum beobachteten produzierten Output q, sondern auch zu einer Mitteilung m des Agent an den Principal. Man spricht deshalb auch von einem *Mechanismus-Design*. Ein Mechanismus ist dabei eine Regel, die vom Principal konstruiert und vom Agent freiwillig akzeptiert wird, um dem Principal Informationen zukommen zu lassen. Der Mechanismus entspricht somit einem Informationsbericht des Agent an den Principal, der jeder Ausprägung des Berichts genau eine Aktion des Agent zuweist. Ein optimales Mechanismus-Design führt zu einem Vertrag, der dem Agent entweder von vornherein die nötigen Anreize gibt, die Wahrheit zu sagen, oder anderenfalls die Möglichkeit einer Lüge berücksichtigt.

Das sogenannte *Revelation-Prinzip* vereinfacht nun die Analyse des Mechanismus-Design, indem jeder Anreiz zu lügen ausgeschlossen wird. Der entsprechende Mechanismus, der im Beispiel oben bereits angesprochen wurde, heißt direkter Mechanismus. Sei θ der vom Agent beobachtbare Umweltzustand, der dem Principal unbekannt ist. Der Agent verfügt also über private Information über θ. Das Revelation-Prinzip garantiert nun, dass für jeden Vertrag $w(q, m)$ mit m als Mitteilung des Agent über den Umweltzustand, der zu einer Lüge führt, d.h. zu $m \neq \theta$, ein Vertrag $w^*(q, m)$ existiert, mit demselben gewählten Anstrengungsniveau für jedes θ, aber ohne einen Anreiz zu lügen, d.h. mit $m = \theta$. Anders formuliert sichert das Revelation-Prinzip, dass jedes Bayesianische Gleichgewicht aus einem vom Principal vorgeschlagenen Mechanismus (m, g), wobei g das Ergebnis des Spiels darstellt, auch als Bayesianisches Gleichgewicht aus einem direkten Mechanismus hergeleitet werden kann, in dem der Principal den Agent direkt nach seiner Information fragt und dieser die Wahrheit sagt.

Die dem Revelation-Prinzip zugrundeliegende Logik kann nochmals anhand des Produktionsspiels von Manager und Arbeitnehmer deutlich gemacht werden. Die Reihenfolge der Spielzüge lautet in stilisierter Form wie folgt:

1. Die Natur wählt den Umweltzustand θ aus einer Verteilungsfunktion $F(\theta)$. Der Agent kann θ beobachten, der Principal jedoch nicht.

2. Der Principal bietet dem Agent einen Lohnvertrag $w(q, m)$ an, wobei m die Nachricht über den Umweltzustand ist, die der Agent dem Principal zukommen lässt.

3. Der Agent nimmt den Vertrag an oder nicht.

4. Falls der Agent den Vertrag akzeptiert, wählt er seinen Arbeitseinsatz e und sendet dem Principal die Nachricht m zu. Beides sei vom Principal beobachtbar.

5. Der realisierte Output ergibt sich zu $q(e, \theta)$. Dementsprechend zahlt der Principal den Lohn $w(q, m)$ an den Agent aus.

Falls der Agent den Vertrag ablehnt, beträgt sein Reservationsnutzen $\bar{U}$, der des Principals $\bar{B} = 0$. Wenn der Agent den Vertrag dagegen annimmt, erhält er einen Nutzen von $U(e, w, \theta)$ und der Principal einen Nutzen von $B(q - w)$.

Mit Hilfe des Revelation-Prinzips kann der optimale Vertrag folgendermaßen bestimmt werden: Ist der Umweltzustand beispielsweise $\theta = a$ und der Agent berichtet dies wahrheitsgemäß, d.h. $m = a$, so erhält er einen Lohn w_1. Berichtet er dagegen $m = b$ und erhält daraufhin einen Lohn von $w_2 > w_1$, so hätte er einen klaren Anreiz zu lügen. Sieht der Vertrag jedoch vor, dass er sowohl nach Bericht von a als auch von b den Betrag w_2 erhält, so fällt der Anreiz zu lügen weg. Das Revelation-Prinzip besagt lediglich, dass ein solcher „fully revealing" Vertrag immer existiert. Er kann gefunden werden, indem man den Zusammenhang zwischen dem Umweltzustand und den Payoffs im Spiel mit Lügen imitiert.

Ein Beispiel macht diesen Imitations-Effekt leicht deutlich: Kann ein Steu-
erzahler glaubwürdig behaupten, er hätte statt 70.000 EUR lediglich 50.000
EUR verdient, so zahlt er weniger Steuern und hat einen klaren Anreiz zu
betrügen. Ändert man jedoch die Steuergesetze so, dass sowohl für ein Einkommen von 50.000 EUR als auch für 70.000 EUR derselbe Steuerbetrag
gezahlt werden muss, hat man einen Vertrag ohne Anreiz zu lügen.

Da das Problem des Moral-Hazard mit Hidden-Information der Problema-
tik unter Adverse-Selection sehr ähnelt und insbesondere die Methodik des
Mechanismus-Designs dort detailliert behandelt wird, wollen wir eine tiefere
Diskussion dieses Problems auf den nächsten Teil des Buches verschieben.

Anwendungsbeispiele und Übungen

Die folgenden Beispiele sollen die unterschiedlichen Aspekte des Moral-Hazard-Problems, die in den vorangegangenen Kapiteln analysiert wurden, nochmals aufgreifen und verdeutlichen. Darüber hinaus sollen jedoch auch noch weitere Eigenschaften des Problems deutlich gemacht werden. Insbesondere befassen sich die Beispiele mit der Anwendung der MLRP, dem Wert von Informationen im Sinne einer „Sufficient-Statistic" und auch mit der Möglichkeit von Drohungen im Rahmen von Verträgen. Des weiteren wird auch der Fall untersucht, dass nicht unbedingt nur der Principal einen Vertrag vorschlägt, sondern eine Konkurrenzsituation, beispielsweise unter mehreren potentiellen Arbeitgebern, dem Agent Verhandlungsmacht zuweist.

10.1 Moral-Hazard und Kreditrationierung

Das folgende Beispiel orientiert sich an einem Überblicksartikel von Bester und Hellwig [10], der sich mit dem Phänomen der Kreditrationierung befasst. Weitere Analysen der Ursachen für Kreditrationierung finden sich beispielsweise bei Stiglitz und Weiss [64] und Bester [9]. Ein Unternehmen wird dabei als kreditrationiert bezeichnet, wenn es keinen oder weniger Kredit bekommt als es wünscht, obwohl es bereit wäre, einen höheren Preis dafür zu zahlen.

Der Modellrahmen besteht aus den folgenden Annahmen, die zur Verdeutlichung der Problematik mit einem anschaulichen Zahlenbeispiel versehen wurden: N Unternehmen wollen jeweils ein Projekt durchführen mit einer notwendigen Anfangsinvestition von $I = 20$. Zwei Projekttypen a, b stehen dabei zur Auswahl. Sie erzielen positive Payoffs von $X_a = 100$ und $X_b = 110$ mit Erfolgswahrscheinlichkeiten von jeweils $p_a = 0,6$ und $p_b = 0,4$ und Payoffs von 0 sonst. Die am Markt ansässige Bank verfüge über finanzielle Mittel in Höhe von L mit $I \leq L < NI$. Sie kann also nicht alle Unternehmen mit Krediten versorgen, sollten sämtliche Firmen einen Kredit verlangen.

Die Reihenfolge der Spielzüge lautet wie folgt:

1. Die Bank bietet jedem Unternehmen einen Kreditvertrag mit einer Kredithöhe von I und einer Rückzahlung von $R > I$ an.

2. Jedes Unternehmen entscheidet individuell und unabhängig von den anderen, ob es den Vertrag annimmt oder nicht.

3. Nach Vertragsannahme entscheidet die jeweilige Firma, welches Projekt sie durchführt. Die Projektwahl ist nicht von der Bank beobachtbar bzw. nicht verifizierbar.

4. Der Payoff des Projektes wird realisiert. Im Erfolgsfall wird der Betrag R an die Bank zurückgezahlt. Bei Misserfolg kann nichts zurückgezahlt werden.

Da $p_a X_a = 60 > p_b X_b = 44$, ist Projekt a das effizientere. Der erwartete Gewinn jeder Firma ergibt sich zu $U(R, i) = p_i \cdot (X_i - R)$. Der erwartete Gewinn der Bank (pro Firma) lautet $\pi(R, i) = p_i R - I$. Beide „Spieler" sind also risikoneutral.

Ein Unternehmen wird Projekt a wählen, falls ihm dies einen höheren Payoff als Projekt b einbringt, d.h. wenn:

$$p_a(X_a - R) \geq p_b(X_b - R) \Leftrightarrow R \leq \frac{p_a X_a - p_b X_b}{p_a - p_b} .$$

Sei $\hat{R} = (p_a X_a - p_b X_b)/(p_a - p_b) = (60 - 44)/(0,6 - 0,4) = 80$, dann wird Projekt a gewählt für $R \leq \hat{R}$ und b andernfalls. Dahinter steht die (unproblematische) Annahme, dass sich die Firma im Falle von Indifferenz zwischen den beiden Projekten für a entscheidet.

Gegeben das Verhalten der Unternehmen stellt sich der Gewinn der Bank dar als:

$$\pi^*(R) = \begin{cases} = p_a R - I & \text{falls } 0 \leq R \leq 80 \\ = p_b R - I & \text{falls } 80 < R \leq X_b . \end{cases}$$

Als Monopolist wird die Bank ihren Gewinn maximieren wollen. Zwei lokale Maxima ihrer Gewinnfunktion sind gegeben an den Stellen $R = \hat{R}$ und $R = X_b$, wie aus Abb. 10.1 ersichtlich ist.

Die Bank wird daher $R = \hat{R}$ wählen, falls $p_a \hat{R} > p_b X_b$, und $R = X_b$ andernfalls. Da $p_a \hat{R} = 0,6 \cdot 80 = 48 > p_b X_b = 44$, folgt in unserem Beispiel, dass die Bank einen Zins von $R = \hat{R} = 80$ verlangen wird.

Konfrontiert mit einem Kreditvertrag, der eine Rückzahlung von $R = 80$ verlangt, wird eine Firma nach Abschluss des Kreditvertrages das Projekt a mit einem erwarteten Gewinn von $p_a(X_a - R) = 0,6 \cdot (100 - 80) = 12$ realisieren. Da ihr erwarteter Gewinn positiv ist, wird jede Firma einen Kredit in Höhe von $I = 20$ aufnehmen wollen.

Das Spiel liefert im Aggregat folgendes Ergebnis: Alle Unternehmen werden einen Kredit über einen Betrag von I bei der Bank beantragen. Ursache dafür ist, dass die Bank einen für sich selbst optimalen Zins von $R = \hat{R}$ verlangt, der

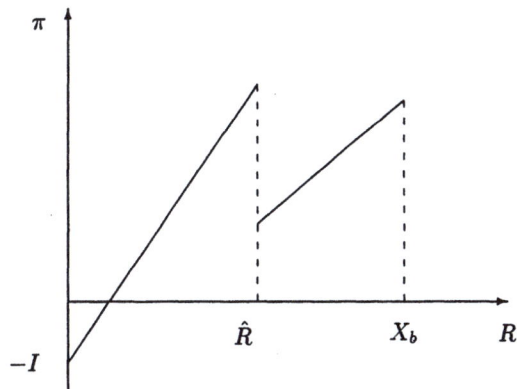

Abb. 10.1. Gewinnfunktion der Bank

die Unternehmen veranlasst, Projekt a durchzuführen, was ihnen einen positiven erwarteten Gewinn einbringt. Da der Bank jedoch nicht ausreichend viele finanzielle Mittel zur Verfügung stehen ($L < NI$), gibt es Firmen, die keinen Kredit bekommen können. Sie sind also kreditrationiert. Dies gilt, obwohl die Firmen auch bereit wären, einen höheren Zins zu akzeptieren, solange ihr erwarteter Gewinn nicht-negativ ist. Die Bank wird jedoch keinen höheren Zins verlangen wollen, da jede Zinserhöhung die Unternehmen dazu veranlassen würde, das riskantere Projekt b zu realisieren. Dies wiederum mindert den Gewinn der Bank und ist somit für sie nicht nutzenmaximal.

Der hier optimale Kreditvertrag ist somit ineffizient aufgrund der mit ihm verbundenen Kreditrationierung. Dieses Ergebnis ist umso erstaunlicher, als sowohl Principal (Bank) als auch Agent (Firma) risikoneutral sind. Ursache für die Ineffizienzen ist hier die Tatsache, dass die Bank in der Wahl ihres Vertrages stark restringiert ist. Insbesondere kann sie keinen linearen Vertrag anbieten, sondern trägt das sogenannte „Downside-Risk" aus dem Investitionsprojekt vollständig und alleine.

10.2 Beteiligungsfinanzierung

Das folgende Beispiel soll verdeutlichen, ob und wann ein monotoner Vertrag optimal sein kann. In Anlehnung an Rasmusen [50] wollen wir folgendes annehmen: Ein risikoneutraler Investor (Principal) bietet einem risikoaversen Broadway-Produzenten (Agent) die Finanzierung eines Showprojektes an. Er ist bereit, ihm eine Finanzierung von $w(q)$ zur Verfügung zu stellen, wobei q den Output bzw. Gewinn aus der Show darstellt. Nach Erhalt der Finanzierung kann der Produzent die Gelder tatsächlich sinnvoll einsetzen oder veruntreuen. Ist die Show ein Erfolg, so fährt er ein Ergebnis von $q = 500$ ein, wenn er die Gelder nicht unterschlägt. Hat er die Finanzierungsgelder dagegen veruntreut, beträgt das Ergebnis einer erfolgreichen Show nur noch $q = 100$. Ist die Show ein Fehlschlag, so ist ihr Ergebnis $q = -100$, unabhängig davon, ob der Produzent die Gelder unterschlagen hat oder nicht.

Die Reihenfolge der Spielzüge lautet hier wie folgt:

1. Der Investor macht einen Finanzierungsvorschlag $w(q)$ als Funktion des beobachtbaren Ergebnisses q.

2. Der Produzent kann den Vertrag annehmen oder ablehnen.

3. Hat er den Vertrag akzeptiert, so muss er anschließend wählen, ob er die ihm zur Verfügung gestellten Finanzierungsgelder „veruntreut" oder „nicht veruntreut".

4. Das Ergebnis der Show wird realisiert. Mit 50% Wahrscheinlichkeit sei die Show ein Erfolg, anderenfalls ein Misserfolg.

Für die Nutzenfunktionen der beiden Spieler soll folgendes gelten: Lehnt der Produzent den Vertrag ab, so erzielt er einen Reservationsnutzen $\overline{U_P} = U(+100)$, der Payoff des Investors beträgt in diesem Fall $\pi_I = 0$. Ansonsten gilt für den Produzenten als Agent:

$$U_P = \begin{cases} U(w(q) + 50) & \text{bei „veruntreuen"} \\ U(w(q)) & \text{bei „nicht veruntreuen"} \end{cases}$$

und für den Investor als Principal:

$$\pi_I = q - w(q) \ .$$

Das sogenannte Broadway-Spiel kann nun zu drei verschiedenen Ergebnissen für q führen: -100, $+100$ und $+500$ in den folgenden unterschiedlichen Fällen:

Aktion / Umweltzustand	Mißerfolg	Erfolg
veruntreuen	−100	+100
nicht veruntreuen	−100	+500

Das effiziente Anstrengungsniveau für den Agent ist somit die Aktion „nicht veruntreuen", da hier im Erfolgsfall ein Ergebnis der Broadway-Show in Höhe von 500 realisiert wird, während die Aktion „veruntreuen" bestenfalls ein Ergebnis von 100 generiert.

Die Wahrscheinlichkeiten für die einzelnen Ergebnisse in Verbindung mit den jeweiligen Aktionen, d.h. den Anstrengungsniveaus „veruntreuen" und „nicht veruntreuen", lauten dabei:

Aktion / Ergebnis	-100	$+100$	$+500$	Gesamt
veruntreuen	$0,5$	$0,5$	0	1
nicht veruntreuen	$0,5$	0	$0,5$	1

Entscheidet sich der Produzent daher für die Aktion „nicht veruntreuen", so erzielt er einen Nutzen von:

$$U_P(\text{nicht veruntreuen}) = 0,5U(w(-100)) + 0,5U(w(+500)) \,,$$

während ihm nach der Wahl von „veruntreuen" ein Nutzen von:

$$U_P(\text{veruntreuen}) = 0,5U(w(-100) + 50) + 0,5U(w(+100) + 50)$$

entsteht.

Die Nebenbedingungen für den effizienten Vertrag, der das Anstrengungsniveau „nicht veruntreuen" implementieren soll, lauten in diesem Spiel somit:

$$U_P(\text{nicht veruntreuen}) = 0,5U(w(-100)) + 0,5U(w(+500)) \geq \overline{U_P} = U(100)$$

als Partizipationsbedingung und

$$U_P(\text{nicht veruntreuen}) \geq U_P(\text{veruntreuen})$$
$$0,5U(w(-100)) + 0,5U(w(+500)) \geq 0,5U(w(-100) + 50)$$
$$+0,5U(w(+100) + 50)$$

als Anreizkompatibilitäts-Bedingung.

Bei der Herleitung des optimalen Vertrages fällt eine Besonderheit des Spiels ins Auge: es existieren Ergebnisse q, die nur in Verbindung mit einem bestimmten Anstrengungsniveau realisiert werden können. So wird die Broadwayshow nur im Falle des Veruntreuens von Geldern ein Ergebnis von $q = 100$ generieren, während eine Beobachtung von $q = 500$ direkt auf die Aktion „nicht veruntreuen" des Produzenten zurückschließen lässt. Lediglich das niedrigste Ergebnis von $q = -100$ kann bei beiden Aktionen realisiert werden. Dies impliziert, dass die Bedingung der MLRP hier nicht erfüllt ist: ein Anstieg im Output von -100 auf $+100$ ist kein Zeichen für ein höheres Anstrengungsniveau, d.h. für die Wahl von „nicht veruntreuen" statt „veruntreuen". Die Reihenfolge der Anstrengungsniveaus gemäß der diskreten Unterteilung der möglichen Aktionen ergibt sich anhand der Nutzeneinbuße von $-U(+50)$, die dem Agent dadurch entsteht, dass er „nicht veruntreuen" statt „veruntreuen" wählt.

Aus der Nicht-Geltung der MLRP folgt, dass der optimale Vertrag kein monotoner Vertrag sein kann. Es bietet sich vielmehr ein Vertrag der folgenden Form an:

$$w(+500) = 100$$
$$w(-100) = 100$$
$$w(+100) = -\infty \,.$$

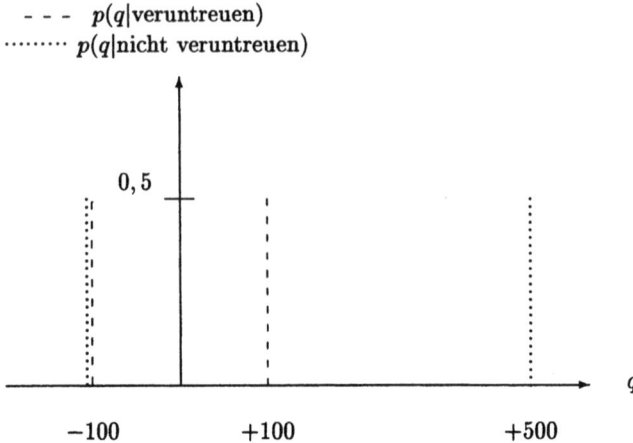

Abb. 10.2. Moving-Support - Träger der unterschiedlichen Realisationen von q

Dieser Vertrag erfüllt die Partizipationsbedingung bindend und ist damit für den Principal der günstigst mögliche Vertrag. Unter Beachtung der Annahme, dass der Agent risikoavers ist, erfüllt er auch die Bedingung der Anreizkompatibilität. Gleichzeitig bietet er dem Produzenten eine vollständige Versicherung, die dem Investor als risikoneutralem Principal keine weiteren Kosten auferlegt. Er trägt das gesamte Risiko, stellt aber durch die extreme Bestrafung des Agent im Fall einer Abweichung vom gewünschten Aktionsniveau sicher, dass der Produzent keine Gelder veruntreut.

Aufgrund der hohen Strafe für den Agent, falls dieser nicht das gewünschte Anstrengungsniveau realisiert, bezeichnet man einen solchen Vertrag auch als „Boiling-in-oil"-Vertrag. Entsprechend der sogenannten Sufficient-Statistic Bedingung basiert der Vertrag auf dem besten Nachweis für den gewählten Arbeitseinsatz und nicht rein auf der Veränderung des beobachteten Outputs. Ermöglicht wird der Einsatz solcher Boiling-in-oil-Verträge durch die Eigenschaft des *Moving-Support* für die beobachtbare Größe. Wie in Abb. 10.2 ersichtlich, überschneiden sich die Träger für unterschiedliche Outputniveaus der Broadway-Show in Abhängigkeit vom gewählten Aktionsniveau des Agents nur teilweise, d.h. hier nur für $q = -100$. Alle anderen Realisationen von q lassen einen eindeutigen Rückschluss auf die gewählte Handlung des Agent zu und eine dementsprechende Belohnung bzw. Bestrafung.

Obwohl auch ein Vertrag der Form

$$w(+500) = \infty$$
$$w(+100) = 100$$
$$w(-100) = 100$$

zu einem effizienten Resultat, nämlich der Entscheidung für „nicht veruntreuen" durch den Produzenten geführt hätte, wäre er nicht der optimale
Vertrag für den Investor, da das gewünschte Anstrengungsniveau hier nicht
kostengünstigst implementiert wird.

Natürlich kann ein solcher Boiling-in-oil-Vertrag nur unter bestimmten Voraussetzungen eingesetzt werden: so muss die oben genannte Bedingung des
Moving Support erfüllt sein, d.h. bei der unerwünschten Aktion müssen Ergebnisse mit hoher Wahrscheinlichkeit beobachtet werden, die unter dem optimalen Arbeitseinsatz nicht oder nur mit sehr geringer Wahrscheinlichkeit realisiert werden können. Des weiteren muss zunächst überhaupt die Möglichkeit
bestehen, den Agent zu bestrafen. Häufig ist dies aufgrund von Regelungen
zur begrenzten Haftung („limited liability") von Arbeitnehmern, Managern
etc. nicht möglich.

Zu beachten ist auch, dass ein solcher Boiling-in-oil-Vertrag typischerweise nur
zur Abschreckung gedacht ist und nicht wirklich die Strafe ausführen sollte.
Eine ausreichend starke Drohung reicht unter den genannten Bedingungen
bereits aus, um das Moral-Hazard-Problem zu beseitigen.

10.3 Produktionsspiel I: First-best-Vertrag unter Informationssymmetrie

Das sogenannte „Produktionsspiel" betrachtet die Vertragsschließung zwischen einem Arbeitnehmer oder Manager, der im Auftrag seines Arbeitge-
bers (dem Firmenbesitzer) Output produzieren soll. Der Arbeitnehmer habe
eine Nutzenfunktion $U = \sqrt{w} - e$ mit zwei möglichen Anstrengungsniveaus
$e \in \{0, 1\}$. Sein Reservationsnutzen betrage $\bar{U} = 3$. Es können zwei unterschiedliche Outputniveaus realisiert werden, $q \in \{0, 100\}$. Die Wahrscheinlichkeit der verschiedenen Outputlevels in Abhängigkeit vom Arbeitseinsatz
e, $p(q = q_i | e)$, sei dabei:

Effort / Output	$q = 0$	$q = 100$
$e_L = 0$	0,3	0,7
$e_H = 1$	0,1	0,9

Die Nutzenfunktion des Principal laute dabei $B = q - w$. Nach Vertragsabschluss kann der Principal die Wahl des Agent bezüglich e beobachten.

Aufgaben:

(a) Wie hoch wären Arbeitseinsatz und Nutzen des Agent, wenn er anstelle
des Principal Eigentümer der Firma wäre?

(b) Wie sieht der optimale Vertrag unter vollständiger Information aus, wenn
mehrere Firmenbesitzer um den Arbeitnehmer konkurrieren? Wie hoch ist der
Nutzen des Agent?

(c) Wie lautet derselbe Vertrag, wenn mehrere Arbeitnehmer um den Auftrag eines Firmenchefs konkurrieren? Wie hoch sind nun die Nutzen?

Lösungen:

(a) Besitzt der Agent die Firma, so erwirtschaftet er den Output zu seinem eigenen Gewinn, d.h. es gilt: $w(q) = q$. Sein Nutzen in Abhängigkeit von dem gewählten Anstrengungsniveau ergibt sich somit zu:

$$U(e_L) = 0,3 \cdot \sqrt{0} + 0,7 \cdot \sqrt{100} - 0 = 7$$

oder

$$U(e_H) = 0,1 \cdot \sqrt{0} + 0,9 \cdot \sqrt{100} - 1 = 8 \,.$$

Der Agent maximiert seinen Nutzen, wenn er das hohe Anstrengungsniveau $e_H = 1$ wählt und damit einen Nutzen von 8 erzielt.

(b) Unter vollständiger (d.h. symmetrischer) Information gilt, dass der Vertrag auf das gewünschte Anstrengungsniveau konditioniert werden kann, d.h. $w = w(e)$. Somit muss die Anreizkompatibilität des Vertrages nicht berücksichtigt werden, da e direkt im Vertrag festgeschrieben und überwacht werden kann. Der optimale Vertrag muss lediglich den Nutzen des Principal maximieren und vom Agent akzeptiert werden.

Konkurrieren mehrere Principals um einen Agent, so liegt die Verhandlungsmacht faktisch beim Agent. Er kann sich aussuchen, welchen der angebotenen Verträge er akzeptiert. Er wird genau den Vertrag auswählen, der ihm den höchsten Nutzen erbringt. Dies impliziert, dass nicht der Agent auf sein Reservationsnutzenniveau gedrängt wird, sonder hier der Principal, dessen Vertrag er annimmt. Die Partizipationsbedingung lautet faktisch also:

$$B(w, q) = 0$$
$$q(e) - w(e) = 0$$
$$w(e) = q(e)$$

mit $\bar{B} = 0$.

Um den hohen Arbeitseinsatz e_H zu implementieren, muss der Principal einen Vertrag vorschlagen, für den gilt:

$$w(e_H) = E(q(e_H)) = 0,1 \cdot 0 + 0,9 \cdot 100 = 90 \,.$$

Da der Vertrag unter symmetrischer Information das gewünschte Anstrengungsniveau einklagbar festsetzt, muss für alle anderen möglichen Anstrengungsniveaus kein Lohn festgelegt werden.

Aus dem genannten Vertrag folgt für den Agent ein Nutzenniveau von: $U(e_H) = \sqrt{90} - 1$, während der Principal einen Nutzen von $V = E(q - w) = E(q) - w = 90 - 90 = 0$ erzielen kann.

(c) Die Verhandlungsmacht liegt nun wieder beim Principal. Der optimale Vertrag muss daher die Partizipation eines Agent sicherstellen, d.h. es muss für das gewünschte Anstrengungsniveau gelten:

$$E[U(e_H)] = \bar{U}$$
$$\sqrt{w(e_H)} - e_H = 3$$
$$\sqrt{w(e_H)} - 1 = 3$$
$$w(e_H) = 16 \ .$$

Der optimale Vertrag lautet also $w(e_H) = 16$. Dabei erreicht der Principal einen Nutzen von $V(e_H) = q - w = 90 - 16 = 74$ und der Agent gerade seinen Reservationsnutzen $U(e_H) = \bar{U} = 3$.

10.4 Produktionsspiel II: Second-best-Vertrag unter Informationsasymmetrie

Die Nutzenfunktion eines Managers betrage $U = \sqrt{w} - e$. Im Rahmen eines Produktionsprozesses kann er entweder einen hohen Arbeitseinsatz $e_H = 6$ oder einen niedrigen Arbeitseinsatz $e_L = 0$ wählen. Sein Reservationsnutzen betrage $\bar{U} = 6$. Die Wahrscheinlichkeit der Produktionsoutputs q in Abhängigkeit vom Arbeitseinsatz des Managers, $p(q = q_i|e)$, sei gegeben mit:

Effort / Output	$q_L = 100$	$q_H = 300$
$e_L = 0$	$0,8$	$0,2$
$e_H = 6$	$0,2$	$0,8$

Für den Eigentümer der Firma (Principal) sei die Wahl des Arbeitseinsatzes e nicht beobachtbar. Sein Nutzen betrage $B = q - w$.

Aufgaben:

(a) Welchen Fixlohn muss der Eigentümer zahlen, damit der Manager überhaupt arbeitet?

(b) Wie lauten allgemein die Partizipations- und Anreizbedingungen für einen Vertrag, der auf den hohen Arbeitseinsatz abzielt?

(c) Wie lautet der Vertrag, der versucht, den hohen Arbeitseinsatz zu implementieren?

(d) Ist ein solcher Vertrag überhaupt „optimal"?

Lösungen:

(a) Wenn e nicht beobachtbar ist und ein Fixlohn gezahlt wird, so hat der Agent keinerlei Arbeitsanreiz. Er wählt somit immer das Anstrengungsniveau, das ihm die geringste Nutzeneinbuße erbringt, d.h. $e_L = 0$.

Selbst unter asymmetrischer Information muss der Fixlohn-Vertrag somit nur die Partizipation des Agent sicherstellen. Der Principal wird antizipieren, dass der Agent nur das niedrige Anstrengungsniveau e_L realisieren wird. Die entsprechende Partizipationsbedingung lautet somit:

$$E[U(e_L)] = \bar{U}$$
$$\sqrt{w} - 0 = 6$$
$$w = 36 \, .$$

(b) Soll der Vertrag das hohe Anstrengungsniveau e_H implementieren, so ergibt sich die Partizipationsbedingung für den Agent zu:

$$E[U(e_H)] \geq \bar{U}$$
$$0,2 \cdot \sqrt{w(q_L)} + 0,8\sqrt{w(q_H)} - 6 \geq 6$$
$$0,2\sqrt{w(q_L)} + 0,8\sqrt{w(q_H)} \geq 12$$

und die Anreizkompatibilitäts-Bedingung zu:

$$E[U(e_H)] \geq E[U(e_L)]$$
$$0,2\sqrt{w(q_L)} + 0,8\sqrt{w(q_H)} - 6 \geq 0,8\sqrt{w(q_L)} + 0,2\sqrt{w(q_H)} - 0$$
$$0,6\sqrt{w(q_H)} - 6 \geq 0,6\sqrt{w(q_L)}$$
$$\sqrt{w(q_H)} \geq 10 + \sqrt{w(q_L)} \, .$$

(c) Aus den oben dargestellten (bindenden) Nebenbedingungen für den optimalen Vertrag, der e_H implementieren soll, folgt:

$$0,2\sqrt{w(q_L)} + 0,8(10 + \sqrt{w(q_L)}) = 12$$
$$\sqrt{w(q_L)} = 4$$
$$w(q_L) = 16$$

und

$$\sqrt{w(q_H)} = 10 + \sqrt{16} = 14$$
$$w(q_H) = 196 \, .$$

Der optimale Vertrag sieht somit vor, dass nach Beobachtung des hohen Outputs von $q_H = 300$ ein Lohn von $w(q_H) = 196$ gezahlt wird, nach Beobachtung des niedrigen Outputs $q_L = 100$ dagegen nur ein Lohn von $w(q_L) = 16$.

(d) Der Agent wird infolge des optimalen Vertrages maximal sein Reservationsnutzenniveau von $\bar{U} = 6$ erreichen. Die Frage nach der Effizienz des Vertrages hängt somit davon ab, welches Nutzenniveau der Principal erreichen kann, wenn entweder e_H oder e_L durch den Vertrag angestrebt wird. Da der Vertrag zur Implementierung von e_L dem Fixlohn aus der ersten Teilaufgabe enspricht, ergibt sich für den Principal hier ein Nutzen von:

$$B(e_L) = E(G) - w$$
$$= 0,8 \cdot 100 + 0,2 \cdot 300 - 36 = 104 \,.$$

Im Falle des ermittelten Vertrages, der $e_H = 6$ implementieren soll, erreicht der Principal ein Nutzenniveau von:

$$B(e_H) = E(G - w)$$
$$= 0,2 \cdot (100 - 16) + 0,8 \cdot (300 - 196) = 100 \,.$$

Der Fixlohn-Vertrag, der den Manager zur Wahl des niedrigen Anstrengungsniveaus e_L veranlasst, ist somit tatsächlich second-best-effizient für den Principal. Unter asymmetrischer Information maximiert der Principal hier seinen Nutzen, indem er nur einen Fixlohn zahlt, statt den Agent durch einen monotonen Vertrag zur Wahl eines höheren Anstrengungslevels e_H zu animieren. Ursache dafür ist, dass die entsprechenden Anreize für den Principal zu teuer sind im Vergleich zum Fixlohn-Vertrag.

10.5 Produktionsspiel III: Optimaler Vertrag unter symmetrischer und asymmetrischer Information

Ein Firmenbesitzer (als Principal) sei risikoneutral mit einer Nutzenfunktion von $B = q - w$, der Manager (als Agent) dagegen risikoavers mit einer Nutzenfunktion von $U = \sqrt{w} - e^2$, wobei q den produzierten Output, w den Lohn und e das Anstrengungsniveau des Agent darstellt. Der Agent kann zwischen niedriger Anstrengung $e_L = 0$ und hoher Anstrengung $e_H = 3$ wählen. Sein Reservationsnutzen betrage $\bar{U} = 21$. Die Produktionstechnologie kann zu drei unterschiedlichen Ergebnissen führen: $q_0 = 0$, $q_1 = 1000$ oder $q_2 = 2500$, die mit folgenden bedingten Wahrscheinlichkeiten $p(q = q_i | e)$ realisiert werden:

Effort / Output	$q_0 = 0$	$q_1 = 1000$	$q_2 = 2500$
$e_L = 0$	0,4	0,4	0,2
$e_H = 3$	0,2	0,4	0,4

Aufgaben:

(a) Wie lauten die optimalen Verträge unter symmetrischer Information, d.h. wenn der Firmenbesitzer das gewählte Anstrengungsniveau des Managers beobachten kann? Welches Anstrengungsniveau wird der Principal vom Agent verlangen?

(b) Wie ergibt sich der optimale Vertrag unter asymmetrischer Information (d.h. wenn nur der Output q für den Principal beobachtbar ist), der das niedrige Anstrengungsniveau $e_L = 0$ implementiert?

(c) Welche Kennzeichen besitzt das Optimierungsproblem unter asymmetrischer Information für den Principal, wenn er den Agent zu einer Anstrengung von e_H bewegen möchte?

(d) Wie lautet der entsprechende optimale Vertrag? Welchen Vertrag wird der Principal unter asymmetrischer Information dem Agent dann anbieten?

Lösungen:

(a) Liegt eine symmetrische Informationsverteilung zwischen Principal und Agent vor, so kann e im Vertrag festgeschrieben werden. Der Lohn ist dann eine Funktion des Anstrengungsniveaus, d.h. $w = w(e)$. Der optimale Vertrag muss dann nur die Partizipationsbedingung des Agent erfüllen.

Soll der Vertrag das niedrige Anstrengungsniveau $e_L = 0$ implementieren, so ermittelt man unter Beachtung der (bindenden) Partizipationsbedingung des Agent:

$$E(U) = \bar{U}$$
$$\sqrt{w(e_L)} - e_L^2 = 21$$
$$\sqrt{w(e_L)} = 21$$
$$w(e_L) = 441 \ .$$

Der erwartete Nutzen des Principal ergibt sich damit zu $E(B|e_L) = E(q|e_L) - w(e_L) = 0,4 \cdot 1000 + 0,2 \cdot 2500 - 441 = 4500 - 441 = 4059$.

Soll der Vertrag dagegen das hohe Anstrengungslevel $e_H = 3$ implementieren, so berechnet sich der optimale Lohn zu:

$$E(U) = \bar{U}$$
$$\sqrt{w(e_H)} - 3^2 = 21$$
$$\sqrt{w(e_H)} = 21 + 9$$
$$w(e_H) = 30^2 = 900 \ ,$$

wobei der erwartete Nutzen des Principal einen Wert von $E(B|e_H) = 0,4 \cdot 1000 + 0,4 \cdot 2500 - 900 = 4100$ annimmt.

Der Principal maximiert offensichtlich seinen Nutzen, wenn er das hohe Anstrengungsniveau e_H vom Agent verlangt.

(b) Sofern der Vertrag keine konkreten Anreize gibt, ein höheres als das minimale Anstrengungsniveau zu wählen, wird der Agent immer das niedrige Niveau $e_L = 0$ realisieren, da dies seinen Nutzen maximiert bzw. sein Arbeitsleid minimiert. Der Principal kann dies auf kostengünstigste Weise erreichen, indem er einen Fixlohn-Vertrag vorschlägt, der gerade die Partizipationsbedingung des Agent bindend erfüllt. Wie bereits in der ersten Teilaufgabe ermittelt, sieht dieser Vertrag vor, dem Agent unabhängig vom beobachteten Output einen fixen Lohn von $w = 441$ zu zahlen.

(c) Bei einem Optimierungsproblem unter asymmetrischer Information muss sowohl die Partizipations- als auch die Anreizkompatibilitäts-Bedingung des Agents erfüllt werden. Wenn das hohe Anstrengungsniveau e_H implementiert werden soll, lautet die Optimierungsaufgabe des Principal daher:

$$\max_{w_0, w_1, w_2} \left[-0,2 \cdot w_0 + 0,4(1000 - w_1) + 0,4(2500 - w_2) \right],$$

unter den Nebenbedingungen der Partizipation:

$$0,2\sqrt{w_0} + 0,4\sqrt{w_1} + 0,4\sqrt{w_2} - e_H^2 \geq 21$$

und der Anreizkompatibilität:

$$0,2\sqrt{w_0} + 0,4\sqrt{w_1} + 0,4\sqrt{w_2} - e_H^2 \geq 0,4\sqrt{w_0} + 0,4\sqrt{w_1} + 0,4\sqrt{w_2} - e_L^2 .$$

(d) Auf Basis des Optimierungskalküls der vorangegangenen Teilaufgabe ermittelt sich der optimale Vertrag nun wie folgt. Zunächst kann man aus der Anreizkompatibilitäts-Bedingung ermitteln, dass:

$$0,2\sqrt{w_0} + 0,4\sqrt{w_1} + 0,4\sqrt{w_2} - 9 = 0,4\sqrt{w_0} + 0,4\sqrt{w_1} + 0,4\sqrt{w_2}$$
$$\sqrt{w_0} = \sqrt{w_2} - 45$$
$$w_0 = (\sqrt{w_2} - 45)^2 .$$

Aus der Partizipationsbedingung folgt:

$$0,2\sqrt{w_0} + 0,4\sqrt{w_1} + 0,4\sqrt{w_2} - 9 = 21$$
$$0,2(\sqrt{w_2} - 45) + 0,4\sqrt{w_1} + 0,4\sqrt{w_2} = 21$$
$$0,6\sqrt{w_2} - 18 + 0,4\sqrt{w_1} = 21$$
$$\sqrt{w_1} = 97,5 - 1,5\sqrt{w_2}$$
$$w_1 = (97,5 - 1,5\sqrt{w_2})^2 .$$

Setzt man die beiden so ermittelten Ausdrücke für w_0 und w_1 in das Optimierungsproblem des Principal ein, so ergibt sich:

$$E(B|e_H) = 1400 - 0,2(\sqrt{w_2} - 45)^2 - 0,4(97,5 - 1,5\sqrt{w_2})^2 - 0,4w_2$$
$$= -2807,5 - 1,5w_2 + 135\sqrt{w_2} .$$

Schließlich verbleibt noch, die so vereinfachte erwartete Nutzenfunktion des Principal nach w_2 abzuleiten und gleich Null zu setzen:

$$\frac{\partial E(B|e_H)}{\partial w_2} = -1,5 + \frac{135}{2\sqrt{w_2}} = 0$$

$$\sqrt{w_2} = \frac{135}{1,5 \cdot 2}$$

$$w_2 = 45^2 = 2025 \ .$$

Mit diesem Wert für w_2 ergibt sich sodann $w_0 = 0$ und $w_1 = 900$.

Der erwartete Nutzen des Principal aus diesem Vertrag lautet $E(B|e_H) = 1400 - 0,2 \cdot 0 - 0,4 \cdot 900 - 0,4 \cdot 2025 = 230$. Da dieser Nutzen geringer ist als der aus dem Fixlohn-Vertrag in der zweiten Teilaufgabe, wird der Principal ein Anstrengungsniveau von $e_L = 0$ des Agent präferieren und ihm einen Fixlohn von $w = 441$ anbieten. Ursache dafür sind wiederum die extrem hohen Kosten eines geeigneten Anreizsystems, um den Agent zur Wahl des hohen Anstrengungsniveaus e_H zu veranlassen.

10.6 Produktionsspiel mit Monitoring

Die Nutzenfunktion eines Agent betrage $U = \sqrt{w} - e$, mit zwei Anstrengungsniveaus $e \in \{0; 5\}$. Sein Reservationsnutzen liege bei 9. Die beiden Outputniveaus lauten $q(e = 0) = 100$ und $q(e = 5) = 250$. Der risikoneutrale Principal habe eine Nutzenfunktion von $B = q - w$. Er kann weder das Anstrengungsniveau e noch den produzierten Output q beobachten, er kann allerdings sehen, ob der Agent tatsächlich arbeitet oder nur träumend den Tag verbringt (Monitoring). Die Beobachtungen „Arbeiten" und „Tagträumen" hängen dabei mit folgenden Wahrscheinlichkeiten vom Arbeitseinsatz e des Agent ab:

Effort / Beobachtung	Tagträumen	Arbeiten
$e_L = 0$	$0,6$	$0,4$
$e_H = 5$	$0,1$	$0,9$

Der Principal kann den Produktions-Vertrag auf diese Beobachtungen konditionieren, d.h. er kann zwei unterschiedliche Löhne anbieten: w(Tagträumen)= $\underline{w}$ und w(Arbeiten)=$\bar{w}$.

Aufgaben:

(a) Wie hoch sind die Nutzen von Agent und Principal ohne Monitoring, wenn der Lohn ausreichend hoch ist, um den Agent zur Arbeit zu veranlassen?

(b) Zeigen Sie, dass $e_H = 5$ effizient ist unter vollständiger, d.h. symmetrischer, Information.

(c) Wie lauten unter unvollständiger Information die Partizipations- und Anreizkompatibilitätsbedingungen für den optimalen Vertrag? Welche Löhne sieht der optimale Vertrag dann vor?

Lösungen:

(a) Kann der Principal den Agenten nicht beobachten, d.h. den Lohn nicht auf „Arbeiten" oder „Tagträumen" konditionieren, so wird der Agent immer das Anstrengungsniveau wählen, das für ihn mit den geringsten Nutzeneinbußen verbunden ist. Der Agent wird also in einem solchen Fall mit Sicherheit e_L realisieren. Der optimale Vertrag wird daher nur e_L implementieren können, dies allerdings zu minimalen Kosten für den Principal. Der Vertrag muss daher nur die Partizipationsbedingung für den Agent erfüllen:

$$U(w, e_L) = \bar{U}$$
$$\sqrt{w} - 0 = 9$$
$$w = 81 \, .$$

Ein fixer Lohn von $w = 81$ führt zu einem Nutzenniveau von $U(w, e_L) = 9$ für den Agent und $B = q(e_L) - w = 100 - 81 = 19$ für den Principal.

(b) Unter symmetrischer Information ist die Wahl des Anstrengungsniveaus durch den Agent vom Principal beobachtbar. Implementiert der Vertrag das hohe Anstrengungsniveua von e_H, so wird (mit Sicherheit) ein Outputniveau von $q(e_H) = 250$ realisiert. Da der Agent durch einen optimalen Vertrag auf sein Reservationsnutzenniveau von 9 gedrängt wird, geht es nun lediglich darum, zu verifizieren, dass der Principal ein höheres Nutzenniveau erreicht, wenn der Vertrag e_H implementiert statt e_L. Wie oben dargelegt, wird der Agent das niedrige Anstrengungsniveau realisieren, falls er einen fixen Lohn von $w = 81$ angeboten bekommt. Der Nutzen des Principal beträgt dann $B = 19$. Soll der Vertrag dagegen das hohe Anstrengungsniveau von e_H implementieren, so muss unter symmetrischer Information aufgrund der Partizipationsbedingung des Agent gelten:

$$U(w, e_H) = \bar{U}$$
$$\sqrt{w} - 5 = 9$$
$$w = 196 \, .$$

Der Nutzen des Principal ergibt sich dann zu $B = q(e_H) - w = 250 - 196 = 54 > 19$. Somit ist der Vertrag, der ein Lohnniveau von $w = 196$ vorsieht, sobald ein Output von $q(e_H) = 250$ realisiert wird, effizient gegeben über dem Fixlohnvertrag.

(c) Unter unvollständiger Information kann der Principal lediglich unterscheiden zwischen „Arbeiten" und „Tagträumen", er kennt jedoch nicht das gewählte Anstrengungsniveau und somit nicht den produzierten Output.

Die Partizipationsbedingung für den Vertrag, der das hohe Anstrengungsniveau (und damit das hohe Outputniveau) sichern soll, lautet dabei:

$$U(e_H) \geq 9$$
$$0,1\sqrt{\underline{w}} + 0,9\sqrt{\bar{w}} - 5 \geq 9 \,.$$

Die Anreizkompatibilitäts-Bedingung ist gegeben mit:

$$U(e_L) \leq U(e_H)$$
$$0,6\sqrt{\underline{w}} + 0,4\sqrt{\bar{w}} \leq 0,1\sqrt{\underline{w}} + 0,9\sqrt{\bar{w}} - 5$$
$$0,5\sqrt{\underline{w}} \leq 0,5\sqrt{\bar{w}} - 5$$
$$\sqrt{\underline{w}} \leq \sqrt{\bar{w}} - 10 \,.$$

Auf Basis dieser Teilergebnisse gilt, sofern die Partizipations- und Anreizkompatibilitäts-Bedingung bindend erfüllt sind:

$$0,1(\sqrt{\bar{w}} - 10) + 0,9\sqrt{\bar{w}} - 5 = 9$$
$$\sqrt{\bar{w}} = 15$$
$$\bar{w} = 225$$

und folglich $\underline{w} = 25$.

Die Nutzenniveaus von Agent und Principal lauten damit $U = 9$ und $B = q(e_H) - \bar{w} = 25$.

Auch dieses Beispiel stellt eine Anwendung des Sufficient-Statistic-Resultats dar. Ein optimaler Vertrag kann auf mehrere Aspekte kontrahiert werden, nicht unbedingt nur auf solche Größen, die direkt mit dem Output in Verbindung stehen. Grundsätzlich dienen alle Informationen über den Umweltzustand dazu, die gewählte Anstrengung des Agent besser einzuschätzen und somit sein Risiko zu reduzieren. Dies verringert gleichzeitig die Kosten für den Principal, insbesondere dann, wenn der Agent sehr stark risikoavers ist. Kontrollaktivitäten können daher für den Principal sehr lohnend sein, selbst wenn sie zunächst zu Kosten führen, solange sie in bessere Informationen über das Anstrengungsniveau des Agent resultieren.

Teil IV

Adverse-Selection

11

Grundproblem

Neben dem Problem des moralischen Risikos tritt bei Vertragsabschlüssen häufig noch eine weitere Schwierigkeit auf, wenn nicht alle Vertragsparteien über dieselben Informationen verfügen. Liegt nämlich bereits zum Zeitpunkt des Vertragsabschlusses eine asymmetrische Informationsverteilung vor, so spricht man von „Adverse-Selection". Der Begriff stammt, wie ein Großteil der vertragstheoretischen Literatur, aus der Versicherungstheorie. Er bezeichnet eine Situation, in der ein Versicherungsnehmer mehr oder bessere Informationen über Teile des Versicherungsvertrages hat als der Versicherungsgeber. Beispielsweise kennt ein Autofahrer seine Fahrgewohnheiten und kann somit sein persönliches Risiko für einen Autounfall wesentlich besser einschätzen als der Versicherungsgeber. Wichtig ist dabei, dass er diese zusätzlichen Informationen bereits vor Vertragsabschluss besitzt. Ebenso kann auch ein Rechtsanwalt die Erfolgsaussichten einer Klage wesentlich präziser einschätzen als sein Klient: er kennt sein persönliches Interesse, sich in den konkreten Fall einzuarbeiten etc. Er verfügt somit über wesentlich bessere die Vertragsschließung betreffende Informationen als sein Vertragspartner.

Während der Begriff der Adverse-Selection ursprünglich darauf hinweisen sollte, dass Informationsprobleme dieser Art zu einer Selektion der informierten Vertragspartei mit für den Principal ungünstigen Auswirkungen führen, bezieht man heute den Begriff wesentlich allgemeiner auf eine Situation, in der bereits vor Vertragsabschluss der Agent einen Informationsvorsprung gegenüber dem Principal besitzt. Es geht daher in diesem Kapitel weniger um die Frage, welche Handlung der Agent ergreifen wird, nachdem er den Vertrag akzeptiert hat, sondern vielmehr darum, welchen Vertrag bzw. welche Form des Vertrages der Agent überhaupt zu akzeptieren bereit ist. Wir analysieren somit eine Situation, in der ein Principal dem Agent nicht nur einen Vertrag zur Annahme vorlegt, sondern vielmehr ein ganzes „Menü" an Verträgen. Wie wir sehen werden, ist ein solches optimales Design an Verträgen tatsächlich nutzenmaximierend für den Principal, da der Agent durch die Wahl eines

Vertrages einen Teil seiner privaten Information preisgibt und somit den Informationsnachteil des Principal reduziert.

Dass ein Menü an Verträgen optimal sein kann, zeigt sich auch anhand vieler Beispielfälle in der Realität. So zeichnen sich insbesondere Versicherungsverträge dadurch aus, dass der Versicherungsnehmer zwischen Verträgen mit (häufig sogar variierendem) oder ohne Selbstbehalt wählen kann. Ebenso finden sich auch in Arbeits-Verträgen mehrere Möglichkeiten, die Bezahlung des Arbeitnehmers an eine Kombination aus fixem Gehalt und gewinnabhängiger Prämie zu binden.

Bevor im Folgenden der optimale Vertrag bzw. das optimale Menü an Verträgen unter Adverse-Selection genauer analysiert wird, wollen wir uns zunächst das grundsätzliche Problem anhand eines typischen Beispiels verdeutlichen. Der Markt für Gebrauchtwagen (sogenannte „Zitronen", nach Akerlof [2]) kann einige der grundlegenden Charakteristika von Adverse-Selection-Problemen und ihren Auswirkungen leicht deutlich machen.

Der „Market for Lemons" nach Akerlof (1970)

Der Gebrauchtwagenhandel als sogenannter „Market for Lemons" nach Akerlof [2] stellt ein typisches Beispiel für ein Adverse Selection Problem dar. Ein Autoverkäufer besitzt wesentlich bessere Information über die Qualität des zum Verkauf stehenden Autos als ein potentieller Käufer. Es lassen sich nun verschiedene Situationen analysieren, die aufgrund ihres Grades an adverser Selektion zu unterschiedlichen Ergebnissen führen können. Allen Teilmodellen ist jedoch gemeinsam, dass der Handel mit Gebrauchtwagen aufgrund der asymmetrischen Informationsverteilung vor Vertragsabschluss entweder ineffizient gering ist, oder der Markt sogar ganz zusammenbricht.

Die folgenden Teilmodelle unterscheiden sich zum einen durch die Annahmen über die Verteilung der Auto-Qualität, zum anderen durch die Nutzenfunktionen von Agent (Verkäufer) und Principal (Käufer). Die grundlegende Reihenfolge der Spielzüge lautet dabei wie folgt:

1. Die Natur realisiert die Qualität eines Autos, θ, gemäß einer Verteilung $F(\theta)$. Der Verkäufer kann θ beobachten, der Käufer kennt dagegen nur die Verteilung, aus der θ gezogen wurde (er kennt somit beispielsweise die Durchschnittsqualität eines Autos).

2. Der Verkäufer nennt seinen Verkaufspreis P.

3. Der Käufer nimmt das Angebot an, zahlt P und erhält das Auto der Qualität θ oder lehnt ab.

Falls das Vertrags-Angebot abgelehnt wird, erzielen beide Spieler einen Nutzen von Null. Ansonsten ergibt sich für den Käufer ein Payoff von $\pi_K = B(\theta) - P$ und für den Verkäufer von $\pi_V = P - U(\theta)$.

Die folgenden Beispiele unterscheiden sich nun in den Annahmen über die Verteilung der Autoqualität $F(\theta)$, sowie über die Präferenzen von Agent und Principal bezüglich der Qualität, d.h. die Nutzenfunktionen $U(\theta)$ und $B(\theta)$.

12.1 Diskrete Verteilung der Auto-Typen bei gleichen Präferenzen von Principal und Agent

In diesem einfachsten Fall wird angenommen, alle Autos am Gebrauchtwagenmarkt könnten nur einer von zwei Qualitätsstufen angehören: entweder sie sind „gut" mit einer Qualität von $\theta_G = 6000$ oder sie sind „schlecht" mit einer Qualität von $\theta_S = 2000$. Beide Ausprägungen sollen jeweils gleich wahrscheinlich sein. Des Weiteren wird zur Vereinfachung angenommen, beide Spieler seien risikoneutral und bewerten Qualität gleich, so dass $U(\theta) = \theta$ und $B(\theta) = \theta$. Ihre Payoffs nach einem abgeschlossenen Handel lauten somit $\pi_V = P - \theta$ und $\pi_K = \theta - P$.

Könnte der Käufer die Qualität der Autos beobachten, so wäre er bereit, für die Autos guter Qualität einen Preis von $P = 6000$ zu zahlen, für die Wagen schlechter Qualität einen Preis von $P = 2000$. Da er jedoch θ nicht kennt, sondern nur die Wahrscheinlichkeits-Verteilung der Qualitäten, besteht seine beste Strategie unter Unsicherheit darin, einen Durchschnittspreis zu zahlen. Folgt er dieser Strategie, so ist sein erwarteter Payoff gleich Null, d.h. $E(\pi_K|F(\theta)) = E(\theta|F(\theta)) - P = 0$, die Partizipationsbedingung des Agent wäre somit bindend erfüllt. Die durchschnittliche Qualität der Autos in unserem Beispiel liegt bei $E(\theta|F(\theta)) = \bar{\theta} = 2000 + (6000 - 2000)/2 = 4000$. Der Verkäufer eines Autos wird jedoch unter Nutzenmaximierungs-Gesichtspunkten nicht bereit sein, sein Auto zu einem Preis zu verkaufen, der unter der Qualität des Wagens liegt. Der minimale Verkaufspreis ergibt sich vielmehr durch $E(\pi_V|\theta) = P - \theta = 0$ zu $P = \theta$. Ein Verkäufer mit einem Auto guter Qualität wird daher seinen Wagen nicht zum Durchschnittspreis von $P = 4000$ zum Verkauf anbieten. Bei einem Preis, der der Durchschnittsqualität aller Autos entspricht, stehen somit nur noch die Wagen schlechter Qualität zum Verkauf. Dadurch sinkt jedoch die Durchschnittsqualität der zum Vekauf angebotenen Wagen von 4000 auf nur noch 2000. Antizipiert der Käufer das Kalkül der Verkäufer, so wird er sich weigern, einen höheren Preis als $P = 2000$ für einen Wagen ihm unbekannter Qualität zu zahlen. Selbst wenn im Indifferenzfall die beteiligten Spieler sich jeweils für den Vertragsabschluss entscheiden würden, führt die Informationsasymmetrie bei der unterstellten Verteilung der Auto-Qualitäten und Nutzenfunktionen dazu, dass Handel nur bei einem Preis von $P = 2000$ stattfindet und zu diesem Preis nur die sogenannten „Zitronen", d.h. die Autos schlechter Qualität, verkauft werden.

Diese Reduktion des Marktes auf „Lemons" stellt ein ineffizientes Ergebnis dar, da Verkäufer und Käufer Autos durchaus gleich bewerten. Es gäbe somit Käufer, die bereit wären einen Preis von $P = 6000$ für ein Auto der guten Qualitätsstufe zu bezahlen, während gleichzeit Verkäufer existieren, die zu diesem Preis ein gutes Auto tatsächlich verkaufen würden. Die unterstellte Informationsasymmetrie zwischen Käufern und Verkäufern führt jedoch in diesem Spiel dazu, dass ein Käufer die Qualität eines Autos nicht korrekt einschätzen kann und somit bis auf den „worst case", in dem er immer eine „Zitrone" angeboten bekommt, keinen korrekten Preis bieten kann.

12.2 Stetige Verteilung der Auto-Typen bei gleichen Präferenzen von Principal und Agent

Ein noch extremeres Ergebnis erzielt das Beispiel, wenn man eine stetige Verteilung der Qualitäts-Typen unterstellt, beispielsweise in Form einer Gleichverteilung: $\theta \sim U[2000, 6000]$. Wiederum ergibt sich eine Durchschnittsqualität aller Autos von $\bar{\theta} = 4000$ als zunächst bestes Preisangebot eines rationalen Käufers. Allerdings werden aufgrund derselben Argumentation wie im letzten Abschnitt nur Verkäufer mit Wagen einer Qualität $\theta \leq 4000$ bereit sein, zu einem Preis von $P = 4000$ ihr Auto tatsächlich zum Verkauf anzubieten, da sie ansonsten einen negativen Payoff erzielen. Die zu einem Preis von $P = 4000$ noch angebotenen Auos am Markt sind nun also gleichverteilt im Intervall $[2000, 4000]$. Ihre Durchschnittsqualität ist somit gesunken auf $\bar{\theta} = 3000$. Ein rationaler Käufer wird für die noch am Markt angebotenen Autos nunmehr nur noch einen Preis von $P = 3000$ zu zahlen bereit sein. Führt er seine Überlegungen noch einen Schritt weiter, so stellt er jedoch fest, dass die ihm zu diesem Preis angebotenen Wagen eine Qualität $\theta \leq 3000$ haben. Ihre Durchschnittsqualität ist weiter gesunken. Ganz allgemein ergibt sich die Durchschnittsqualität der zu einem Preis von P angebotenen Autos zu $\bar{\theta}(P) = (P - 2000)/2 + 2000$. Die beste Reaktion eine Käufers auf ein solches Kauf-Angebot besteht nun wiederum darin, einen Preis zu akzeptieren, der gerade der erwarteten Durchschnittsqualität der angebotenen Autos entspricht. Das Markt-Gleichgewicht ergibt sich hier im Schnittpunkt von Angebot- und Nachfragekurve, die sich wie folgt ermitteln lassen. Wie oben dargelegt, kann die Durchschnittsqualität der angebotenen Autos in Abhängigkeit vom gebotenen Kaufpreis dargestellt werden. Umformen nach $P(\bar{\theta})$ liefert für die Angebotsfunktion des Verkäufers:

$$P^A(\bar{\theta}) = 2\bar{\theta} - 2000$$

und für die Nachfragefunktion gilt direkt aus der Payoff-Funktion des Käufers:

$$P^N(\bar{\theta}) = \bar{\theta} \,.$$

Das Marktgleichgewicht lässt sich somit graphisch wie in Abb. 12.1 oder analytisch herleiten zu: $P = 2000$ und $\bar{\theta} = \theta = 2000$. Aufgrund der Gleichverteilung von Autos im Intervall $\theta \in [2000, 6000]$ ist dieses Ergebnis jedoch gleichbedeutend mit einem vollständigen Marktzusammenbruch. Es gibt nur infinitesimal wenige Autos, die eine Qualität von $\theta = 2000$ aufweisen. Nur diese stehen zum Verkauf und werden tatsächlich zu einem Preis von $P = 2000$ verkauft. Faktisch finden somit keine Verkäufe statt. Wieder ist das Ergebnis ineffizient, da Principal und Agent die Qualität der Autos gleich bewerten und somit bereit gewesen wären, jedes Auto zu einem angemessenen Preis zu handeln. Die unterstellte Informationsasymmetrie verhindert jedoch das Finden des „angemessenen" Preises und verursacht den Marktzusammenbruch.

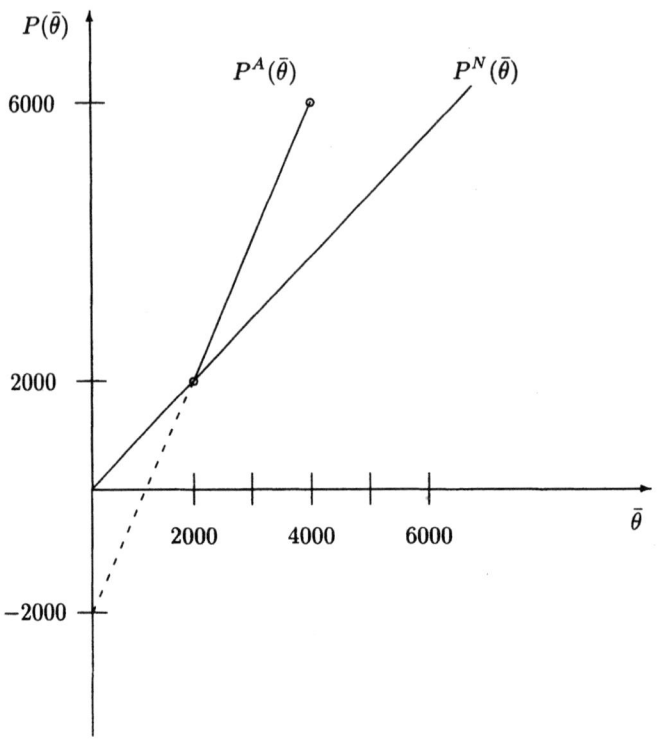

Abb. 12.1. Market for Lemons: Stetige Verteilung der Agent-Typen bei gleichen Präferenzen

12.3 Stetige Verteilung der Auto-Typen bei unterschiedlichen Präferenzen von Principal und Agent

Im Unterschied zum Modell des vorherigen Abschnitts wird hier angenommen, dass die Käufer eines Autos die Qualität des Wagens höher schätzen als die Verkäufer. Konkret könnte sich diese Annahme beispielsweise in folgender Modifikation der Nutzenfunktion äußern: $B(\theta) = 1,2\theta$. Die Payoff-Funktionen für Käufer und Verkäufer ergeben sich sodann zu $\pi_K = 1,2\theta - P$ und $\pi_V = P - \theta$.

Während die Angebotsfunktion für Autos am Gebrauchtwagenmarkt von der modifizierten Präferenzstruktur unberührt bleibt, ändert sich die Nachfragefunktion wie folgt:

$$P^N(\bar{\theta}) = 1,2\bar{\theta} \,.$$

Die Käufer sind somit faktisch bereit, eine Qualitäts-Prämie von 20% zu zahlen. Das Marktergebnis zeichnet sich nun dadurch aus, dass es nur zu partieller adverser Selektion kommt, in dem Sinne, dass zwar nicht alle Autos zum Verkauf stehen, der Markt aber auch nicht vollkommen zusammenbricht. Das Marktgleichgewicht ergibt sich bei einer Durchschnittsqualität von $\bar{\theta} = 2500$ und einem Preis von $P = 3000$, wie auch aus Abb. 12.2 ersichtlich ist.

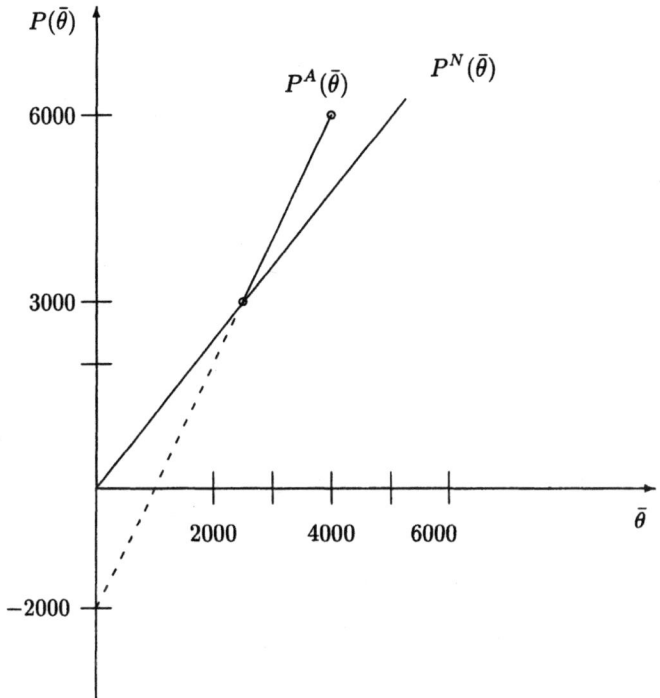

Abb. 12.2. Market for Lemons: Stetige Verteilung der Agent-Typen bei unterschiedlichen Präferenzen

Das Marktergebnis ist wiederum ineffizient, da die höhere Qualitätsbewertung der Käufer unter symmetrischer Information dazu führen würde, dass alle Käufer Autos erstehen würden. Die Annahme asymmetrischer Information impliziert jedoch, dass die Käufer lediglich Autos geringerer Qualität beziehen.

12.4 Stetige Verteilung der Auto-Typen bei heterogenen Präferenzen der Agents

Im Unterschied zu den Modellen der letzten Abschnitte wird nun angenommen, dass sich die Einschätzung der Verkäufer über die Qualität ihrer Autos seit dem eigenen Kauf ändern kann. Gute Erfahrungen mit dem Wagen können dazu führen, dass eine Person die Qualität ihres Autos nun wesentlich höher bewertet, schlechte Erfahrungen durch häufige Pannen etc. zu einer geringeren Einschätzung. Im Folgenden wird diese heterogene Wahrnehmung der Verkäufer über die Qualität ihrer Autos wie folgt modelliert: es sei für Verkäufer i der Nutzen gegeben mit $U_i(\theta) = (1 + \varepsilon_i)\theta$, wobei ε_i positiv oder negativ sein kann mit einem Erwartungswert von 0. Die Payoffs eines Käufers und eines Verkäufers sind somit definiert als $\pi_K = \theta - P$ und $\pi_V = P - (1+\varepsilon)\theta$. Wiederum werden die Verkäufer bei einem gebotenen Preis von P nur solche Autos zum Verkauf stellen, deren wahrgenommene Qualität nicht höher als P liegt, so dass $E(\pi_V) \geq 0$. Daraus folgt für die Durchschnittsqualität aller angebotenen Fahrzeuge:

$$\bar{\theta}(P) = E(\theta | (1 + \varepsilon)\theta \leq P) \,.$$

Bei unterstellter Konkurrenz der Käufer, so dass der Großteil der Verhandlungsmacht bei den Verkäufern verbleibt, wird es nun selbst bei einem Preis von $P = 6000$ noch Autos geben, die nicht zum Verkauf angeboten werden, da ihre Besitzer die Qualität ihrer Wagen höher als diesen Preis einschätzen. Ihr ε_i ist somit positiv. Geht man von einer symmetrischen Gleichverteilung der ε um 0 aus, so liegt die durchschnittliche Qualität der bei einem Preis von $P = 6000$ angebotenen Wagen somit unter einem Wert von 4000. Andererseits werden jedoch selbst bei einem Preis von $P = 2000$ noch Autos zum Verkauf angeboten, da ihre Besitzer die Qualität ihrer Wagen geringer einschätzen aufgrund eines negativen Wertes für ε. Somit liegt selbst bei einem Preis von $P = 2000$ die Durchschnittsqualität der angebotenen Fahrzeuge noch über 2000. Die genauen Gleichgewichtswerte in diesem Modell hängen von der spezifischen Ausgestaltung der Funktion $U(\theta)$, d.h. hier insbesondere der Verteilung der ε_i ab. Auch in diesem Beispiel kommt es jedoch nur zu ineffizient geringem Handel. Es werden nicht alle Wagen zum Verkauf angeboten, obwohl die Käufer bereit wären, einen entsprechenden Preis zu zahlen.

Aus allen Teilmodellen zum Gebrauchtwagenmarkt nach Akerlof [2] folgt somit, dass die asymmetrische Informationsverteilung vor Vertragsabschluss aufgrund der Unbeobachtbarkeit der Auto-Qualität, d.h. des Agent-Typs, zu ineffizient geringem Handel führt. Während in den Teilmodellen 12.1 und 12.2 vor allem die spezifischen Annahmen über die Verteilung der Agent-Typen zu einem vollständigen Marktzusammenbruch führten, waren in 12.3 und 12.4 die Annahmen über die Nutzenfunktionen der Spieler verantwortlich für das Ergebnis eines zwar nicht vollständig zum Erliegen kommenden, aber doch ineffizient geringen Handels. Interessant ist dabei auch, dass Ineffizienzen infolge asymmetrischer Information enstehen, obwohl alle Marktteilnehmer risikoneutral sind. Hierin unterscheiden sich Probleme der Adverse Selection von denen des Moral Hazards. Dort lassen sich Ineffizienzen selbst bei asymmetrischer Informationsverteilung vermeiden, sofern Principal und Agent risikoneutral sind.

Natürlich lassen sich die dargestellten Probleme der Adverse-Selection relativ leicht außerhalb von Verträgen lösen. Eine Möglichkeit, den Informationsnachteil des Käufers auszugleichen, besteht beispielsweise darin, vom Verkäufer zusätzliche Garantien zu verlangen. Ebenso kann die Informationsasymmetrie gemildert werden durch Testfahrten. Dabei kann bereits das Angebot zu einem Test als Signal für eine hohe Qualität gedeutet werden. Ähnlich wirkt auch die Reputation eines Käufers, sofern das „Spiel" mehrfach wiederholt wird. Des Weiteren kann der Informationsnachteil des Käufers verringert werden durch „gute Sitten", d.h. moralische Regeln, die am Markt Common-Knowledge sind. So wird beispielsweise ein Autobesitzer einem guten Freund kaum eine „Zitrone" verkaufen.

Charakterisierung optimaler Verträge unter Adverse-Selection

Angelehnt an die Modellierung von Moral-Hazard-Problemen in Teil III dieses Buches wollen wir in einem ähnlichen Modell die Auswirkungen einer asymmetrischen Informationsverteilung vor Vertragsabschluss analysieren. Es schließt sich die Herleitung und Charakterisierung eines optimalen Vertrages an, der den Informationsnachteil des Principal weitestmöglich reduziert.

Wir betrachten einen risikoneutralen Principal, der einem (risikoneutralen oder risikoaversen) Agent einen Vertrag zur Aufteilung eines produzierten Outputs vorschlägt. Um Moral-Hazard-Probleme zu vermeiden, nehmen wir an, die Handlungen des Agent nach Vertragsabschluss seien beobachtbar und verifizierbar. Sei $\Pi(e)$ der erwartete Output bei einem Anstrengungsniveau von e, d.h. $\Pi(e) = \sum_{i=1}^{n} p_i(e)q_i$. Des Weiteren sei $\Pi'(e) > 0$ und $\Pi''(e) < 0$, so dass die Zielfunktion des Principal konkav ist. Der Agent kann nun einem von zwei verschiedenen „Typen" angehören, die sich durch ihr Arbeitsleid unterscheiden. Typ 1 (der „gute" Typ, G) sei charakterisiert durch ein Arbeitsleid $v(e)$, während für Typ 2 (den „schlechten" Typ, S) ein Arbeitsleid von $kv(e)$ gilt mit $k > 1$. Die qualitative Benennung mit „gut" oder „schlecht" folgt der Argumentation, dass der Principal für dasselbe Anstrengungsniveau e dem ersten Typen einen geringeren Lohn zahlen muss als dem zweiten. Die Nutzenfunktionen der beiden Agent-Typen sind somit gegeben als:

$$U^G(w, e) = u(w) - v(e)$$

und

$$U^S(w, e) = u(w) - kv(e) \, .$$

Das Spiel weist nun folgende Reihenfolge der Spielzüge auf:

1. Die Natur wählt den Typ des Agent.
2. Der Principal schlägt einen Vertrag bzw. ein Vertragsdesign vor.
3. Der Agent akzeptiert den Vertrag oder lehnt ihn ab.
4. Der Agent wählt sein Anstrengungsniveau e. Dies ist vom Principal beobachtbar.

5. Das Outputniveau wird realisiert gemäß dem gewählten Anstrengungsniveau und eventuell einer Risikokomponente, die vom Umweltzustand
abhängt.

Existiert in diesem Spiel kein Adverse-Selection-Problem und sieht sich der
Principal einem Agent des Typs G gegenüber, so lautet sein Optimierungsproblem:

$$\max_{e,w} \Pi(e) - w \; ,$$

unter der Nebenbedingung der Partizipation des Agent:

$$u(w) - v(e) \geq \bar{U} \; .$$

Der optimale Vertrag (e^{G*}, w^{G*}) lässt sich dann wie immer herleiten anhand
der Lagrangefunktion für den Principal:

$$L = \Pi(e) - w + \lambda[u(w) - v(e) - \bar{U}] \; .$$

Maximierung nach e und w liefert:

$$\frac{\partial L}{\partial e} = \Pi'(e) - \lambda v'(e) = 0$$

$$\Rightarrow \lambda = \frac{\Pi'(e)}{v'(e)}$$

und

$$\frac{\partial L}{\partial w} = -1 + \lambda w'(e) = 0$$

$$\Rightarrow \lambda = \frac{1}{w'(e)} \; ,$$

so dass der optimale Vertrag durch folgende Gleichungen charakterisiert ist:

$$\Pi'(e^{G*}) = \frac{v'(e^{G*})}{u'(w^{G*})} \quad \text{und} \quad u(w^{G*}) - v(e^{G*}) = \bar{U} \; .$$

Die erste Gleichung stellt dabei die Effizienz-Bedingung dar, da sie sich aus
der Nutzenmaximierung des Principal ergibt. Sie verlangt, wie bereits in Teil
III zu Moral-Hazard dargelegt, dass die Grenzraten der Substitution von Anstrengung e und Lohn w für Principal und Agent gleich sein müssen. Die
zweite Gleichung ergibt sich aus der Partizipationsbedingung für den Agent
von Typ G.

Ebenso basiert der optimale Vertrag mit dem Agent von Typ S auf den Gleichungen:

$$\Pi'(e^{S*}) = \frac{kv'(e^{S*})}{u'(w^{S*})} \quad \text{und} \quad u(w^{S*}) - kv(e^{S*}) = \bar{U} \; .$$

Es lässt sich leicht erkennen, dass der für den Principal optimale Vertrag ein höheres Anstrengungsniveau vom Agent des Typs G verlangen wird als vom Typ-S-Agent, d.h. $e^{G*} > e^{S*}$. Bezüglich der Löhne für die beiden Agent-Typen lässt sich dagegen noch kein allgemein verbindliches Resultat herleiten, da zwei unterschiedliche Effekte wirken. Während ein bestimmtes Anstrengungsniveau e vom Typ-G-Agent „billiger", d.h. mit einem niedrigeren Lohn, zu erreichen ist, da er einem geringeren Arbeitsleid pro Einheit Anstrengung ausgesetzt ist, wird vom Typ-G-Agent jedoch pro Einheit an Arbeitsleid ein höheres Anstrengungsniveau verlangt. Dies wiederum erfordert einen höheren Lohn für ihn.

Die oben hergeleiteten Verträge (e^{G*}, w^{G*}) und (e^{S*}, w^{S*}) sind für den Principal jedoch nur optimal, wenn kein Adverse-Selection-Problem vorliegt, d.h. wenn der Principal den jeweiligen Agent-Typ identifizieren kann. Ist dies aufgrund von asymmetrischer Information nicht der Fall, so sind die dargestellten Verträge für ihn nicht mehr nutzenmaximal. Ursache dafür ist, dass der Agent vom Typ G aus den beiden vorgeschlagenen Verträgen nicht den für ihn vorgesehenen Vertrag, sondern vielmehr den Vertrag (e^{S*}, w^{S*}) wählen wird. Da letzterer nämlich dem Typ-S-Agent gerade sein Reservationsnutzenniveau liefert, folgt, dass der Typ-G-Agent aufgrund seines geringeren Arbeitsleides bei einem Anstrengungsniveau von e^{S*} einen höheren Nutzen als $\bar{U}$ erzielen kann. Er stellt sich somit besser als unter der Wahl von (e^{G*}, w^{G*}), die ihm wiederum nur seinen Reservationsnutzen erbringt. Wie im Fall von Moral-Hazard gilt auch unter Adverse-Selection, dass Verträge, die für eine Situation mit symmetrischer Information als optimal hergeleitet werden, nicht mehr optimal sein müssen, wenn sie unter asymmetrischer Informationsverteilung angewendet werden.

Der optimale Vertrag bei einem Adverse-Selection-Problem muss somit auf eine etwas andere Art ermittelt werden. Nehmen wir an, der Principal kenne die Prior-Wahrscheinlichkeiten für die beiden Agent-Typen: sei q die Wahrscheinlichkeit für einen Agent von Typ G. Es lässt sich nun zeigen, dass der Principal, um seinen Nutzen zu maximieren, ein *Menü an Verträgen* vorschlagen wird. Genauer gesagt wird er für jeden Agent-Typ einen Vertrag erstellen[1], wobei im Folgenden (e^G, w^G) den für den effizienteren Agent geplanten Vertrag bezeichnet und (e^S, w^S) den für den weniger effizienten Agent geplanten Vertrag. Das optimale Menü an Verträgen muss nun so gestaltet sein, dass nicht nur jeder der Agent-Typen bereit ist, den für ihn vorgesehenen Vertrag anzunehmen, sondern zusätzlich gerade den für ihn geplanten Vertrag auswählt und nicht etwa einen anderen. Das Menü an Verträgen muss somit *selbst-selektierend* sein. Die Anreizbedingung des bekannten Moral-Hazard-Problems bezieht sich somit unter Adverse-Selection nicht mehr auf die Wahl eines bestimmten Anstrengungsniveaus, sondern vielmehr auf die Auswahl ei-

---

[1]Es lässt sich zeigen, dass ein komplexeres Menü an Verträgen nicht sinnvoll ist, da jeder Agent-Typ maximal einen Vertrag akzeptieren wird. Die schlussendlich nicht gewählten Verträge können somit bereits ex-ante vom Menü eliminiert werden.

nes spezifischen Vertrages. Da der Typ des Agent nicht beobachtbar ist, muss ihm der für ihn vorgesehene Vertrag einen höheren Nutzen liefern als alle anderen angebotenen Verträge.

Das Optimierungsproblem des Principal lautet somit unter Adverse-Selection:

$$\max_{(e^G, w^G), (e^S, w^S)} q[\Pi(e^G) - w^G] + (1 - q)[\Pi(e^S) - w^S]$$

mit q als Wahrscheinlichkeit für einen Typ-G-Agent und $(1 - q)$ für einen Typ-S-Agent. Die Nebenbedingungen der Partizipation für die beiden Agent-Typen lauten dabei:

$$u(w^G) - v(e^G) \geq \bar{U} \tag{13.1}$$
$$u(w^S) - kv(e^S) \geq \bar{U} \, , \tag{13.2}$$

sowie die der Anreizkompatibilität, bzw. genauer, der Selbst-Selektion:

$$u(w^G) - v(e^G) \geq u(w^S) - v(e^S) \tag{13.3}$$
$$u(w^S) - kv(e^S) \geq u(w^G) - kv(e^G) \, . \tag{13.4}$$

Man erkennt sehr leicht, dass die Partizipationsbedingung des Agent vom Typ G in diesem Optimierungsproblem redundant ist, da sie bereits implizit in den beiden Selbst-Selektionsbedingungen (13.3) und (13.4) enthalten ist:

$$u(w^G) - v(e^G) \geq u(w^S) - v(e^S) \geq u(w^S) - kv(e^S) \geq \bar{U} \, .$$

Dies ist bereits eine erste Eigenschaft optimaler Verträge unter Adverse-Selection: die einzige Partizipationsbedingung, die der Principal berücksichtigen muss, ist die mit Bezug auf den am wenigsten effizienten Agent, d.h. hier Typ S. Da der effizientere Agent-Typ aufgrund der Selbst-Selektionsbedingung kein Interesse daran haben wird, sich für den schlechten Typ auszugeben, muss er ebenso wie der Typ-S-Agent aus dem für ihn vorgesehenen Vertrag mindestens seinen Reservationsnutzen erhalten.

Es zeigt sich auch hier, dass durch das optimale Vertragsmenü das höhere Anstrengungsniveau vom effizienteren Agent verlangt wird, d.h. $e^G \geq e^S$, da aus den Selbst-Selektionsbedingungen folgt:

$$v(e^G) - v(e^S) \leq u(w^G) - u(w^S) \leq k[v(e^G) - v(e^S)] \, . \tag{13.5}$$

Mit $k > 1$ ergibt sich, dass $v(e^G) \geq v(e^S)$.

Das optimale Menü an Verträgen lässt sich nun wie folgt herleiten. Sei λ dabei der Lagrange-Multiplikator der Partizipationsbedingung des Typ-S-Agent, μ und δ die entsprechenden Multiplikatoren der Selbst-Selektionsbedingungen des Typ-G und Typ-S-Agent. Die Lagrange-Funktion für das Optimierungsproblem des Principal ergibt sich somit zu:

$$L = q[\Pi(e^G) - w^G] + (1-q)[\Pi(e^S) - w^S]$$
$$+\lambda[u(w^S) - kv(e^S) - \bar{U}]$$
$$+\mu[u(w^G) - v(e^G) - u(w^S) + v(e^S)]$$
$$+\delta[u(w^S) - kv(e^S) - u(w^G) + kv(e^G)] \,.$$

Ableiten nach w^G, w^S, e^G und e^S liefert die Bedingungen erster Ordnung für dieses Problem:

$$\frac{\partial L}{\partial w^G} = -q + \mu u'(w^G) - \delta u'(w^G) = 0 \Leftrightarrow \mu - \delta = \frac{q}{u'(w^G)} \,, \qquad (13.6)$$

$$\frac{\partial L}{\partial w^S} = -(1-q) + \lambda u'(w^S) - \mu u'(w^S) + \delta u'(w^S) = 0 \Leftrightarrow \lambda - \mu + \delta = \frac{1-q}{u'(w^S)} \,,$$
$$(13.7)$$

$$\frac{\partial L}{\partial e^G} = q\Pi'(e^G) - \mu v'(e^G) + \delta k v'(e^G) = 0 \Leftrightarrow \mu - \delta k = \frac{q\Pi'(e^G)}{v'(e^G)} \,, \qquad (13.8)$$

$$\frac{\partial L}{\partial e^S} = (1-q)\Pi'(e^S) - \lambda k v'(e^S) + \mu v'(e^S) - \delta k v'(e^S) = 0 \Leftrightarrow$$

$$\lambda k - \mu + \delta k = \frac{(1-q)\Pi'(e^S)}{v'(e^S)} \,. \qquad (13.9)$$

Aus den ersten beiden Bedingungen ergibt sich dabei:

$$\lambda = \frac{q}{u'(w^G)} + \frac{1-q}{u'(w^S)} > 0 \,,$$

aus den letzten beiden Bedingungen folgt:

$$\lambda k = \frac{q\Pi'(e^G)}{v'(e^G)} + \frac{(1-q)\Pi'(e^S)}{v'(e^S)} \,.$$

Die Partizipationsbedingung für den Typ-S-Agent bindet offensichtlich immer, da $\lambda > 0$. Des Weiteren folgt, dass $\mu > 0$ sein muss, da ein Wert von $\mu = 0$ impliziert, dass $\delta < 0$. Dies ist jedoch unmöglich, da die Kuhn-Tucker Bedingungen nicht-negative Lagrange-Multiplikatoren verlangen. Somit bindet also auch die Selbst-Selektionsbedingung des Typ-G-Agent.

Was ergibt sich nun für den optimalen Vertrag, wenn $e^G > e^S$? Aus $k > 1$ folgt, dass nicht beide Selbst-Selektionsbedingungen binden können. Wir hatten bereits gesehen, dass im Optimum $\mu > 0$ erfüllt sein muss, so dass die Anreizkompatibilitätsbedingung tatsächlich nur für den Agent vom Typ G bindet. Wenn die Anreizkompatibilitätsbedingung für den Typ-S-Agent jedoch nicht bindet, so bedeutet dies, dass $\delta = 0$ sein muss. Berücksichtigt man dies in den obigen Bedingungen erster Ordnung, so ergibt sich aus (13.6) und (13.8):

$$\mu = \frac{q}{u'(w^G)} = \frac{q\Pi'(e^G)}{v'(e^G)} > 0$$

bzw.:

$$\frac{1}{u'(w^G)} = \frac{\Pi'(e^G)}{v'(e^G)} \, ,$$

was der bekannten Effizienz-Bedingung des Vertrages (e^{G*}, w^{G*}) unter symmetrischer Information entspricht.

Aus (13.7) und (13.9) kann man unter Berücksichtigung der bisherigen Ergebnisse darüber hinaus herleiten, dass:

$$\Pi'(e^S) = \frac{q(k-1)}{1-q} \frac{v'(e^S)}{u'(w^G)} + \frac{kv'(e^S)}{u'(w^S)} \, .$$

Diese letzte Gleichung vervollständigt die Angaben zum optimalen Menü von Verträgen. Das optimale Menü $\{(e^G, w^G), (e^S, w^S)\}$ weist somit die folgenden Charakteristika auf:

• Die Partizipationsbedingung bindet nur für den Agent mit den höchsten Kosten, d.h. mit dem höchsten Arbeitsleid (hier Typ S): $\lambda > 0$. Der effizientere Agent (Typ G) erzielt dagegen eine Informationsrente von $(k-1)v(e^S)$, d.h. er erreicht aufgrund seines Informationsvorsprungs gegenüber dem Principal ein Nutzenniveau, das über seinem Reservationsnutzen liegt (da seine Partizipationsbedingung im Optimum nicht bindet).

• Das optimale Menü von Verträgen wird durch die Bedingung der Anreizkompatibilität (Selbst-Selektion) des effizienten Agent (Typ G) bindend bestimmt, während die Anreizbedingung des weniger effizienten Agent nicht bindet, d.h. $\mu > 0$ und $\delta = 0$.

• Die Effizienzbedingung für das optimale Menü an Verträgen bindet für den effizienten Agent.[2] Dieses Ergebnis bezeichnet man auch als „nondistortion at the top". Es impliziert, dass der einzige effiziente, d.h. für den Principal nutzenmaximierende, Vertrag auf den Agent mit dem geringsten Arbeitsleid (d.h. mit den geringsten Kosten bzw. dem höchsten Maß an Effizienz) zugeschnitten ist. Der Vertrag für diesen effizientesten Agent ist nicht verzerrt, da kein anderer Agent-Typ sich (fälschlicherweise) für ihn ausgeben möchte. Anderenfalls müsste er nämlich ein höheres Anstrengungsniveau erbringen, da $e^G > e^S$. Ist der effizienteste Agent dabei risikoneutral, so folgt, dass $u'(w^G)$ konstant ist, so dass $e^G = e^{G*}$. Das optimale Anstrengungsniveau für den Typ-G-Agent ist dann identisch unter symmetrischer wie unter asymmetrischer Information. Ist der Agent

---

[2]Die „Effizienzbedingung" bezieht sich lediglich auf das von diesem Agent-Typ geforderte Anstrengungsniveau. Ist die Effizienzbedingung bindend erfüllt, so bedeutet dies, dass der Agent ein effizientes Anstrengungsniveau wählt. Ist sie nicht bindend erfüllt, so sieht der Vertrag ein ineffizientes Anstrengungsniveau für diesen Agent-Typ vor.

dagegen risikoavers, so hängt die Effizienz-Bedingung vom Lohn w^G ab und impliziert, dass e^G und e^{G*} voneinander abweichen.

- Die Effizienzbedingung des weniger effizienten Typ-S-Agent ist dagegen verzerrt, d.h. ineffizient. Dies dient dazu, den Vertrag (e^S, w^S) für den Typ-G-Agent weniger attraktiv zu machen. Der Principal verliert somit zwar an Effizienz, wenn er einen Vertrag mit dem Typ-S-Agent abschließt, er minimiert dabei jedoch die Informationsrente, die er dem Typ-G-Agent zahlen muss. Das optimale Menü an Verträgen minimiert also diesen Tradeoff.

Es lässt sich auch recht leicht erkennen, dass eine Situation, in der dasselbe Anstrengungsniveau von beiden Agent-Typen verlangt wird (d.h. $e^G = e^S$), nicht optimal sein kann. Aus den Anreizkompatibilitäts-Bedingungen folgt, dass ein gleiches Anstrengungsniveau für beide Agent-Typen auch gleiche Löhne verlangt, da dann aus (13.5) folgend $u(w^G) - u(w^S) = 0$ gilt, was wiederum nur erfüllt ist, wenn $w^G = w^S$. Aus den Bedingungen erster Ordnung erhält man für die Lagrange-Multiplikatoren:

$$\lambda = \frac{1}{u'(w)} = \frac{\Pi'(e)}{kv'(e)} .$$

Aus (13.6) und (13.8) folgt dann:

$$\mu = \frac{q}{u'(w)} + \delta = q\lambda + \delta$$

und

$$\mu = \frac{q\Pi'(e)}{v'(e)} + k\delta = qk\lambda + k\delta = k(q\lambda + \delta) .$$

Da μ jedoch nicht gleich $k\mu$ sein kann für Werte von $k > 1$ und $\mu > 0$ (letzteres wird von den Kuhn-Tucker Bedingungen gefordert), muss das optimale Menü an Verträgen zwei unterschiedliche Vertragsausgestaltungen für die beiden Agent-Typen vorsehen.

Des Weiteren gilt, dass der optimale Vertrag unter Adverse-Selection $\{(e^G, w^G)$ $(e^S, w^S)\}$ vom optimalen Vertrag unter symmetrischer Information $\{(e^{G*},$ $w^{G*}), (e^{S*}, w^{S*})\}$ nicht nur für den Typ-G-Agent abweicht, sondern auch für den Typ-S-Agent. Ursache dafür ist, dass der Vertrag für Typ S die „Versuchung" für Typ G darstellt. Da wir bereits festgestellt hatten, dass unter asymmetrischer Information ein Typ-G-Agent tatsächlich den Vertrag (e^{S*}, w^{S*}) gegenüber (e^{G*}, w^{G*}) präferieren würde, muss für den optimalen Vertrag nun gelten, dass $e^S < e^{S*}$ und $w^S < w^{S*}$. Durch die Verzerrung und den damit einhergehenden Verlust an Effizienz im Vertrag mit dem Typ-S-Agent werden die Anreize für Typ G, fälschlicherweise diesen Vertrag anzunehmen, abgemildert. Somit sinkt die sogenannte Informationsrente, d.h. die Differenz zwischen dem Lohn im akzeptierten Vertrag und dem Lohn, der ihm für dasselbe Anstrengungsniveau im optimalen Vertrag unter symmetrischer Information zu zahlen wäre. Der optimale Vertrag im Falle Adverse-Selection minimiert diesen Trade-off zwischen der Ineffizienz verbunden mit dem Vertrag für den Typ-S-Agent und der Informationsrente für den Typ-G-Agent. Dabei bewirkt das geringere Anstrengungsniveau des Typ-S-Agent nur einen Effekt zweiter Ordnung für das Nutzenniveau des Principal, während die Reduktion der Informationsrente für Typ G einen Effekt erster Ordnung darstellt. Eine gewisse Verzerrung des Vertrages für Typ S ist daher ein geeignetes Mittel, um den Nutzen des Principal zu maximieren. Der „optimale" Grad an Verzerrung hängt dabei von der Wahrscheinlichkeit ab, dass ein Agent zu Typ G gehört. Für $q \to 1$ wird die Verzerrung maximiert, für kleine Werte von q ist es dagegen weniger vorteilhaft auf Effizienz des Typ-S-Agent zu verzichten, da er mit wesentlich höherer Wahrscheinlichkeit auftritt als der Typ-G-Agent. Für $q \to 0$ konvergiert der optimale Vertrag unter Adverse-Selection gegen den optimalen Vertrag unter symmetrischer Information.

Adverse-Selection bei Konkurrenz mehrerer Principals

Ein etwas anders gelagertes Problem liegt vor, wenn bereits vor Vertragsabschluss Informationen asymmetrisch verteilt sind und mehrere Principals um einen Agent konkurrieren. Damit der Agent einen Vertrag mit einem Principal eingeht, muss dieser Principal ihm einen Nutzen versprechen, der höher liegt als sein Reservationsnutzen. Dieser Nutzengewinn geht zu Lasten der Principals, die sich in ihrem Konkurrenzprozess gegenseitig zu „überbieten" versuchen.

Bevor wir das Problem anhand eines einfachen Beispiels analysieren, wollen wir uns die grundlegende Problematik deutlich machen. Wir nehmen weiterhin an, es gebe nur zwei mögliche Agent-Typen, die sich nun jedoch nicht durch ihr Arbeitsleid unterscheiden, sondern durch ihre Produktivität.[1] In diesem Sinne produziert der Agent vom Typ G einen höheren durchschnittlichen Output als der Agent vom Typ S. Das gewählte Anstrengungsniveau der beiden Agent Typen sei dabei konstant und von den Principals beobachtbar. Der produzierte Output wird noch durch eine Risikokomponente beeinflusst und kann zwei mögliche Werte annehmen: einen hohen Wert q_H oder einen niedrigen Wert q_L. Die Wahrscheinlichkeiten für die beiden Outputwerte seien dabei abhängig vom Agent-Typ. Ein Agent von Typ G wird den hohen Output q_H mit einer Wahrscheinlichkeit von p^G erzielen, der Agent von Typ S dagegen mit einer Wahrscheinlichkeit von p^S, wobei $p^G > p^S$. Der Output wird von den Principals beobachtet und entscheidet über den Lohn, den sie einem Agent zu zahlen bereit sind, d.h. $w_H = w(q_H)$ und $w_L = w(q_L)$. Die Principals werden als risikoneutral angenommen. Die Agent-Typen seien dagegen risikoavers.

Der erwartete Payoff eines Principal ergibt sich in diesem Spiel zu:

$$E(\Pi) = p(q_H - w_H) + (1 - p)(q_L - w_L) \, ,$$

---

[1] Grundsätzlich kann man das Problem auch anhand eines unterschiedlichen Arbeitsleides analysieren. Die Konzentration auf die Arbeitsproduktivität erleichtert jedoch hier die Darstellung der Ergebnisse.

während die erwarteten Nutzen der jeweiligen Agent-Typen lauten:

$$E(U^G) = p^G u(w_H) + (1 - p^G)u(w_L)$$
$$E(U^S) = p^S u(w_H) + (1 - p^S)u(w_L) \, .$$

Aufgrund der Konkurrenzsituation zwischen den Principals müssen wir die gleichgewichtigen Verträge ermitteln, die sich im Konkurrenzkampf um die möglichen Agent-Typen ergeben. Da das Anstrengungsniveau als konstant angenommen wird und beobachtbar ist, enthält das Spiel kein Moral-Hazard-Problem. Das optimale Vertragsschema muss dabei einen Lohn für beide beobachteten Outputniveaus beinhalten und sowohl auf den Typ-G-Agent als auch auf den Typ-S-Agent zugeschnitten sein. Es ist somit von der Form $\{(w_H^G, w_L^G), (w_H^S, w_L^S)\}$, wobei die Lohnschemata auch für beide Agent-Typen zusammenfallen könnten.

14.1 Optimaler Vertrag unter symmetrischer Information als Benchmark

Unter symmetrischer Information kennt jeder Principal den Typ des Agent. Der gesuchte optimale Vertrag zergliedert sich damit in zwei Teile: zum einen den Vertrag, der einem Typ-G-Agenten vorgeschlagen wird und zum anderen den Vertrag, der dem Typ-S-Agenten angeboten wird.

Sei T ein beliebiger Agent-Typ, d.h. $T \in \{G, S\}$. Der optimale Vertrag $C^{T^*} = (w_H^{T^*}, w_L^{T^*})$ für diesen Agent muss zwei Bedingungen erfüllen:

1. Aufgrund der Wettbewerbssituation zwischen den Principals kann ihr erwarteter Payoff aus der Vertragssituation mit dem Agent lediglich einen Wert von Null annehmen. Könnte ein Principal stattdessen einen positiven Payoff erzielen, so wäre es einem anderen Principal möglich, ihn zu „überbieten", d.h. dem Agent einen Vertrag mit einem höheren Nutzen U^T anzubieten. Dieser Überbietungsprozess würde folglich solange anhalten, bis der erwartete Payoff der Principals auf Null abgesunken wäre.

2. Der Vertrag C^{T^*} muss effizient sein, d.h. es darf keinen anderen Vertrag geben, der von Principal und Agent präferiert wird.

Aus der Effizienz-Bedingung folgt, dass der optimale Vertrag unter symmetrischer Information folgendes Problem löst:

$$\max_{w_H, w_L} p^T(q_H - w_H) + (1 - p^T)(q_L - w_L) \, ,$$

unter der Nebenbedingung, dass:

$$p^T u(w_H) + (1 - p^T)u(w_L) \geq \bar{U} \, .$$

Aufgrund der Konkavität des Problems ergibt sich sehr schnell, dass im Optimum $u'(w_H) = u'(w_L)$ gelten muss, was wiederum konstanten Lohn für beide Outputniveaus impliziert: $w_H = w_L$. Der risikoneutral Principal versichert den risikoaversen Agent somit vollständig gegen Risiko. Der optimale Lohn wird schlussendlich bestimmt durch die Bedingung eines erwarteten Payoffs für den Principal von Null:

$$w_H^{T*} = w_L^{T*} = p^T q_H + (1 - p^T) q_L \ .$$

Ersetzt man T nun durch G und S, so erhält man die entsprechenden optimalen Verträge unter symmetrischer Information. Da $p^G > p^S$, ergibt sich hier, dass $w^{G*} > w^{S*}$. Wäre der optimale Vertrag unter symmetrischer Information in einer Situation vorgeschlagen worden, in der die Principals nicht zwischen den beiden Agent-Typen unterscheiden können, so hätte nun gerade der Typ-S-Agent einen Anreiz sich fälschlicherweise als Typ G auszugeben, um ein höheres Nutzenniveau als seinen Reservationsnutzen zu erreichen.

14.2 Optimaler Vertrag unter asymmetrischer Information mit Adverse-Selection

Ein gleichgewichtiges Vertrags-Design unter asymmetrischer Information beinhaltet ein Vertragspaar $\{C^G, C^S\} = \{(w_H^G, w_L^G), (w_H^S, w_L^S)\}$, wobei jeder Vertrag für einen Agent-Typ geplant ist. Die Verträge können dabei auch identisch sein. Das optimale Vertragsdesign muss so gestaltet sein, dass es keinen anderen Vertrag gibt, der dem Principal einen positiven erwarteten Payoff aus einer Vertragsschließung mit einem Agent-Typen liefert, der diesen Vertrag gegenüber C^G oder C^S bevorzugt.

Ein Pooling-Gleichgewicht liegt dabei vor, wenn das optimale Vertragsdesign denselben Vertrag für beide Agent-Typen vorsieht. Unterscheiden sich dagegen die optimalen Verträge für Typ-G und Typ-S-Agents, so spricht man von einem Separating-Gleichgewicht. Man kann nun zeigen, dass in dem dargestellten Spiel kein Pooling-Gleichgewicht existieren kann. Aus der Bedingung eines erwarteten Payoffs für den vertragschließenden Principal folgt hier nämlich:

$$\Pi^P = p^P(q_H - w_H) + (1 - p^P)(q_L - w_L) = 0$$

mit $p^P = qp^G + (1 - q)p^S$ als erwarteter Wahrscheinlichkeit für den hohen Output q_H, wenn der Agent-Typ für den Principal nicht beobachtbar ist. Ein Pooling-Vertrag, der beiden Agent-Typen denselben Lohn nach Beobachtung des Outputs zahlt, ist jedoch nicht Pareto-optimal für den Typ-G-Agent. Ein Agent vom Typ G wäre vielmehr bereit einen Vertrag zu akzeptieren, der für das hohe Outputniveau einen höheren Lohn zahlt und dafür eine Lohneinbuße beim niedrigeren Outputniveau q_L vorsieht. Da jedoch nur Typ-G-Agents von dem Pooling-Vertrag abweichen würden, könnte der Principal wiederum einen höheren Nutzen erzielen, wenn er einen solchen Vertrag tatsächlich vorschlagen würde. Somit kann der Pooling-Vertrag kein Gleichgewicht darstellen.

Bei der Betrachtung des optimalen Vertrages auf Basis symmetrischer Information hatten wir festgestellt, dass unter asymmetrischer Information gerade der Typ-S-Agent einen Anreiz hätte, sich für Typ G auszugeben. Der optimale Separating-Vertrag unter asymmetrischer Information muss daher den Vertrag C^S für den Agent von Typ S gleich dem Vertrag für diesen Typ unter symmetrischer Information C^{S*} setzen, so dass der erwartete Payoff des Principal aus einer Vertragsschließung mit dem Typ-S-Agent Null beträgt. Basierend auf dem optimalen Vertrag für den Typ-S-Agent, C^S, ergibt sich der optimale Vertrag für den Typ-G-Agent, $C^G = (w_H^G, w_L^G)$ durch folgende Gleichungen:

$$u(w^S) = p^S u(w_H^G) + (1 - p^S)u(w_L^G) \tag{14.1}$$

$$p^G(q_H - w_H^G) + (1 - p^G)(q_L - w_L^G) = 0 \,. \tag{14.2}$$

Sind diese beiden Bedingungen erfüllt, so hat aufgrund von (14.1) keiner der beiden Agent-Typen einen Anreiz von dem für ihn im Vertragsdesign $\{C^S = C^{S*}, C^G\}$ vorgesehenen Vertrag abzuweichen, während gleichzeitig der vertragschließende Principal aufgrund von (14.2) gerade einen erwarteten Payoff aus diesem Vertragsdesign von Null erzielt. Um die Optimalität des Vertragsdesigns zu beweisen, muss lediglich noch gezeigt werden, dass kein anderer Vertrag existiert, der von beiden Agent-Typen präferiert wird und der dem Principal einen positiven erwarteten Payoff erbringt. Ob dies der Fall ist, hängt dabei von der konkreten Ausgestaltung der Modell-Parameter ab. Grundsätzlich gilt jedoch, dass für ausreichend geringe Werte von q ein Separating-Gleichgewicht existiert, für hohe Werte von q dagegen nicht. Hinter diesem Ergebnis steht die Überlegung, dass bei einer hohen Wahrscheinlichkeit für Agents vom Typ G ein hoher Anreiz für die Principals besteht, den Agent für sich zu gewinnen, selbst auf die Gefahr hin, dass der Agent sich doch als Typ S herausstellt. Je größer daher q ist, desto höher ist der erwartete Payoff aus einem Vertrag, den beide Agent-Typen akzeptieren. Somit ist ein Separating-Vertrag bei hohen Werten von q kein Gleichgewicht mehr. Es existiert dann überhaupt kein Gleichgewicht in diesem Spiel.

Die Ergebnisse unserer Analyse lassen sich wie folgt zusammenfassen: die Existenz eines Adverse-Selection-Problems kann durchaus dazu führen, dass kein Gleichgewicht auf dem Markt hergestellt werden kann. Existiert ein Gleichgewicht, so ist es zwingend ein Separating-Gleichgewicht, d.h. beide Agent-Typen werden unterschiedliche Verträge akzeptieren. Im Gleichgewicht erhält der am wenigsten effiziente Agent-Typ denselben erwarteten Nutzen wie unter symmetrischer Information, da sein optimaler Vertrag in beiden Situationen identisch ist. Der effizienteste Agent dagegen erleidet eine Einbuße in erwartetem Nutzen infolge der asymmetrischen Informationsverteilung zwischen Principal und Agent. Der erwartete Payoff des Typ-G-Agent ist zwar gleich bei einem Vertrag C^{G*} unter symmetrischer Information und bei einem Vertrag C^G unter asymmetrischer Information. Da ihm allerdings im ersten

Fall ein konstanter Lohn gezahlt wird, im zweiten Fall dagegen ein höherer Lohn für den Output q_H und ein niedriger Lohn für q_L, führt dies bei unterstellter Risiko-Aversion zu einer Nutzeneinbuße. Diese Nutzeneinbuße ist wiederum notwendig, um Typ-S-Agents davon abzuhalten, fälschlicherweise den Vertrag C^G anzunehmen. Die Eigenschaft des „non-distortion at the top" gilt hier also für die Typ-S-Agents, da grundsätzlich in Adverse-Selection-Problemen die Agents „at the top" jeweils diejenigen sind, für die sich kein anderer Agent-Typ ausgeben möchte. Dies sind nicht notwendigerweise die effizienteren Agent-Typen.

Anwendungsbeispiele und Übungen

15.1 Das Produktionsspiel unter Adverse-Selection

Um die dargestellten Charakteristika von optimalen Verträgen unter Adverse-Selection-Problemen zu verdeutlichen, wollen wir im Folgenden ein einfaches Beispiel betrachten. Wir nehmen dabei die Vertragsbeziehung zwischen einem Arbeitgeber als Principal und einem Arbeitnehmer als Agent an. Um die Unterschiede zu den im vorherigen Teil des Buches betrachteten Moral-Hazard-Problemen hervortreten zu lassen, verwenden wir eine ähnliche Spielstruktur. Die Reihenfolge der Spielzüge lautet dabei wie folgt:

1. Die Natur wählt die Fähigkeit a („ability") des Agent mit $a \in \{0, 10\}$. Dabei sei $p(a_L = 0) = 0,9$ und $p(a_H = 10) = 0,1$. Der Principal kann die Fähigkeit des Agent nicht beobachten, er kennt jedoch die Wahrscheinlichkeitsverteilung $p(a)$.

2. Der Principal bietet dem Agent einen oder mehrere Lohnverträge an: $W_1 = w_1(q)$, $W_2 = w_2(q)$...

3. Der Agent akzeptiert einen Vertrag oder lehnt alle ab.

4. Die Natur wählt den Umweltzustand $\theta \in \{0, 10\}$ mit jeweils gleicher Wahrscheinlichkeit. Der Output q ergibt sich in Abhängigkeit von a und θ zu $q = \min\{a + \theta, 10\}$.

Lehnt der Agent die Verträge ab, so erzielt er einen Reservationsnutzen von $\bar{U}_L = 3$ oder $\bar{U}_H = 4$, der Payoff des Principal ergibt sich dann zu 0. Nimmt der Agent einen Vertrag an, so lautet seine Nutzenfunktion $U = w$ und die des Principal $B = q - w$.

Aus der Aufgabenstellung erkennt man, dass der Principal aus der Beobachtung des Outputs nicht direkt auf den Agent-Typ zurückschließen kann. Es können zwei verschiedene Outputwerte realisiert werden: 0 oder 10. Die möglichen Verträge müssen daher von der Form $W_1 = \{w_1(q = 0), w_1(q = 10)\}$, $W_2 = \{w_2(q = 0), w_2(q = 10)\}$ etc. sein. Während der niedrige Output von

$q = 0$ nur von einem Agent mit niedriger Fähigkeit, a_L, produziert werden kann, ist ein hoher Output von $q = 10$ sowohl vom Typ-H-Agent als auch vom Typ-L-Agent möglich. Ein weiterer Unterschied zu unseren Ausführungen im vorherigen Kapitel besteht darin, dass die beiden Agent-Typen über unterschiedliche Reservationsnutzen-Niveaus verfügen. Zur Vereinfachung wurde darüber hinaus von der Wahl des Anstrengungsniveaus vollkommen abstrahiert. Der Output hängt hier tatsächlich nur von der Fähigkeit des jeweiligen Agent-Typs und der Risikokomponente ab.

Ziel des Principal ist es, durch die Gestaltung des Vertrages seinen Nutzen zu maximieren. Weiterhin wird er dabei die Partizipation des Agent als eine Nebenbedingung berücksichtigen müssen. Da er nicht zwischen den beiden Agent-Typen unterscheiden kann, muss er die Partizipation beider Typen sicherstellen. Im Unterschied zu Vertragsproblemen mit Moral Hazard bezieht sich die Anreizkompatibilität als weitere Nebenbedingung für den optimalen Vertrag wie bereits erläutert nicht mehr auf die Wahl des effizienten Anstrengungsniveaus e, sondern auf die Wahl des für den jeweiligen Typen geplanten Vertrages (Selbst-Selektion).

Sei im weiteren W_1 der geplante Vertrag für Typ L des Agent und W_2 der geplante Vertrag für Typ H.[1] Das optimale Vertragsdesign muss sodann folgende Nebenbedingungen erfüllen:

$$U_L(W_1) \geq \bar{U}_L$$
$$0,5w_1(0) + 0,5w_1(10) \geq 3$$

und

$$U_H(W_2) \geq \bar{U}_H$$
$$0,5w_2(10) + 0,5w_2(10) \geq 4$$

als Partizipationsbedingungen des Agent vom Typ L und vom Typ H, sowie

$$U_L(W_1) \geq U_L(W_2)$$
$$0,5w_1(0) + 0,5w_1(10) \geq 0,5w_2(0) + 0,5w_2(10)$$

und

$$U_H(W_2) \geq U_H(W_1)$$
$$0,5w_2(10) + 0,5w_2(10) \geq 0,5w_1(10) + 0,5w_1(10)$$

als die jeweiligen Selbst-Selektionsbedingungen.

---

[1]Die Beschränkung auf 2 Verträge folgt wiederum aus dem Revelation-Prinzip. In Bezug auf den hier untersuchten Zusammenhang besagt es, dass der Principal die Suche nach dem optimalen Menü an Verträgen auf je einen Vertrag pro Agent-Typ reduzieren kann. Jeder dieser Verträge muss dem jeweiligen Agent-Typ optimale Anreize geben, seinen wahren Typ zu offenbaren. Ein komplexeres Menü an Verträgen muss daher nicht analysiert werden.

Des Weiteren ergibt sich der erwartete Output des Principal bei Vertragsabschluss mit dem Agent von Typ L zu $E(q|a_L) = 5$, mit dem Agent von Typ H zu $E(q|a_H) = 10$. Als Nutzenmaximierer wird der Principal aufgrund seiner Nutzenfunktion von $B = q - w$ den Typ-L-Agent maximal für einen Lohn von 5, den Typ-H-Agent maximal für einen Lohn von 10 einstellen wollen.[2]

Ein optimales Vertragsdesign in diesem Beispiel ergibt sich zu $W_1 = \{w_1(q = 0) = 3, w_1(q = 10) = 3\}$ und $W_2 = \{w_2(q = 0) = 0, w_2(q = 10) = 4\}$. Da alle Nebenbedingungen erfüllt sind, wird tatsächlich der Agent mit der niedrigen Fähigkeit den Vertrag W_1 wählen mit einem geringen, aber konstanten Lohn für beide Outputniveaus. Der riskantere Vertrag W_2 wird dagegen vom Agent mit der hohen Fähigkeit gewählt. Dieser Vertrag bietet darüberhinaus einen geringeren Durchschnittslohn als W_1, um den Typ-L-Agent davon abzuhalten, sich fälschlicherweise für W_1 zu entscheiden. Der Principal maximiert seinen Nutzen, da beide Agent-Typen durch die Wahl des für sie vorgesehenen Vertrages gerade ihren Reservationsnutzen erzielen.

15.2 Adverse-Selection in Marktmikrostruktur-Modellen

Das Phänomen der Adverse-Selection lässt sich auch in vielen Marktmikrostruktur-Modellen analysieren. Typischerweise existieren an Finanzmärkten einzelne Akteure, die private Informationen über den Wert bestimmter Assets besitzen und somit über einen Informationsvorsprung gegenüber den anderen Finanzmarktteilnehmern verfügen. Da diese asymmetrische Informationsverteilung bereits vor dem Abschluss eines Handels vorliegt, lässt sich der Handel als Vertragsabschluss zwischen einem uninformierten Händler (Principal) und einem informierten Händler (Agent) mit Hilfe der Erkenntnisse der Adverse-Selection-Literatur analysieren.

Grundsätzlich befasst sich die Marktmikrostruktur-Theorie mit dem Einfluss von Informationen unterschiedlicher Marktpartner auf den Preis von gehandelten Wertpapieren. Da die Informationen sich in Handlungen der Marktteilnehmer äußern, macht es Sinn, hier die Methoden der Vertragstheorie einzusetzen. Eine wesentliche Frage, die die Marktmikrostruktur-Theorie zu lösen versucht, ist dabei dem Lemons-Problem sehr ähnlich: Wenn es informierte Händler am Markt gibt und alle anderen Marktteilnehmer von ihrer Existenz wissen, warum findet dann trotzdem noch Handel statt? Nach den Aussagen des Lemons-Modells von Akerlof [2] sollte man vielmehr vermuten, dass der Markt vollkommen zusammenbricht, allenfalls noch auf einem ineffizient geringen Niveau existiert. Offensichtlich ist dies jedoch in der Realität nicht der Fall. Finanzmärkte nehmen vielmehr eine prominente Rolle im wirtschaftlichen Geschehen ein und scheinen im Zeitablauf eher zu wachsen als

---

[2]Unter Konkurrenz der Principals wären diese Bedingungen bindend, d.h. ihr erwarteter Payoff aus dem optimalen Vertrag müsste Null ergeben.

zu schrumpfen. Zwei Modelle, die sich mit der Frage der Existenz von Finanzmärkten befassen, wollen wir im Folgenden analysieren. Das Modell von Bagehot [5] unterstellt dabei, dass es neben gut informierten „Insidern" und vollkommen uninformierten „Noise-Tradern" noch Marketmaker gibt, deren primäre Rolle darin besteht, den Handel soweit es geht aufrecht zu erhalten. Ihre Aufgabe wird jedoch erschwert durch die Annahme, dass sie nicht auf die Marktbewegungen „reagieren" können, sondern bereits vor Sichtung von Angebot und Nachfrage und den damit verbundenen Lerneffekten ihre Preise stellen müssen. Im Modell von Kyle [39] steht einem Marketmaker dagegen ein größerer Umfang von strategischen Handlungen zur Verfügung. Beide Modelle kommen zu dem Schluss, dass trotz der asymmetrischen Informationsverteilung bereits vor Handelsabschluss der Markt nicht zum Erliegen kommt. Offensichtlich kann somit die Existenz von Marketmakern das Adverse-Selection-Problem auf Finanzmärkten tatsächlich abmildern. Die Darstellung der beiden ausgewählten Marktmikrostruktur-Modelle orientiert sich dabei an Rasmusen [50].

15.2.1 Das Bagehot-Modell (1971)

Das Modell von Bagehot [5] geht vor allem einer Frage nach: Warum setzen konkurrierende Marketmaker selbst unter Abwesenheit von Transaktionskosten im Gleichgewicht einen postiven Spread? Implizit steht dahinter die Frage, warum der Markt bei Existenz einer asymmetrischen Informationsverteilung und dem damit verbundenen Adverse-Selection Problem nicht zusammenbricht.

Das Modell trifft folgende einfache Annahmen: Am Markt wird nur ein Wertpapier gehandelt. Es hat einen Wert v, der zwei Ausprägungen annehmen kann, $\underline{v} = p_0 - \delta$ und $\bar{v} = p_0 + \delta$, mit jeweils gleicher Wahrscheinlichkeit. v folgt somit einer diskreten 2-Punkt-Verteilung um einen Erwartungswert von p_0. Neben zwei identischen Marketmakern existieren am Markt ein informierter Händler, der sogenannte Insider, sowie n uninformierte Noise-Trader. Der Insider kann den Wert des Assets, v, mit Wahrscheinlichkeit θ beobachten, mit Wahrscheinlichkeit $1 - \theta$ ist dagegen auch er uninformiert. Faktisch existieren somit zwei Typen von Insidern: ein informierter, der mit Wahrscheinlichkeit θ auftritt, und ein uninformierter mit Wahrscheinlichkeit $1 - \theta$. Für die Noise-Trader wird angenommen, dass sie vollkommen mechanisch handeln und immer die Marktgegenseite übernehmen.

Die Reihenfolge der Spielzüge lautet wie folgt:

1. Die Natur wählt den Wert des Assets v als $\underline{v}$ oder $\bar{v}$ und entscheidet über den Typ des Insiders, d.h. mit Wahrscheinlichkeit θ kann er v beobachten.

2. Die Marketmaker müssen ihre Preise für einen Verkauf (p_{ask}) und einen Kauf (p_{bid}) stellen. Dabei kennen sie sowohl die Verteilung von v als auch die Verteilung der Insider-Typen, jedoch nicht die wahren Ausprägungen.

Die Differenz der beiden Preise bildet den Spread s, d.h. $p_{\text{ask}} = p_0 + \frac{s}{2}$ und $p_{\text{bid}} = p_0 - \frac{s}{2}$.

3. Anschließend entscheidet der Insider ob er eine Einheit kauft, verkauft oder nichts tut. Die Noise-Trader handeln immer insgesamt n Einheiten des Assets, und übernehmen damit die Marktgegenseite.

Alle Spieler werden als risikoneutral angenommen. Der Payoff des informierten Händlers ergibt sich zu $v - p_{ask}$ wenn er kauft und $p_{bid} - v$ wenn er verkauft. Wir nehmen an, dass immer der Marktmaker mit dem „besten" Preis zum Zuge kommt, d.h. es verkauft (kauft) immer der Marketmaker mit dem niedrigsten (höchsten) p_{ask} (p_{bid}). Verlangen sie denselben Spread, so teilen sie den Markt gleichmäßig. Der Payoff eines Marketmaker, der x Einheiten verkauft, lautet daher $x(p_{ask} - v)$. Der Payoff eines Marketmaker, der x Einheiten kauft, dagegen $x(v - p_{bid})$.

Unter der Annahme, dass $s < 2\delta$, so dass der Insider Anreize hat zu handeln, ergibt sich für die Relation der möglichen Preise und Asset-Werte:

$$\underline{v} = p_0 - \delta < p_{bid} = p_0 - \frac{s}{2} < p_0 < p_{ask} = p_0 + \frac{s}{2} < \bar{v} = p_0 + \delta \,.$$

Welche strategischen Überlegungen werden die Spieler anstellen? Unter Konkurrenz können die beiden Marketmaker keinen positiven Gewinn aus der Summe ihrer Käufe und Verkäufe machen. Sie werden allerdings nur bereit sein, einen Vertrag vorzuschlagen, wenn sie zumindest einen Gewinn von 0 erzielen. Betrachtet man die Handlungen der Marketmaker getrennt für jede Marktseite, d.h. für Käufe einerseits und Verkäufe andererseits, so können sie in beiden Fällen Gewinne und Verluste realisieren. Aufgrund der Symmetrie des Spiels ergibt sich, dass sich die Gewinne und Verluste jeder Handelsseite ausgleichen müssen. Um den optimalen Vertrag im Sinne eines optimalen Spreads s herzuleiten, genügt es daher, sich auf eine Handelsseite zu konzentrieren. Im Folgenden wollen wir zunächst die Verkäufe eines Marketmaker analysieren.

Der Verkaufspreis eines Marketmaker ist definiert als $p_{ask} = p_0 + s/2$. Um die Gewinne und Verluste des Marketmaker aus einem Verkauf untersuchen zu können, müssen wir zwei unterschiedliche Situationen betrachten: zum einen den Fall, dass das Wertpapier den hohen Wert $\bar{v} = p_0 + \delta$ annimmt, zum anderen den Fall eines niedrigen Asset-Wertes $\underline{v} = p_0 - \delta$.

Sei zunächst $v = \bar{v}$. Ist der Insider informiert, so realisiert er, dass der Preis p_{ask} geringer ist als der Wert des Assets, das zum Verkauf steht. Er wird somit dem Handel zustimmen, da er gerade die Differenz zwischen Preis p_{ask} und dem Asset-Wert $\bar{v}$ als Gewinn einnimmt. Ist er dagegen nicht informiert, so wird er annahmegemäß nicht handeln. Der Marketmaker erzielt somit aus dem Handel mit dem informierten Trader einen Verlust. Die Noise-Trader handeln immer mit dem Marketmaker, ohne jedoch den wahren Asset-Wert zu kennen. Auch sie kaufen n Einheiten des Assets mit hohem Wert $\bar{v}$ zu einem günstigen

Preis p_{ask}. Wiederum realisiert der Marketmaker einen Verlust. Sein gesamter Payoff aus dem Verkauf eines hochwertigen Assets ergibt sich hier zu:

$$(n + \theta)[(p_0 + \frac{s}{2}) - (p_0 + \delta)] < 0 \, .$$

Liegt der Wert des Assets dagegen bei $v = \underline{v}$, so wird der informierte Insider realisieren, dass der Asset-Wert unter dem Preis von p_{ask} liegt. Wenn er zu diesem Preis kauft, würde er also einen Verlust machen. Er wird daher nicht handeln. Die Noise-Trader handeln immer, d.h. sie kaufen das geringwertige Asset $\underline{v}$ zu einem höheren Preis $p_{ask} = p_0 + s/2 > \underline{v} = p_0 - \delta$. Sie machen also einen Verlust, der dem Gewinn des Marketmaker in diesem Fall entspricht:

$$n[(p_0 + \frac{s}{2}) - (p_0 - \delta)] > 0 \, .$$

Auf Basis dieser strategischen Überlegungen muss nun jeder Marketmaker seinen Spread so setzen, dass sein Payoff maximiert wird. Aus der Konkurrenzsituation zwischen ihnen folgt jedoch, dass sie gerade einen Netto-Gewinn von Null erzielen werden, um noch zum Zuge zu kommen. Der optimale Vertrag verlangt daher einen Spread, der die Gewinne und Verluste aus der Aktion „Verkaufen" ausgleicht:

$$(n + \theta)[(p_0 + \frac{s}{2}) - (p_0 + \delta)] + n[(p_0 + \frac{s}{2}) - (p_0 - \delta)] = 0 \, .$$

Daraus ergibt sich der optimale Spread zu:

$$s^* = \frac{2\delta\theta}{2n + \theta} \, .$$

Derselbe Wert für s^* ergibt sich natürlich auch für eine Kauf-Aktion des Marketmakers. Er wird hier einen Preis von $p_{\text{bid}} = p_0 - s/2$ anbieten. Nimmt das Asset den hohen Wert von $\bar{v}$ an, so wird ein informierter Insider nicht handeln wollen. Er weiss dann, dass er ein Asset von hohem Wert zu einem zu billigen Preis verkaufen würde und somit einen Verlust realisiert. Die Noise-Trader handeln dagegen immer, d.h. sie verkaufen zu dem geringen Preis jeweils n Einheiten des Assets mit hohem Wert. Der Marketmaker macht also in diesem Fall immer einen Gewinn aus dem Kauf von Assets, allerdings nur aus dem Handel mit Noise-Tradern:

$$n[(p_0 + \delta) - (p_0 - \frac{s}{2})] > 0 \, .$$

Wird dagegen der niedrige Asset-Wert $v = \underline{v}$ realisiert, so fährt der Marketmaker einen Verlust sowohl aus dem Kauf einer Einheit des Assets vom informierten Insider als auch aus dem Kauf von n Einheiten von den Noise-Tradern ein. Sein Payoff beträgt in diesem Fall:

$$(n + \theta)[(p_0 - \delta) - (p_0 - \frac{s}{2}] < 0 \, .$$

Der Verlust pro gekaufter Einheit ist allerdings wesentlich geringer als der Gewinn pro gekaufter Einheit falls $v = \bar{v}$.

Auch hier muss der Spread wieder Gewinne und Verluste der Kaufentscheidung ausgleichen, damit die Null-Gewinn-Bedingung der vollständigen Konkurrenz erfüllt ist:

$$n[(p_0 + \delta) - (p_0 - \frac{s}{2})] + (n + \theta)[(p_0 - \delta) - (p_0 - \frac{s}{2}] = 0 \, .$$

Aus der Symmetrie des Modells erkennt man leicht, dass der optimale Spread aus der Kauf-Entscheidung gleich ist mit dem, der aus der Verkauf-Entscheidung berechnet wurde. Da die Schwankungen des Asset-Wertes δ, sowie die Parameter θ und n positiv sind, folgt, dass der optimale Spread s^* ebenfalls immer positiv sein wird. Tatsächlich werden die Marketmaker selbst in einer Konkurrenzsituation und bei Abwesenheit von Transaktionskosten für ihre Aktionen Preise verlangen, die vom wahren Wert des Assets abweichen und in diesem Sinne ineffizient sind. Dies folgt aus der bestehenden Informationsasymmetrie über den Typ des Insiders gemäß der bekannten Logik der Adverse-Selection. Dieses Ergebnis ist somit dem aus dem Lemons-Modell erzielten Resultat sehr ähnlich. Wichtig ist jedoch die Erkenntnis, dass der Markt trotz der asymmetrischen Informationsverteilung zwischen den verschiedenen Marktteilnehmern nicht zusammenbricht.

Analysiert man den optimalen Spread genauer, so stellt man fest, dass s^* in δ steigt. Ursache dafür ist, dass stärker schwankende Asset-Werte die Verluste des Marketmaker aus dem Handel mit einem informierten Händler erhöhen. Um diese Verluste auszugleichen, muss er daher einen höheren Auf- bzw. Abschlag im Preis verlangen. Dasselbe gilt, wenn der Insider „häufiger" informiert ist, d.h. wenn die Wahrscheinlichkeit θ steigt. Aus der umgekehrten Logik folgt, dass der optimale Spread in n sinkt. Da der Marketmaker, wenn überhaupt, nur Gewinne aus dem Handel mit den Noise-Tradern machen kann, muss der optimale Spread natürlich in der Anzahl der Noise-Trader sinken, damit die Null-Gewinn-Bedingung unter vollständiger Konkurrenz für die Marketmaker erfüllt ist.

15.2.2 Das Kyle-Modell (1985)

Im Unterschied zum Modell von Bagehot nimmt das Modell von Kyle [39] an, dass der Marketmaker „reagieren" kann. Es kommt daher den Modellen nahe, die wir im folgenden Teil des Buches im Kapitel „Signalling" näher betrachten wollen. Der Insider signalisiert hier seine private Information über den Asset-Wert durch seine Entscheidung zu kaufen oder zu verkaufen. Erst nachdem der Marketmaker die Handelsaufträge beobachtet hat, wird er einen Vertrag vorschlagen, d.h. den optimalen Preis setzen.

Ebenso wie im Modell von Bagehot wird angenommen, dass am Markt zwei konkurrierende Marketmaker tätig sind, ein informierter Händler sowie ein

Kontinuum an Noise-Tradern. Die Reihenfolge der Spielzüge lautet hier wie folgt:

1. Die Natur wählt den Wert des Assets, v, mit $v \sim N(p_0, \sigma_v^2)$. Der informierte Händler kann den Wert v beobachten, die Marketmaker dagegen nicht.

2. Der informierte Trader bietet einen Handel $x(v)$ an. Ist $x > 0$, so entspricht dies einem Kaufangebot des Insiders, für $x < 0$ einem Verkaufangebot.

3. Die Natur wählt ein Handelsvolumen von u für die Noise-Trader mit $u \sim N(0, \sigma_u^2)$. u ist nicht beobachtbar durch die Marketmaker.

4. Die Marketmaker beobachten jedoch den gesamten angebotenen Handel am Markt, d.h. $y = x + u$, und setzen ihren optimalen Preis $p(y)$.

5. Der Handel wird ausgeführt. Es handelt jeweils der Marketmaker mit dem besten Preis. Anschließend wird v allen Marktteilnehmern bekannt.

Alle Spieler seine annahmegemäß risikoneutral. Der Payoff des informierten Händlers ergibt sich zu $(v - p)x$. Der Payoff des handelnden Marketmaker lautet $(p - v)y$. Kommt er dagegen nicht zum Zug, so erzielt er einen Payoff von 0.

Es lässt sich zeigen, dass folgende Strategie ein Gleichgewicht für dieses Spiel darstellt:

$$x(v) = (v - p_0)\frac{\sigma_u}{\sigma_v}$$

und

$$p(y) = p_0 + \frac{\sigma_v}{2\sigma_u}y \ .$$

Der optimale Spread im Modell nach Kyle ergibt sich somit zu $s^* = \sigma_v/(4\sigma_u)y$. Analysiert man die Gleichgewichts-Strategien der beteiligten strategischen Spieler genauer, so stellt man fest, dass der informierte Händler mehr handeln wird, d.h. einen größeren Wert x setzt, wenn der Asset-Wert v gegenüber seinem „inneren Wert" p_0 steigt. Der Marketmaker hebt den Preis für seine Verkäufe mit y an, da ein hohes Handelsvolumen am Markt, y, ein Anzeichen dafür ist, dass der informierte Trader stark engagiert ist. Dieser Lerneffekt des Marketmaker war im Bagehot-Modell nicht berücksichtigt. Des Weiteren gilt hier, dass für ein großes Verhältnis σ_v^2/σ_u^2 der Asset-Wert stärker als das Ausmaß des sogenannten Noise-Tradings variiert und es somit schwierig für den informierten Trader ist, seinen Handel unter den Noise-Tradern zu „verstecken". Er wird daher weniger handeln, um den Preis nicht zu stark zu seinen Ungunsten zu beeinflussen. Für den Marketmaker gilt, dass er in einem solchen Fall auf ein gegebenes Handelsniveau stärker reagieren muss. Der Markt ist dann weniger liquide: ein Handel gegebener Größe hat einen höheren Effekt auf den Preis, bzw. bei einem gegebenen Preiseffekt ist das Ausmaß des Handels geringer.

Auch im Kyle-Modell zeigt sich somit, dass infolge der Informationsasymmetrie zwischen den Finanzmarkt-Akteuren der Handel ineffizient gering ist. Deutlich wird auch, dass die Liquidität des Marktes (d.h. das Ausmaß des Handels) stark von der Information des Insiders beeinflusst wird. Dieses äußert sich zum einen in seinem Handelsumfang, y, zum anderen jedoch auch in seinem Informationsvorsprung, der mit der Varianz des Asset-Wertes, σ_v, steigt. Selbst die hier unterstellten Lerneffekte des handelnden Marketmaker können die daraus folgenden Ineffizienzen nicht ganz beseitigen, so dass der Markt zwar nicht zusammenbricht, der Handel jedoch nur ineffizient gering ausfällt.

Teil V

Signalling und Screening

Signalling

16.1 Das Grundproblem: Private versus Öffentliche Information

Die vorangegangenen Kapitel beschäftigten sich mit den Auswirkungen einer asymmetrischen Informationsverteilung auf die optimale Vertragsschließung zwischen Principal und Agent und den daraus resultierenden Nutzen der Akteure. Wir stellten fest, dass eine asymmetrische Informationsverteilung immer zu einer Nutzeneinbuße bei mindestens einer der beiden Vertragsparteien führt. Bisher wurde jedoch nicht berücksichtigt, dass einer der beiden Vertragsschließenden durchaus die Möglichkeit haben kann, freiwillig die bestehende Informationsasymmetrie abzumildern. Das Kapitel „Signalling" befasst sich dabei mit der Entscheidung eines Agent, seine private Information dem Principal zu signalisieren. Bevor wir auf die Bedeutung und Definition eines „Signals" eingehen, sollten wir uns jedoch klar machen, wann überhaupt die Voraussetzungen gegeben sind, unter denen es zu einem „Signalling" kommen kann.

Nutzenmaximierende Spieler werden ihre private Information grundsätzlich zu ihrem Vorteil einsetzen. Eine asymmetrische Informationsverteilung zwischen Principal und Agent resultiert daher typischerweise in Effizienz-Verlusten. Da jedoch der Principal den meist dem Agent zugeschriebenen Informationsvorteil beim Design des Vertrages berücksichtigt, ist es dem Agent nicht immer möglich, seinen Nutzen über das Ausnutzen seiner privaten Information zu steigern. Unter Moral-Hazard würde der Agent grundsätzlich lieber faulenzen, d.h. ein niedriges Anstrengungsniveau wählen, statt hart zu arbeiten. Der optimale Vertrag, den der Principal ihm vorschlägt, reduziert jedoch trotz der privaten Information über seine Aktionswahl den Nutzen des Agent bis auf sein Reservationsnutzenniveau. Während der Agent also keinen Nutzengewinn aufgrund seiner privaten Information erzielen kann, erleidet der Principal eine tatsächliche Nutzeneinbuße im Vergleich zu einer Situation mit symmetrischer

Information, da er den Agent nur durch das Setzen kostspieliger Anreize zu einem höheren Anstrengungsniveau bewegen kann.

Besteht die asymmetrische Informationsverteilung bereits vor Vertragsabschluss, d.h. liegt ein Adverse-Selection-Problem vor, so können zumindest die effizientesten Agent-Typen ihren Informationsvorsprung ausnutzen und eine Informationsrente erzielen. Dies ergibt sich aus der Notwendigkeit, den optimalen Vertrag so zu formulieren, dass keiner der Agent-Typen einen Anreiz hat, einen anderen als seinen wahren Typen anzugeben. Der Principal in einer solchen Situation steht sich immer schlechter als unter symmetrischer Information: zum einen muss er den effizienten Agent-Typen einen höheren als ihren Reservationsnutzen zugestehen, zum anderen muss eine Verzerrung der Verträge zugelassen werden, um einer „Maskierung" von Agent-Typen entgegenzuwirken.

Nur im Falle einer Konkurrenzbeziehung zwischen mehreren Principals und einem bestehenden Adverse-Selection-Problem hätten Agents einen Anreiz ihre private Information publik zu machen. Hier erleiden gerade die Agent-Typen mit hoher Produktivität eine Nutzeneinbuße, da sie ihren „Typen" nicht glaubhaft dem Principal deutlich machen können, während die Agent-Typen mit niedriger Produktivität ihren Reservationsnutzen erreichen. Die Agents mit hoher Produktivität haben also einen Anreiz, ihre private Information über ihren Typ an die Principals weiterzugeben. Im weiteren Verlauf des Kapitels werden wir daher das Phänomen des Signalling gerade in solchen Situationen analysieren, in denen bereits vor Vertragsabschluss eine asymmetrische Informationsverteilung vorliegt und mehrere Principals um einen Agent konkurrieren.

Wie lässt sich nun aber ein Signal charakterisieren? Ganz allgemein versteht man unter einem Signal eine Aktion oder Entscheidung, die beweist, dass der betroffene Agent zu einer bestimmten Sub-Kategorie an Agent-Typen gehört. Damit das Signal auch tatsächlich wirken kann, d.h. informativ ist, sollten jedoch nur solche Agents, die tatsächlich der betrachteten Sub-Kategorie angehören, daran interessiert sein, das entsprechende Signal auszusenden. Dies impliziert typischerweise, dass ihnen geringere Kosten beim Signalisieren entstehen, als allen anderen Agent-Typen. Zu beachten ist dabei auch, dass ein Signal nicht unbedingt produktiv oder effizient sein muss. So muss die Fähigkeit eines Agent durch das Aussenden eines Signals, das sein Fähigkeitsniveau belegen soll, nicht notwendig steigen. Für einige Signale, unter anderem auch das Signal „Ausbildung" für einen Arbeitsuchenden, gilt dies jedoch trotzdem.

Grundsätzlich wird ein Agent nur dann seine private Information über ein Signal preisgeben, wenn sein Nutzen unter öffentlicher Information höher ist als unter privater Information. Ein typisches Beispiel eines Signalling-Prozesses stellt die Bewerbung eines Arbeitsuchenden dar. Dieser wird versuchen, seine private Information über seine Arbeitsfähigkeit dem Stellenanbieter durch seinen Ausbildungsstand zu signalisieren. Spence [62] hat bereits festgestellt, dass eine Ausbildung als Signal wirken kann, selbst wenn sie nicht zusätzlich noch produktiv wirkt. Im Folgenden wollen wir uns einen solchen Signalling-Prozess anschauen, in dem mehrere Arbeitgeber als Principals um einen Arbeitnehmer konkurrieren. Besonderes Gewicht liegt dabei auf der Herleitung des optimalen Vertrages auf Basis des Signals. Im Gegensatz zu den üblichen Lehrbüchern stellen wir einen Ansatz vor, der die Herleitung des optimalen Vertrages als einen strukturieren Prozess begreift (Bannier [8]). Wir lehnen uns dabei an die Struktur der Herleitung eines perfekten Bayesianischen Gleichgewichts, wie in Kapitel 5.2 dargelegt, an.

16.2 Herleitung eines optimalen Vertrages unter Signalling - Ausbildung als Signal

Das folgende Beispiel ist angelehnt an die ursprüngliche Arbeit von Spence [62]. Wie oben beschrieben betrachten wir eine Situation, in der mehrere Principals, hier Arbeitgeber, einen Lohnvertrag mit einem Agent, dem Arbeitnehmer, abschließen wollen. Der Arbeitnehmer kann dabei seine Fähigkeit, die zugewiesenen Arbeitsaufträge zu erfüllen, wesentlich besser abschätzen als der Arbeitgeber, und zwar bereits bevor der Vertrag formuliert und unterschrieben ist. Das sogenannte Signalling-Phänomen sieht nun für den Agent vor, bereits vor Vertragsabschluss dem Principal ein Signal über seine „Arbeitsfähigkeit" zukommen zu lassen. In der Realität spiegelt sich dies in den Bewerbungsunterlagen eines Arbeitnehmers, in denen Aussagen über seine bisherige Ausbildung gemacht werden. Der Principal kann sodann den zu formulierenden Arbeitsvertrag an dem Signal „Ausbildung" optimal ausrichten. Die vertragstheoretische Fragestellung in einer solchen Situation lautet nun: Welches ist der optimale Lohnvertrag zwischen Arbeitgeber und Arbeitnehmer und welchen Ausbildungsstand (d.h. welches Signal) wird der Arbeitnehmer wählen, wenn man voraussetzt, dass Ausbildung durchaus Kosten verursacht?[1]

Die zu betrachtende Situation lässt sich formal wie folgt darstellen: Ein Arbeitnehmer (als Agent, A) soll einen von zwei möglichen Lohnverträgen annehmen, die ihm von zwei Arbeitgebern (als Principals, P) angeboten werden. Die Arbeitsfähigkeit des Arbeitnehmers ist den beiden Arbeitgebern unbekannt, sie wissen jedoch, dass er entweder eine sehr hohe Arbeitsfähigkeit aufweisen kann (hier: $a_H = 5, 5$) oder eine sehr geringe Fähigkeit ($a_L = 2$). Des Weiteren nehmen sie an, dass beide Agent-Typen gleich wahrscheinlich auftreten. Der Arbeitnehmer hat sich vor der Bewerbung um ein Arbeitsverhältnis entweder für einen hohen Ausbildungsgrad ($s = 1$) oder einen niedrigen Ausbildungsgrad ($s = 0$) entschieden. Der Ausbildungsstand wird den Arbeitgebern aus den Bewerbungsunterlagen ersichtlich. Sie bieten ihm darauf hin einen Vertrag

---

[1]Wir abstrahieren durch diese Annahme von Phänomenen des sogenannten „Cheap Talk", die durch vollkommen kostenfreie Signale ausgelöst werden.

an, der einen Lohn w in Abhängigkeit vom beobachteten Signal „Ausbildungs-grad" spezifiziert, d.h. $w = w(s)$. Nimmt der Agent einen der beiden Verträge an, so wird er im Rahmen seines Arbeitsverhältnisses einen Arbeitsoutput q realisieren, der von seiner Arbeitsfähigkeit positiv beeinflusst wird: $q = a$. Lehnt der Arbeitnehmer beide Verträge ab, so entsteht sowohl ihm als auch den beiden Arbeitgebern ein Payoff von 0, nimmt er jedoch einen Vertrag an, so erzielt er einen Payoff von $\pi_A = w - 8s/a$. Sein Nutzen steigt somit im ausgezahlten Lohn, w, sinkt jedoch in den Ausbildungskosten, $8s/a$. Diese Kosten wachsen mit dem gewählten Ausbildungsgrad s und sinken mit der Arbeitsfähigkeit a, so dass es für einen Arbeitnehmer mit hoher Fähigkeit günstiger ist, einen hohen Ausbildungsgrad zu erwerben, als für einen Ar-beitnehmer mit geringer Fähigkeit. Der Arbeitgeber schließlich erzielt einen Payoff aus dem Beschäftigungsverhältnis, der mit dem produzierten Output steigt, jedoch mit dem gezahlten Lohn sinkt: $\pi_P = q - w = a - w$. Wie ursprünglich auch von Spence [62] analysiert, hat das Signal s selbst keinen Einfluss auf die Produktivität des Agent, d.h. der Output q hängt nur von der Fähigkeit a des Agent ab, die wiederum unabhängig vom Signal s ist. Agents mit höherer Fähigkeit tragen jedoch geringere Kosten durch ihre Ausbildung. Für sie ist das Signal $s = 1$ billiger als für Agents mit niedriger Fähigkeit. Diese Annahme entspricht der sogenannten Spence-Mirrlees-Bedingung. Sie wird häufig auch als *Single-Crossing-Bedingung* bezeichnet, da sich bei ihrer Gültigkeit die Indifferenzkurven der Agent-Typen genau einmal schneiden.[2]

Anhand des Spielbaums in Abb. 16.1 lässt sich der Verlauf der Entschei-dungssituationen wie folgt charakterisieren. In einem ersten Zug wählt die Natur (N) als Pseudo-Spieler, ob der Arbeitnehmer über hohe oder geringe Ar-beitsfähigkeit verfügt. Basierend auf seinem Wissen über seinen Typ wird der Arbeitnehmer sich sodann für einen hohen oder niedrigen Ausbildungsgrad entscheiden. Der Arbeitgeber beobachtet nur das Signal $s = 0$ oder $s = 1$ und bietet einen Lohnvertrag an, der vom Arbeitnehmer entweder angenommen oder abgelehnt wird.

Mit Hilfe der in Kapitel 5.2 dargestellten spieltheoretischen Konzepte lässt sich nun ein optimaler Vertrag im Sinne der Vertragstheorie herleiten, der für alle beteiligten Parteien ein Gleichgewicht darstellt. Da die betrachtete Situation einen dynamischen Entscheidungskonflikt mit asymmetrischer In-

---

[2]Genauer gesagt gilt die Single-Crossing-Bedingung in einem Adverse Selection Modell genau dann, wenn die Grenzrate der Substitution zwischen Anstrengungs-niveau und Lohn im Effizienz-Typ des Agent steigt. Je effizienter ein Agent ist, desto geringer muss der gebotene Lohn für diesen Agent-Typ sein, um ihn zu ei-nem bestimmten Anstrengungsniveau zu bewegen. In einem Signalling-Modell muss die Single-Crossing-Bedingung statt für Anstrengungsniveaus nun für das gewählte Signal erfüllt sein. Wieder dürfen sich die Indifferenzkurven der Agents nur einmal schneiden, was dazu führt, dass jedes Signal-Niveau mit einem Lohn in Verbindung gebracht werden kann und somit eine vollständige Separierung der verschiedenen Agent-Typen ermöglicht.

Payoffs (A; P):

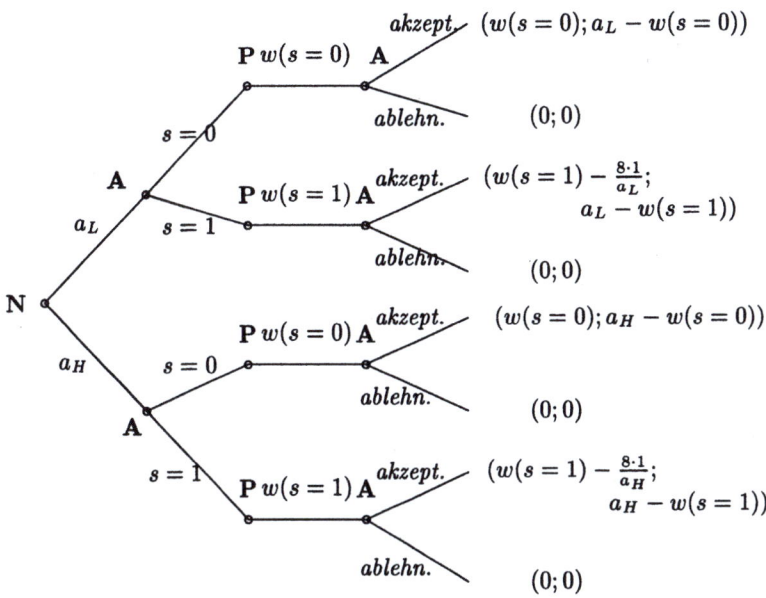

Abb. 16.1. Spielbaum zur Herleitung des optimalen Vertrages bei Signalling

formationsverteilung beschreibt, ist die geeignete Gleichgewichtskonzeption in einem perfekten Bayesianischen Gleichgewicht zu finden. Dazu lassen sich folgende Schritte des Lösungsweges unterscheiden. Zunächst müssen für den Spieler, über dessen Typ asymmetrische Information besteht - dies ist im vertragstheoretischen Sinne der Agent - Verhaltensannahmen gemacht werden, die in einer späteren Gleichgewichtsanalyse zu überprüfen sind. Der zweite Schritt besteht darin, die Erwartungen des uninformierten Spielers, also des Principal, über den Typ des Agent nach Beobachtung des Signals „Ausbildungsgrad" zu berechnen. An diesen Schritt schließt sich nun, abweichend von einer üblichen Analyse eines Bayesianischen Gleichgewichts, die Herleitung des optimalen Vertrags auf Basis der Erwartungen des Principal an. Abschließend muss sodann geprüft werden, ob der postulierte Vertrag mit der in Schritt eins formulierten Verhaltensannahme für den Agent vereinbar ist. Ist dies der Fall, so stellt der Vertrag tatsächlich eine gleichgewichtige Entscheidungssituation zwischen Principal und Agent dar. Anschließend muss das gesamte Schema für die weiteren möglichen Verhaltensvermutungen für den Agent durchlaufen werden.

Wir wollen im Folgenden die Lösungsstruktur wie oben angedeutet für aus-
gewählte Teile der Lösungsmenge durchlaufen. Beginnend mit Schritt eins
stellen wir fest, dass jeder der beiden Agent-Typen jeweils zwei Aktionen ergreifen kann. Wir können also maximal 4 verschiedene Verhaltensvermutungen
postulieren:

- Pooling 1: Sowohl Arbeitnehmer mit geringer als auch mit hoher Fähigkeit
  wählen einen geringen Ausbildungsgrad ($s = 0$).

- Pooling 2: Beide Agent-Typen wählen einen hohen Ausbildungsgrad ($s = 1$).

- Separating 1: Nur ein Arbeitnehmer mit hoher Arbeitsfähigkeit wählt den
  hohen Ausbildungsgrad, der andere den niedrigen Ausbildungsgrad.

- Separating 2: Lediglich ein Arbeitnehmer mit geringer Arbeitsfähigkeit
  wählt einen hohen Ausbildungsstand, der andere dagegen einen niedrigen
  Ausbildungsstand.

Die Begriffe Pooling und Separating ergeben sich dabei wieder aus dem imi-
tierenden bzw. separierenden Verhalten der beiden Typen des informierten
Spielers, hier also in Bezug auf ihre Wahl des Signals Ausbildung. Aufgrund
der Annahme, dass Investitionen in Ausbildung für den Arbeitnehmer mit geringer Arbeitsfähigkeit teurer sind als für den Agent mit hoher Arbeitsfähigkeit, lässt sich bereits an dieser Stelle vermuten, dass Separating 2 kaum eine
gleichgewichtige Verhaltensannahme sein kann. Im weiteren wollen wir beginnen mit dem Postulat aus Pooling 1, d.h. wir wollen im ersten Schritt unserer
Analyse unterstellen, dass weder der Agent mit hoher noch der mit niedriger
Arbeitsfähigkeit einen hohen Ausbildungsgrad wählen würde. Die folgenden
Schritte sollen den optimalen Vertrag unter dieser Annahme herleiten und
zeigen, ob dieser Vertrag zusammen mit der Entscheidung des Agent, einen
bestimmten Ausbildungsstand zu erreichen, ein Gleichgewicht darstellt.

1. *Verhaltensvermutung*

   Die Verhaltensvermutung Pooling 1 impliziert, dass folgendes gilt:

   $$p(s = 0|a_L) = p(s = 0|a_H) = 1 \ .$$

2. *Bestimmung der Beliefs*

   Die Arbeitgeber werden auf Basis ihrer Beobachtungen über den Ausbildungsstand, s, die Wahrscheinlichkeiten, mit denen die Bewerbung von
   einem Arbeitnehmer mit hoher oder geringer Fähigkeit stammt, neu berechnen. Sei α die Wahrscheinlichkeit, dass der Agent eine geringe Arbeitsfähigkeit hat (a_L), wenn die Bewerbung einen niedrigen Ausbildungs-
   stand widerspiegelt ($s = 0$), d.h. $\alpha = p(a_L|s = 0)$. Mit Hilfe der Formel
   von Bayes und den gegebenen Prior-Wahrscheinlichkeiten für die beiden
   Agent-Typen von jeweils 0,5 lässt sich α berechnen zu:

$$\alpha = \frac{p(a_L)p(s=0|a_L)}{p(a_L)p(s=0|a_L) + p(a_H)p(s=0|a_H)} = 0,5 \,.$$

Dementsprechend ist auch $1 - \alpha = 0,5$. Um das Gleichgewicht des postulierten Verhaltens umfassend prüfen zu können, benötigt man noch eine Angabe über die Wahrscheinlichkeit, dass der Agent eine geringe Arbeitsfähigkeit hat, wenn die Bewerbung einen hohen Ausbildungsstand zeigt, d.h. $\beta = p(a_L|s = 1)$. Soll diese Wahrscheinlichkeit mit Hilfe der Formel von Bayes berechnet werden, so müsste man jedoch wissen, mit welcher Wahrscheinlichkeit die beiden Agent-Typen den Ausbildungsstand $s = 1$ wählen. Eine solche Handlung ist allerdings aufgrund der Verhaltensannahme aus Schritt eins im Gleichgewicht nicht vorgesehen. Die zugehörigen Wahrscheinlichkeiten β und $1 - \beta$ stellen daher Out-of-equilibrium-Beliefs dar. Sie können im postulierten Gleichgewicht nicht auftreten. Für sie müssen daher Werte spezifiert werden, auf deren Basis schließlich eine Gleichgewichtsaussage gefällt wird. Die in Kapitel 5.2 dargestellte Methode der passiven Vermutung führt hier zu den Werten $\beta = 0,5$ und $1 - \beta = 0,5$.

3. *Herleitung des optimalen Vertrages*

Nachdem in Schritt zwei die Erwartungen der Principals auf Basis des beobachteten Signals s aktualisiert wurden, schließt sich in Schritt drei die Herleitung des optimalen Vertrages an. Aus der Konkurrenzsituation der Arbeitgeber im betrachteten Beispiel folgt, dass jeder Principal dem Arbeitnehmer den höchstmöglichen Lohn anbieten wird, um zum Zuge zu kommen. Der optimale Vertrag wird daher für die Arbeitgeber sehr kostspielig sein, er muss ihnen jedoch noch mindestens soviel Nutzen stiften wie die Situation ohne Beschäftigungsverhältnis und somit auch ohne Produktion. Diese Partizipationsbedingung führt in Verbindung mit der angenommenen Konkurrenzsituation dazu, dass die Arbeitgeber unter dem optimalen Vertrag gerade einen erwarteten Nutzen von Null erzielen („Zero-Profit"-Bedingung). In unserem Beispiel bedeutet dies, dass ein Principal nach Beobachtung eines Signals von $s = 0$ einen Lohn $w(s = 0)$ anbieten wird, für den gilt:

$$E(\pi_P(s)|s = 0) = 0$$
$$E(a - w(s)|s = 0) = 0$$
$$a_L p(a_L|s = 0) + a_H p(a_H|s = 0) - w(s = 0) = 0$$
$$w(s = 0) = a_L \alpha + a_H(1 - \alpha)$$
$$w(s = 0) = 3,75 \,.$$

Nach Beobachtung von $s = 1$ würde ein Principal dagegen, out-of-equilibrium, einen Lohn $w(s = 1)$ anbieten, für den gilt:

$$E(\pi_P(s)|s=1) = 0$$
$$E(a-w(s)|s=1) = 0$$
$$a_L p(a_L|s=1) + a_H p(a_H|s=1) - w(s=1) = 0$$
$$w(s=1) = a_L\beta + a_H(1-\beta)$$
$$w(s=1) = 3,75\,.$$

4. Überprüfung der Gleichgewichtsvermutung

Der letzte Schritt unserer Gleichgewichtsanalyse muss nun noch über-prüfen, ob das in Schritt eins postulierte Verhalten für den Agent, kom-biniert mit dem Vertrag $W = \{w(s=0) = 3,75; \; w(s=1) = 3,75\}$, tatsächlich ein Gleichgewicht darstellt. Im Gleichgewicht sollte für den Arbeitnehmer mit geringer Fähigkeit gelten:

$$\pi_A(s=0|a_L) > \pi_A(s=1|a_L)$$
$$3,75 > 3,75 - \frac{8\cdot 1}{2} = -0,25\,.$$

Diese Bedingung ist erfüllt. Der Agent mit geringer Fähigkeit wird also von dem im ersten Schritt angenommenen Verhalten nicht abweichen und tatsächlich einen Ausbildungsgrad $s=0$ wählen, denn dies erbringt ihm unter dem hier optimalen Vertrag einen höheren Nutzen als $s=1$. Für den Arbeitnehmer mit hoher Arbeitsfähigkeit sollte ebenso gelten:

$$\pi_A(s=0|a_H) > \pi_A(s=1|a_H)$$
$$3,75 > 3,75 - \frac{8\cdot 1}{5,5} = 2,3\,.$$

Auch diese Bedingung ist erfüllt. Beide Arbeitnehmer-Typen werden al-so, wie in Schritt eins vermutet, einen geringen Ausbildungsgrad wählen. Das postulierte Verhalten Pooling 1 ist somit bei Out-of-equilibrium-Wahrscheinlichkeiten von $\beta = 0,5$ ein Gleichgewicht.

Wesentliche Erkenntnis dieser Analyse ist, dass eine Situation, in welcher der Arbeitnehmer immer einen geringen Ausbildungsstand wählt (Pooling 1), le-diglich in Verbindung mit einem Out-of-equilibrium-Belief von $\beta = 0,5$ ein Gleichgewicht darstellt. Wird ein anderer Wert für β angenommen, so kann Pooling 1 durchaus eine ungleichgewichtige Situation sein. Gilt beispielsweise $\beta = 0$, so ergibt sich der optimale Vertrag zu $W = \{w(s=0) = 3,75; \; w(s=1) = 5,5\}$. Der Agent mit großer Arbeitsfähigkeit (a_H) würde dann jedoch lieber einen hohen Ausbildungsstand realisieren ($s=1$) und vom vermuteten Verhalten in Pooling 1 abweichen. Zu beachten ist dabei, dass grundsätz-lich zwar alle Werte für die Out-of-equilibrium-Wahrscheinlichkeiten rational sein können, jedoch nicht immer sinnvoll sind. In unserem Beispiel impli-ziert beispielsweise ein Wert von $\beta = 1$, dass die Arbeitgeber, nachdem aus den Bewerbungsunterlagen ein hoher Ausbildungsstand entnommen wurde, mit Sicherheit auf eine geringe Arbeitsfähigkeit des Arbeitnehmers schließen. Das Signal „Ausbildung" wirkt dann also negativ.[3] In Abhängigkeit von den gewählten Werten für β ergeben sich außerdem jeweils unterschiedliche Verträge. So ermittelt man beispielsweise den optimalen Lohnvertrag für $\beta = 1$ zu $W = \{w(s = 0) = 3,75; \; w(s = 1) = 2\}$. Dieser Vertrag führt unter der Verhaltensannahme Pooling 1 zu einem Gleichgewicht, wobei jedoch die Sinnhaftigkeit eines solchen Ergebnisses zu diskutieren wäre.

Durchläuft man die obigen Schritte für die Verhaltensannahme Pooling 2, so stellt man fest, dass eine Situation, in der beide Typen des Arbeitnehmers einen hohen Ausbildungsstand wählen, nie ein Gleichgewicht darstellt. Für Pooling 2 sind α und $1 - \alpha$ die Out-of-equilibrium-Wahrscheinlichkeiten und es zeigt sich, dass es für jeden beliebigen Wert von α für den Arbeitnehmer mit geringer Fähigkeit immer zu kostspielig ist, in einen hohen Ausbildungsgrad zu investieren.

Untersuchen wir abschließend, ob auch Separating 1 eine Gleichgewichtssituation darstellt, d.h. ob unter einem optimalen, noch zu bestimmenden Vertrag nur die Arbeitnehmer mit hoher Fähigkeit in einen hohen Ausbildungsgrad investieren, während die Agents mit niedriger Arbeitsfähigkeit einen geringen Ausbildungsgrad anstreben. Auch hier wollen wir wieder schrittweise vorgehen.

1. *Verhaltensvermutung*

   Unter der Vermutung Separating 1 wird unterstellt, dass die beiden Agent-Typen sich durch ihr Signalling-Verhalten unterscheiden:

   $$p(s = 1 | a_H) = 1$$

   und

   $$p(s = 0 | a_L) = 1 \, .$$

2. *Bestimmung der Beliefs*

   Da die Verhaltensannahme des Separating im Gleichgewicht sowohl die Beobachtung von $s = 0$ als auch von $s = 1$ zulässt, gibt es keine Out-of-equilibrium-Züge in diesem Spiel. Die Wahrscheinlichkeiten α und β lassen sich beide nach Bayes berechnen zu:

   $$\alpha = \frac{0,5 \cdot 1}{0,5 \cdot 1 + 0,5 \cdot 0} = 1$$

   und

   $$\beta = \frac{0,5 \cdot 0}{0,5 \cdot 0 + 0,5 \cdot 1} = 0 \, .$$

   Unter der in Schritt eins dargestellten Verhaltensvermutung wird ein Arbeitgeber nach Beobachtung von $s = 1$ somit immer auf einen Bewerber

---

[3]Solche Beliefs erfüllen nicht das sogenannte „Intuitiv-Kriterium" von Cho und Kreps [14].

mit hoher Fähigkeit (a_H) zurückschließen. Entnimmt er dagegen der Bewerbung einen niedrigen Ausbildungsstand ($s = 0$), so geht er davon aus, einen Bewerber mit niedriger Arbeitsfähigkeit (a_L) vorliegen zu haben.

3. *Herleitung des optimalen Vertrages*

Wiederum führen die Partizipations- und Zero-Profit-Bedingung dazu, dass die Arbeitgeber unter dem optimalen Vertrag gerade einen erwarteten Nutzen von Null erzielen können. Nachdem sie einen Ausbildungsgrad von $s = 0$ beobachtet haben, werden sie daher bereit sein, einen Lohn zu zahlen, der sich aus folgendem Term ergibt:

$$E(\pi_P(s)|s = 0) = 0$$
$$E(a - w(s)|s = 0) = 0$$
$$a_L\alpha + a_H(1 - \alpha) - w(s = 0) = 0$$
$$w(s = 0) = 2 \ .$$

Beobachten sie dagegen einen hohen Ausbildungsgrad ($s = 1$), so werden sie den folgenden Lohnsatz zu zahlen bereit sein:

$$E(\pi_P(s)|s = 1) = 0$$
$$E(a - w(s)|s = 1) = 0$$
$$a_L\beta + a_H(1 - \beta) - w(s = 1) = 0$$
$$w(s = 1) = 5,5 \ .$$

4. *Überprüfung der Gleichgewichtsvermutung*

Ist es unter dem angebotenen Vertrag $W = \{w(s = 0) = 2; w(s = 1) = 5,5\}$ für die Arbeitnehmer tatsächlich optimal, sich gemäß der in Schritt eins dargestellten Verhaltensvermutung zu entscheiden? Wäre Separating 1 ein Gleichgewicht, so müsste für den Agent mit geringer Arbeitsfähigkeit gelten:

$$\pi_A(s = 0|a_L) > \pi_A(s = 1|a_L)$$
$$2 > 5,5 - \frac{8}{2} = 1,5 \ .$$

Diese Bedingung ist offensichtlich erfüllt. Entsprechend der postulierten Verhaltensvermutung wird der Agent mit geringer Arbeitsfähigkeit einen niedrigen Ausbildungsgrad $s = 0$ wählen. Die Kosten einer höheren Ausbildung sind für ihn so hoch, dass selbst der hohe Lohnsatz kombiniert mit dem Glauben der Arbeitgeber, dass eine hohe Ausbildung immer auf eine große Arbeitsfähigkeit zurückschließen lässt, dies nicht aufwiegen können. Für den Arbeitnehmer mit hoher Fähigkeit sollte im Gleichgewicht gelten:

$$\pi_A(s = 1|a_H) > \pi_A(s = 0|a_H)$$
$$5,5 - \frac{8}{5,5} = 4,05 > 2 \ .$$

Auch diese Bedingung ist erfüllt, so dass der Agent mit hoher Arbeitsfähigkeit tatsächlich in einen hohen Ausbildungsgrad investieren wird, um den höheren Lohn erzielen zu können. Separating 1 ist ein typisches Gleichgewicht in Signalling-Situationen, in denen der „gute" Typ des Agents versucht, sich von dem „schlechten" Typ zu unterscheiden. Der optimale Vertrag ermöglicht dies und honoriert es gleichzeitig, indem er dem „schlechten" Typ keinen Anreiz zur Imitation setzt.

Für die Verhaltensvermutung Separating 2 kommt dagegen kein Gleichgewicht zustande. Hier wird der Arbeitnehmer mit der geringen Fähigkeit vom postulierten Verhalten abweichen, um lediglich einen geringen Ausbildungsstand von $s = 0$ zu erreichen, da für ihn Investitionen in Ausbildung zu teuer sind. Nutzen die Arbeitgeber, so wie üblicherweise unterstellt wird, ein Bayesianisches Updaten ihrer Erwartungen, so lässt sich in Separating 2 feststellen, dass das Signal „Ausbildung" wieder negativ wirkt: beobachtet ein Arbeitgeber einen hohen Ausbildungsstand, so schließt er mit Sicherheit auf eine Bewerbung von einem Arbeitnehmer mit geringer Fähigkeit, d.h. $\beta = 1$. Separating 2 ist daher aus den bereits eingangs erwähnten Gründen als nicht sinnvoll zu verwerfen.

Es bleibt festzuhalten, dass das dargestellte Signalling-Spiel - wie zu erwarten war - ein Gleichgewicht in Separating-Strategien besitzt. Der optimale Vertrag wird die Arbeitnehmer mit hoher Arbeitsfähigkeit dazu veranlassen, einen hohen Ausbildungsgrad zu wählen. Arbeitnehmer mit geringer Fähigkeit werden dagegen nicht in eine teure Ausbildung investieren. Die Arbeitgeber schließen dabei von dem Signal eines hohen Ausbildungsgrades immer auf eine ebenfalls hohe Arbeitsfähigkeit, was die Anreizwirkung des optimalen Vertrags verstärkt. Man erkennt also, dass der optimale Vertrag und das Verhalten der Spieler durchaus eine selbstverstärkende Dynamik aufweisen.

Zusätzlich zu dem separierenden Gleichgewicht weist die dargestellte Entscheidungssituation auch ein Gleichgewicht in Pooling-Strategien auf, sofern die Erwartungen der Arbeitgeber nach Durchsicht der Bewerbungsunterlagen eine ganz bestimmte Struktur aufweisen: nur wenn der Wahrscheinlichkeit β, dass ein potentieller Arbeitnehmer trotz hohen Ausbildungsniveaus lediglich eine geringe Arbeitsfähigkeit besitzt, ein relativ hoher Wert beigemessen wird, ist der Agent mit hoher Fähigkeit bereit, einen geringen Ausbildungsgrad zu wählen. Wie bereits dargelegt, wirkt das Signal „Ausbildung" in einer solchen Situation negativ. Im Sinne einer intuitiven Interpretation sollte die Wahrscheinlichkeit β jedoch eher mit einem kleinen Wert angesetzt werden, so dass dann die Verhaltensannahme Pooling 1 kein Gleichgewicht mehr darstellt. Das verbleibende (Separating-) Gleichgewicht unterstützt das für ein Signalling-Spiel typische separierende Verhalten der Agents.

16.3 Erweiterungen des Signalling-Spiels

Analysiert man die oben dargestellten gleichgewichtigen und auch ungleichgewichtigen Situationen genauer, so stellt man folgendes fest. In einer Pooling-Situation können für die unterschiedlichen Signalausprägungen unterschiedliche Löhne, d.h. Verträge angeboten werden, dies muss aber nicht unbedingt der Fall sein. Welcher Vertrag für die Principals optimal erscheint, hängt vielmehr von den Out-of-equilibrium-Beliefs ab. Stellt sich Pooling jedoch als Gleichgewicht heraus, so wird grundsätzlich nur ein Lohn ausgezahlt (als Ergebnis des Spiels - im Unterschied zum Gleichgewicht selbst), da ja beide Agent-Typen dasselbe Signal wählen, und somit auch denselben Lohn gezahlt bekommen. In einer Separating-Situation werden dagegen grundsätzlich unterschiedliche Verträge für verschiedene Signale angeboten und im Gleichgewicht auch realisiert. Ob Pooling oder Separating sich als Gleichgewicht ergibt, hängt ab von der möglichen Lohnspreizung in Abhängigkeit von den Signalen. Nur dann, wenn für das „teure" Signal $s = 1$ ein entsprechend höherer Lohn als für $s = 0$ gezahlt wird, kann es für die Agent-Typen lohnend sein, in das kostspielige Signal zu investieren. Ist die Kosten-Nutzen-Betrachtung jedoch bereits für den Agent-Typ mit der hohen Produktivität unrentabel, so wird sie es auch auf jeden Fall für den Agent mit der geringen Produktivität sein, da für ihn das Signal ja noch teurer ist. Die Lohnspreizung hängt jedoch bei unterstellter Konkurrenzbeziehung zwischen den Principals gerade von der Produktivität (hier Parameter a) der Agents ab. Je größer die Unterschiede in ihrer Fähigkeit, desto größer der Lohnabstand zwischen $w(s = 0)$ und $w(s = 1)$.

Ändert man in obigem Beispiel die Menge der Fähigkeiten des Arbeitnehmers zu $a \in \{2, 12\}$, so kann auch das zweite Pooling-Gleichgewicht stabil sein, in dem beide Agent-Typen das Signal $s = 1$ wählen. Allerdings ergibt sich dann als unerwünschter Nebeneffekt, dass das Separating-Gleichgewicht verschwindet, da nun auch für den Agent mit der geringen Fähigkeit der Anreiz in $s = 1$ zu investieren ausreichend hoch ist im Vergleich zu den ihm daraus entstehenden Kosten. Dies entspricht dem typischen Effekt eines perfekten Bayesianischen Gleichgewichts: Die implizite Drohung, einem Arbeitnehmer mit geringerer Fähigkeit einen niedrigeren Lohn zu zahlen, beeinflusst das Gleichgewicht, indem dieser nun vorgibt, ebenfalls vom „guten" Typ zu sein. Die Drohung ist glaubwürdig, ohne jemals ausgeübt werden zu müssen (d.h. Separating ist kein Gleichgewicht mehr).

Eine etwas anders ausgerichtete Erweiterung des obigen Spiels besteht darin, nicht nur zwei Ausprägungen des Signals $s = 0$ oder $s = 1$ zuzulassen, sondern ein ganzes Kontinuum an Signalen, d.h. $s \in [0, 1]$. Dieses Spiel führt zu einem Kontinuum von Pooling- und Separating-Gleichgewichten, die sich nur durch den Wert des Signals s unterscheiden. Ein wichtiger Unterschied zum Fall einer binären Signalausprägung liegt darin, dass nun auch in einer Separating-Situation Out-of-equilibrium-Aktionen existieren: existieren nur zwei unterschiedliche Agent-Typen so können aus der unendlichen Menge an Signalen maximal zwei gewählt werden. Für alle anderen Signalwerte, die außerhalb des vermuteten Gleichgewichtspfades gewählt werden könnten, müssen jedoch ebenfalls Erwartungen hinsichtlich des Agent-Typs gebildet werden. Eine Vergrößerung des State Space bezüglich der Signalwerte erhöht somit auch die Zahl der möglichen Gleichgewichte. Die Vielzahl der Gleichgewichte kann nach dem Pareto-Kriterium vergleichbar gemacht und zumindest in eine (wohlfahrtstheoretische) Reihenfolge gebracht werden. Nichtsdestotrotz ist das Ergebnis des Spiels aufgrund der Multiplizität der Gleichgewichte nicht prognostizierbar.

Screening

Im Unterschied zu Signalling liegt das Phänomen des Screening dann vor, wenn der informierte Spieler als zweites zieht, d.h. wenn der Agent auf den vorgeschlagenen Vertrag des uninformierten Principal reagiert.

Zieht man wiederum das Ausbildungs-Spiel des letzten Kapitels (angelehnt an Rasmusen [50]) heran, so ergibt sich eine Screening-Situation, indem man folgende Reihenfolge der Spielzüge unterstellt:

1. Die Natur wählt die Fähigkeit eines Arbeitnehmers, $a \in \{2; 5,5\}$ mit jeweils gleicher Wahrscheinlichkeit. Die beiden konkurrierenden Arbeitgeber beobachten a nicht, der Arbeitnehmer kennt jedoch seinen Fähigkeits-Typ.

2. Jeder Arbeitgeber bietet einen Lohnvertrag in Abhängigkeit von den möglichen beobachtbaren Signalen, $w(s)$, an.

3. Der Arbeitnehmer wählt seinen Ausbildungsgrad $s \in [0, 1]$ und akzeptiert einen der beiden Lohnverträge oder keinen.

4. Der Output q wird realisiert in Höhe von $q = a$.

Im Unterschied zum Ausbildungs-Spiel mit Signalling haben wir hier ein Kontinuum an Signalen angenommen, d.h. jeder der beiden Agent-Typen kann zwischen einer unendlich großen Menge an Signalen für seinen Ausbildungsstand wählen.[1] Die Payoffs seien wieder gegeben mit:

$$\pi_A = \begin{cases} w - \frac{8s}{a} & \text{falls der Agent den Lohnvertrag } w(s) \text{ akzeptiert} \\ 0 & \text{sonst} \end{cases}$$

für den Arbeitnehmer als Agent, und für den Arbeitgeber als Principal mit:

---

[1]Unterstellt man demgegenüber wieder einen diskreten State Space für die Signale, d.h. beispielsweise $s \in \{0, 1\}$, so ergibt sich nach Rasmusen [50] als eindeutiges Gleichgewicht ebenso wie unter einer stetigen Verteilung der Signale ein Separating-Gleichgewicht.

$$\pi_P = \begin{cases} q - w(s) = a - w(s) & \text{falls sein Vertrag akzeptiert wird} \\ 0 & \text{sonst.} \end{cases}$$

Der wichtigste Unterschied zum Signalling-Spiel des vorangegangenen Kapitels liegt darin, dass im Falle des Screening der Principal zuerst ein Menü an Verträgen $w(s)$ vorschlägt und der Agent erst danach über sein Signal entscheidet. Der Agent reagiert damit auf ein bereits formuliertes Vertragsdesign, ohne es durch sein Signal beeinflussen zu können.

Es lässt sich zeigen, dass in Screening-Spielen mit einem Kontinuum an möglichen Signalen nie ein Pooling-Gleichgewicht existiert. Häufig gibt es auch kein Separating-Gleichgewicht. In diesem Beispiel ist dies jedoch nicht der Fall. Hier liegt ein Separating-Gleichgewicht vor, in dem der Arbeitnehmer mit der geringen Fähigkeit keine Ausbildung wählt, d.h. $s = 0$ signalisiert, und der Arbeitnehmer mit hoher Fähigkeit in ein positives Ausbildungsniveau investiert, d.h. $s = s^* > 0$ signalisiert. Nur wenn er ein geringeres Ausbildungsniveau gewählt hätte, d.h. $s < s^*$, hätte der Arbeitnehmer mit der geringen Fähigkeit einen Anreiz, ihn zu imitieren. Für alle Werte $s > s^*$ wird dies für ihn jedoch zu teuer, so dass er „wahrheitsgemäß" das geringe Ausbildungsniveau wählt.

Faktisch lassen sich Screening-Modelle in ein einfaches Adverse-Selection-Problem mit angegliedertem Moral-Hazard-Problem überführen. Im Unterschied zu den vorher betrachteten Signalling-Modellen kann der Principal nicht „lernen", da er den Vertrag vorschlagen muss, noch bevor er eine Aktion des Agent beobachten kann. Insofern muss er den Vertrag wie in einem Adverse-Selection-Problem so formulieren, dass der entsprechende Agent-Typ freiwillig den ihm zugedachten Vertrag auswählt. Der Vertrag muss also, neben der Partizipationsbedingung, wieder eine Selbst-Selektionsbedingung erfüllen. Jeder der Agent-Typen kann jedoch im Rahmen eines Vertrages den schlussendlich ausbezahlten Lohn durch die Wahl des Signals s bestimmen. Da ein fester Zusammenhang zwischen der Nutzenfunktion eines jeden Agent und dem ausgesendeten Signal besteht, kann der Principal wie in einem üblichen Moral-Hazard-Problem die Anreize des Agent bereits in der Vertragsformulierung über den Lohn steuern.

Die Herleitung eines optimalen Vertrages in diesem Screening-Beispiel richtet sich an denselben Schritten aus wie in Kapitel 16 dargelegt. Allerdings entfällt die zweite Stufe, da hier kein Updating der Beliefs stattfindet. Die Principals müssen den optimalen Vertrag herleiten auf Basis ihrer Vermutungen über die Gleichgewichtsstruktur, ohne eine zusätzliche Beobachtung (die Signalwahl des Agent) heranziehen zu können.

Setzen wir, so wie oben dargelegt, als mögliche Gleichgewichtsstruktur folgendes Verhalten an: der Agent mit niedriger Fähigkeit ($a_L = 2$) wählt immer ein Signal von $s = 0$, während der Agent mit hoher Fähigkeit ($a_H = 5,5$) ein Signal von $s = s^*$ aussendet. Diese Verhaltensvermutung impliziert:

$$p(s = 0 | a_L) = p(s = s^* | a_H) = 1 .$$

An die Gleichgewichtsvermutung schließt sich die Herleitung des optimalen Vertrages aus Sicht der konkurrierenden Principals an. Infolge des Wettbewerbs zwischen den Arbeitgebern können sie durch den postulierten Vertrag gerade einen erwarteten Payoff von Null erzielen. Es folgt daraus, dass keiner der beiden potentiellen Arbeitgeber einem Arbeitnehmer-Typen einen höheren Lohn zahlen kann, als dessen Fähigkeit entspricht, d.h. aus der Zero-Profit-Bedingung ergibt sich:

$$E(\pi_P|a_L) = 0$$
$$w(s = 0) - a_L = 0$$
$$w(s = 0) = 2$$

und

$$E(\pi_P|a_H) = 0$$
$$w(s = s^*) - a_H = 0$$
$$w(s = s^*) = 5,5 \, .$$

Erfüllt nun dieser für die Principals optimale Vertrag die Selbst-Selektionsbedingung für die beiden Agent-Typen? Für den Arbeitnehmer mit geringer Fähigkeit muss im Gleichgewicht gelten:

$$\pi_W(s = 0|a_L) \geq \pi_W(s = s^*|a_L)$$
$$w(s = 0) - \frac{8 \cdot 0}{2} = 2 \geq w(s = s^*) - \frac{8 \cdot s^*}{2} = 5,5 - 4s^* \, ,$$

und für den Arbeitnehmer-Typ mit hoher Fähigkeit:

$$\pi_W(s = s^*|a_H) \geq \pi_W(s = 0|a_H)$$
$$w(s = s^*) - \frac{8s^*}{5,5} = 5,5 - \frac{8s^*}{5,5} \geq w(s = 0) - \frac{8 \cdot 0}{5,5} = 2 \, .$$

Beide Selbst-Selektionsanforderungen sind erfüllt für einen kritischen Wert des Signals von $s^* = 0,875$. Die Anreizbedingung für den Agent vom Typ a_H ist dabei nicht unbedingt bindend.

Es lässt sich weiterhin zeigen, dass dieses Gleichgewicht Pareto-dominant gegenüber allen anderen möglichen Separating-Gleichgewichten ist. Ursache dafür ist, dass es das günstigste Vertragsdesign für die Principals liefert, das den Agent mit der niedrigen Fähigkeit davon abhält, ein falsches Signal (hier: ein Signal $s > 0$) auszusenden. Nur die Arbeitnehmer-Typen mit hoher Fähigkeit werden eine hohe Ausbildung wählen ($s = s^* = 0,875$) und bekommen dann den höheren Lohn von $w(s^*) = 5,5$, während alle Arbeitnehmer mit geringer Fähigkeit keine Ausbildung wählen ($s = 0$) und dann nur einen Lohn von $w(s = 0) = 2$ erzielen. Würde beispielsweise der Agent mit der niedrigen Fähigkeit von dieser Verhaltensstruktur abweichen und einen Ausbildungsstand $s > 0$ signalisieren, so würden die Principals bereits im ersten Schritt der Analyse darauf reagieren und den entsprechenden Lohn soweit herabsetzen, dass ein nicht-wahrheitsgemäßes Signal für diesen Agent-Typ nicht mehr optimal wäre.[2]

Die Nicht-Existenz eines Pooling-Gleichgewichtes lässt sich hier sehr leicht dadurch deutlich machen, dass eine Pooling-Situation immer mit einem konstanten Lohn für die beiden Agent-Typen verbunden wäre. Aus der Konkurrenz-Situation der beiden Arbeitgeber folgt, dass beispielsweise bei einer Pooling-Strategie mit $s = s^*$, in der also beide Agent-Typen gerade ein Ausbildungsniveau von $s = s^*$ signalisieren, ein Lohn in Höhe von:

$$E(\pi_P | s = s^*) = 0$$
$$0,5a_L + 0,5a_H - w(s = s^*) = 0$$
$$w(s = s^*) = 3,75$$

gezahlt werden müsste. Überprüft man nun die Selbst-Selektionsbedingungen der beiden Agent-Typen, so stellt man fest, dass die entsprechende Bedingung für den Arbeitnehmer mit hoher Fähigkeit:

$$\pi_W(s = s^* | a = 5,5) \geq \pi_W(s = 0 | a = 5,5)$$
$$w(s^*) - \frac{8s^*}{5,5} \geq 3,75 - \frac{8 \cdot 0}{5,5}$$
$$5,5 - \frac{8s^*}{5,5} \geq 3,75$$
$$4,23 \geq 3,75$$

weiterhin erfüllt ist. Für den Arbeitnehmer mit niedriger Fähigkeit gilt jedoch:

$$\pi_W(s = 0 | a = 2) \geq \pi_W(s = s^* | a = 2)$$
$$w(s = 0) - \frac{8 \cdot 0}{2} \geq 3,75 - \frac{8s^*}{2}$$
$$2 \geq 0,25 \, .$$

Für ihn ist es also besser, von der vermuteten Pooling-Strategie abzuweichen und eine Separating-Strategie mit $s = 0$ zu wählen. Dasselbe Ergebnis erzielt man auch für alle weiteren möglichen Signalausprägungen, beispielsweise $s = 0$. Es existiert somit kein Pooling-Gleichgewicht in diesem Screening-Spiel.

---

[2]Ein solcher Vertrag existiert nach dem Revelation-Prinzip immer.

Anwendungsbeispiele und Übungen

18.1 Optimale Finanzstruktur - Signalling innerhalb von Finanzierungsverträgen

Das folgende Beispiel ist angelehnt an Ross [53]. Untersucht wird die Möglichkeit, durch die Wahl der Finanzierungsstruktur einer Firma ein Signal bezüglich der Qualität des Unternehmens an den Markt auszusenden. In der Annahme beeinflussbarer Markterwartungen über den Firmenwert unterscheidet sich die Arbeit von Ross von den ursprünglichen Aussagen von Miller und Modigliani [46]. Diese hatten impliziert, dass der Firmenwert nicht von der Finanzstruktur beeinflusst werden kann. Berücksichtigt man jedoch, so wie Ross, dass die zukünftigen Einkommensströme der Firma nicht unter Sicherheit antizipierbar sind, so kann ein Manager durch die Entscheidung über das Verhältnis von Eigen- zu Fremdkapital den erwarteten Firmenwert durchaus beeinflussen. Ross sieht dabei in der Entscheidung über die Finanzierungsstruktur ein Signal, das keinerlei direkte Kosten für die Firma impliziert. In seinem Modell verändert Signalling daher nicht die Produktivität des Unternehmens, sondern beeinflusst lediglich die Anreizkosten des Managers.

Das folgende Beispiel formalisiert die Idee von Ross [53] in einem sehr einfachen Modell. Zusätzlich zu der dort unterstellten Anreizstruktur nehmen wir jedoch an, dass das Signal über die Finanzierungsstruktur tatsächlich zu Ineffizienzen führen kann, indem es die Liquiditätskosten der Firma erhöht. Das Vertragsproblem stellt sich dann wie folgt dar: Der Manager einer Firma benötigt für den weiteren Geschäftsablauf eine Finanzierung, die sich aus einem Kredit und einer Beteiligung zusammensetzen soll. Durch die Wahl der Finanzierungsstruktur kann er ein Signal zu zwei potentiellen Beteiligungspartnern über die „Qualität"[1] seiner Firma aussenden. Ursache für die Signalwirkung der Finanzierungsstruktur ist, dass eine hohe Kreditquote die Firma

---

[1]Hohe Qualität kann hier verstanden werden als hohe erwartete Cash-Flows oder ganz allgemein als ein hoher Firmenwert.

einem großen Konkurs-Risiko aussetzt. Im Sinne eines Separating-Verhaltens sollte somit das Signal einer beträchtlichen Kreditquote eine hohe Qualität der Firma symbolisieren, für die das Risiko eines Konkurses im Vergleich zu einer Firma geringer Qualität nicht allzu groß ist.

Die Reihenfolge der Spielzüge lautet wie folgt:

1. Die Natur wählt die Qualität der Firma mit jeweils gleicher Wahrscheinlichkeit zu $a_L = 2$ oder $a_H = 5$.

2. Der Manager entscheidet über die Finanzierungsstruktur, wobei $s = 0$ eine niedrige Kredit- und hohe Beteiligungsquote spiegelt und $s = 1$ eine hohe Kredit- und niedrige Beteiligungsquote darstellt.

3. Die beiden konkurrierenden Beteiligungspartner stellen Kaufangebote $p(s)$ für einen Anteil an der Firma.

4. Der Manager entscheidet, ob er das Finanzierungsangebot eines der potentiellen Partner annimmt oder nicht. Akzeptiert er ein Angebot, so wird der Firmenwert realisiert mit $q = a - 2s$.

Die Nutzenfunktionen der Spieler ergeben sich für den Manager zu:

$$U_M = \begin{cases} p - \frac{4s}{a} & \text{falls er den Finanzierungsvertrag } p \text{ akzeptiert} \\ 0 & \text{sonst} \end{cases}$$

und für den Beteiligungspartner zu:

$$B_P = \begin{cases} q - p = a - 2s - p & \text{falls sein Vertrag akzeptiert wird} \\ 0 & \text{sonst.} \end{cases}$$

Aufgaben:

(a) Zeichnen Sie den Spielbaum inklusive der Informationssets.

(b) Existiert ein Separating-Gleichgewicht, in dem der Manager mit der hohen Firmenqualität immer eine hohe Kreditquote wählt und der Manager mit niedriger Firmenqualität immer eine geringe Kreditquote?

(c) Es lässt sich zeigen, dass ein Pooling-Gleichgewicht, in dem der Manager immer eine hohe Kreditquote wählt, nicht existiert. Wie interpretieren Sie dieses Ergebnis in Verbindung mit Ihrem Resultat aus der zweiten Teilaufgabe?

Lösungen:

(a) Der Spielbaum ist dargestellt in Abb. 18.1 Der Manager (M) entscheidet dabei, nachdem der Firmen-Typ von der Natur realisiert wurde, über das Signal. Anschließend schlagen die Beteiligungspartner (P) einen Vertrag vor. Dabei könne sie zwar das Signal der Finanzierungsstruktur beobachten, kennen jedoch nicht die Qualität der Firma.

Payoffs (M; P):

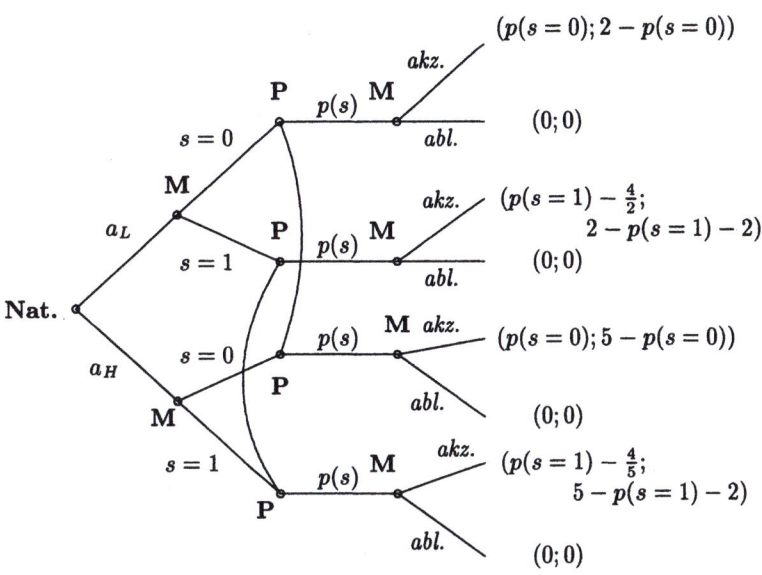

Abb. 18.1. Finanzierungsentscheidungen als Signal

(b)

1. *Verhaltensvermutung*

   Untersucht werden soll eine Separating-Situation, in der der Manager einer Firma von hoher Qualität das Signal $s = 1$ wählt, der Manager einer Firma geringer Qualität das Signal $s = 0$. Dies impliziert folgende Wahrscheinlichkeiten:

   $$p(s = 0|a_L) = 1 \Leftrightarrow p(s = 1|a_L) = 0$$
   $$p(s = 0|a_H) = 0 \Leftrightarrow p(s = 1|a_H) = 1$$

2. *Bestimmung der Beliefs*

   Sei $\alpha = p(a_L|s = 1)$ und $\beta = p(a_L|s = 0)$. Beide bedingten Wahrscheinlichkeiten lassen sich in der vermuteten Separating-Situation nach Bayes berechnen. Es existieren somit keine Out-of-equilibrium-Beliefs. Es gilt:

   $$\alpha = \frac{p(a_L)p(s = 1|a_L)}{p(a_L)p(s = 1|a_L) + p(a_H)p(s = 1|a_H)} = \frac{0,5 \cdot 0}{0,5 \cdot 0 + 0,5 \cdot 1} = 0$$

   und

$$\beta = \frac{p(a_L)p(s=0|a_L)}{p(a_L)p(s=0|a_L) + p(a_H)p(s=0|a_H)} = \frac{0,5 \cdot 1}{0,5 \cdot 1 + 0,5 \cdot 0} = 1 .$$

3. Herleitung des optimalen Vertrages

Aus der Konkurrenzsituation der beiden Beteiligungspartner als Principals ergibt sich, dass sie den Vertragsvorschlag aus einer Zero-Profit-Bedingung herleiten müssen: $E(B_P) = E(a - p - 2s) = 0$

Beobachten sie ein Signal von $s = 0$, so lautet der aus ihrer Sicht optimalerweise zu bietende Preis für die Firmenbeteiligung:

$$E(a - p - 2s|s = 0) = 0$$
$$E(a|s = 0) = p(s = 0)$$
$$2\beta + 5(1 - \beta) = p(s = 0)$$
$$p(s = 0) = 2 .$$

Nach Beobachtung eines Signals von $s = 1$ ergibt sich dagegen:

$$E(a - p - 2s|s = 1) = 0$$
$$E(a|s = 1) - 2 = p(s = 1)$$
$$2\alpha + 5(1 - \alpha) - 2 = p(s = 1)$$
$$p(s = 1) = 3 .$$

Der von den Beteiligungspartnern vorgeschlagene Vertrag lautet daher $P = \{p(s = 0) = 2, p(s = 1) = 3\}$.

4. Überprüfung der Gleichgewichtsvermutung

Ist es auf Basis des ermittelten Vertrages nun für die Manager-Typen tatsächlich optimal, sich gemäß der im ersten Schritt formulierten Verhaltensvermutung für ein Signal zu entscheiden? Für den Manager einer Firma mit geringer Qualität a_L gilt:

$$U_M(s = 0|a_L) = p(s = 0) - 0 = 2$$
$$U_M(s = 1|a_L) = p(s = 1) - 2 = 1 .$$

Der Manager einer Firma mit niedriger Qualität wählt somit tatsächlich, wie vermutet, das Signal $s = 0$ einer geringen Kreditquote, da ihm dies einen höheren Nutzen erbringt.

Für den Manager einer Firma von hoher Qualität a_H ergeben sich folgende Nutzen aus den beiden möglichen Signalen:

$$U_M(s = 0|a_H) = p(s = 0) = 5$$
$$U_M(s = 1|a_H) = p(s = 1) - \frac{4}{5} = \frac{11}{5} .$$

Auch er wird sich gemäß der Vermutung aus Schritt verhalten und sich für das Signal $s = 1$ einer hohen Kreditquote entscheiden. Die unterstellte

Separating-Situation stellt also tatsächlich ein Gleichgewicht dar, da bei dem oben charakterisierten Vertrag P keiner der beiden Manager-Typen vom vermuteten Verhalten abweichen wird.

(c) Da in dem betrachteten Beispiel eine Situation, in der ein Manager immer das Signal $s = 1$ einer hohen Kreditquote wählt, kein Gleichgewicht darstellt, können wir folgern, dass Signalling genau seine Funktion erfüllt. Es unterstützt ein separierendes Verhalten der beiden Manager-Typen, da das Signal eines hohen Schuldenstandes für den Manager mit der Firma geringer Qualität zu teuer ist. Er wird sich daher für eine niedrige Kreditquote entscheiden. Damit kann das Signal wie gewollt „wirken". Der „schlechte" Agent-Typ hat keinen Anreiz den „guten" Agent-Typ zu imitieren. Verstärkt wird dieser Effekt noch dadurch, dass das Signal negativ-produktiv wirkt, d.h. das Risiko, das mit einem hohen Kreditstand verbunden ist, reduziert noch zusätzlich das Firmenergebnis und belastet nicht nur den Nutzen des Managers. Somit fällt die Spreizung im Vertrag zwischen den gebotenen Preisen für die Beteiligung ausreichend gering aus, was wiederum den Anreiz zur Imitation durch den Manager der Firma mit niedriger Qualität reduziert.

18.2 Underpricing New-Stock-Issues - Signalling mit multiplen Signalen

Häufig reicht ein einzelnes Signal nicht aus, um dem Markt die notwendigen Informationen zu geben, die den Nutzen eines Agent erhöhen können. Ein Beispiel dafür liefert das Modell von Grinblatt und Hwang [23]. Während Leland und Pyle [40] untersuchen, wie der erwartete Cash-Flow einer Firma durch die Menge einbehaltener Firmenanteile vom Unternehmenseigner signalisiert werden kann, analysieren Grinblatt und Hwang [23] zwei Signale. Zum einen gehört dazu der einbehaltene Anteil an Aktien, zum anderen jedoch auch die Höhe des sogenannten „Underpricing", d.h. des Preisabschlags, dem der erstmalige Verkauf der Anteile am Markt unterliegt im Vergleich zum späteren Verkaufspreis. Ursache für die Notwendigkeit zweier Signale ist dabei die Annahme, dass der Markt weder den wahren Wert der Firmenanteile genau kennt, noch die Varianz des Wertes. Da der Firmeneigner annahmegemäß bessere Informationen über diese beiden Parameter besitzt als der Markt, kann er über die Herausgabe zweier Signale seine privaten Informationen öffentlich machen und dadurch seinen Nutzen erhöhen.

In vereinfachter Form betrachtet das Modell einen risikoaversen Firmeneigner oder Entrepreneur als Agent und viele risikoneutrale Investoren als Principals, die am Markt miteinander um Firmenanteile konkurrieren. Die Reihenfolge der Spielzüge lautet wie folgt:

1. Die Natur wählt Erwartungswert μ und Varianz σ^2 der Firmenanteile gemäß einer Verteilung F. Die Verteilungsparameter sind dem Firmeneigner bekannt, nicht jedoch den Investoren.

2. Der Entrepreneur behält einen Prozentsatz α der Anteile für sich und bietet den Rest für einen Preis von P_0 zum Kauf an.

3. Die Investoren entscheiden individuell, ob sie das Angebot annehmen oder ablehnen.

4. Der Marktpreis der Anteile ergibt sich zu P_1 und entspricht den Erwartungen der Investoren über μ.

5. Die Natur wählt den wahren Wert V eines Anteils mit $V \sim G(\mu, \sigma^2)$. Mit Wahrscheinlichkeit θ wird V den Investoren bekannt und ist dann der neue Marktpreis P_1.

6. Der Entrepreneur verkauft seine verbleibenden Anteile zum Marktpreis P_1.

Die Payoffs der Spieler in diesem vereinfachten Modell ergeben sich zu:

$$\pi_E = U((1-\alpha)P_0 + \alpha(\theta V + (1-\theta)P_1))$$

für den Entrepreneur, mit $U' > 0$ und $U'' < 0$, so dass der Firmeneigner tatsächlich risikoavers ist. Für die Investoren gilt:

$$\pi_I = (1-\alpha)(V-P_0) + \alpha[(1-\theta)(V-P_1) + \theta(V-V)]$$
$$= (1-\alpha)(V-P_0) + \alpha(1-\theta)(V-P_1)\,.$$

Der Payoff des Entrepreneurs setzt sich zusammen aus seinem Nutzen aus dem Verkauf der $(1-\alpha)$ Anteil zum Preis P_0 und aus dem Verkauf der restlichen Anteil zum späteren Zeitpunkt zu einem Preis von P_1 oder V. Der Payoff der Investoren ergibt sich aus dem wahren Wert der Aktien abzüglich des Kaufpreises. Dieser beträgt während des „Initial Offerings" noch P_0, danach entweder P_1 oder V, je nachdem ob die Investoren aufgrund ihrer Erwartungen für den wahren Aktienwert handeln müssen, oder ob sie V beobachten können (was mit einer Wahrscheinlichkeit von θ der Fall ist).

Die beiden vom Agent in diesem Modell ausgesendeten Signale sind der vom Entrepreneur einbehaltene Prozentsatz der Firmenanteile α, sowie der „Offering Price" P_0, aus dem die Investoren, wie zu zeigen ist, die Höhe des Underpricing ablesen können. Mit Hilfe dieser beiden Parameter versucht der Firmeneigner seine private Information über μ und σ^2 am Markt öffentlich zu machen. Im Modell von Leland und Pyle [40] kann der Entrepreneur lediglich durch die Wahl von α den erwarteten Wert der Anteile signalisieren. Als notwendige Annahme für die Wirkungsweise des Signals muss dabei jedoch unterstellt werden, dass den Investoren das Risiko der Anteilswertentwicklung bekannt ist. Das Einbehalten eines größeren Prozentsatzes eigener Aktien setzt den risikoaversen und nicht-diversifizierten Entrepreneur einem höheren Wohlfahrtsrisiko aus, wenn er mit einer geringeren Wertentwicklung seiner Anteile rechnet, als im Fall einer sehr positiven erwarteten Entwicklung von V. Dementsprechend kann der Firmenbesitzer über α tatsächlich ein glaubwürdiges Signal seiner privaten Information bezüglich μ weitergeben.

Grinblatt und Hwang [23] nehmen demgegenüber jedoch an, dass der Markt das Risiko der Anteilsentwicklung, σ^2, nicht kennt. Das Signal α allein ist hier nicht „fully revealing": ein niedriger Wert von α kann sowohl bedeuten, dass die Firma einen niedrigen Wert mit geringem Risiko hat oder dass sie einen hohen Wert mit hohem Risiko hat. Erst wenn der Entrepreneur zwei Signale aussendet (α und P_0), können die Investoren sowohl μ als auch σ^2 ableiten. Dementsprechend muss der Agent neben dem Einbehalten des Anteils α seiner Shares auch einen Preisabschlag hinnehmen, um einen hohen erwarteten Anteilswert signalisieren zu können.

Signalling ist auch hier teuer, denn der Entrepreneur verkauft einen Teil der Firma zu einem geringeren als dem wahren, d.h. dem tatsächlichen Firmenwert entsprechenden, Preis. Zusätzlich behält er Anteile ein, die er zu einem unsicheren zukünftigen Preis verkaufen wird und die somit sein Risiko erhöhen. Beide Kostenkomponenten sind aber notwendig, um glaubhaft einen hohen erwarteten Firmenwert signalisieren zu können, was den Preis dementsprechend steigen lässt.

Obwohl die Investoren selbst risikoneutral sind, spielt für sie die Varianz der Firmenanteile eine Rolle. Für einen risikoaversen Entrepreneur wird nämlich das Signal α umso glaubwürdiger sein, je höher sein Risiko, ausgedrückt in σ^2, ist. Es gilt somit, dass nur Entrepreneurs von Firmen mit hoher Qualität bereit sein werden, die Kosten des zusätzlichen Signals, d.h. des Underpricings, auf sich zu nehmen. Wie Grinblatt und Hwang [23] zeigen können, besteht für einen gegebenen Anteil einbehaltener Shares α eine feste Beziehung zwischen dem IPO-Preis P_0 und der Höhe des Underpricings, d.h. $P_1 - P_0$. Folglich gilt für konstantes α, dass zwischen der Höhe des Underpricing und dem Firmenwert, sowie zwischen Underpricing und Anteils-Varianz ein positiver Zusammenhang besteht. Für konstantes Underpricing sind dagegen α und σ^2 negativ miteinander verbunden. Daraus folgt wiederum, dass für konstante Varianz eine positive Beziehung besteht zwischen dem einbehaltenen Anteil α und der Höhe des Underpricing. Ebenso ergibt sich für konstante Varianz σ^2 ein positiver Zusammenhang zwischen Underpricing und Firmenwert.

Ein Entrepreneur kann somit einen hohen Erwartungswert für die Firmenanteile auf zwei Arten signalisieren: durch einen hohen einbehaltenen Anteil α und einen hohen IPO-Preis P_0, oder durch einen niedrigen Wert α und einen niedrigen Preis P_0. Wenn die Anteilswerte eine hohe Varianz haben, so wird der Entrepreneur lieber die zweite Strategie wählen, da sie sein Risiko reduziert. Investoren werden aus dem niedrigen einbehaltenen Anteil und dem niedrigen Preis schließen, dass der Erwartungswert der Anteile hoch ist und eine hohe Varianz aufweist. Der Preis wird daher nach Erstausgabe steigen. Behält der Entrepreneur dagegen nur einen kleinen Teil ein und verlangt einen hohen IPO-Preis P_0, so werden die Investoren folgern, dass sowohl der Erwartungswert der Anteilswerte als auch die Varianz gering ist und der Preis wird nicht steigen. Der niedrige Preis zusammen mit dem geringen Einbehaltungsteil signalisiert also einen hohen Erwartungswert mit hoher Varianz, was den Preis nach Erstausgabe steigert.

Insbesondere die letzten Aussagen sind in Modellen in der Form von Leland und Pyle [40] mit nur einem Signal nicht herleitbar. Vertragstheoretische Modelle der Finanztheorie bedienen sich daher häufig multipler Signale, um eine realistische Abbildung von Signalen in Finanzmarktentscheidungen zu erreichen.

18.3 Productive Education und Signalling

Im Unterschied zu dem in Kapitel 16.2 dargestellten Modell von Spence [62] soll in der folgenden Übungsaufgabe untersucht werden, wie Signale wirken, die auch die Produktivität des Agent beeinflussen. Einen ähnlichen Aspekt hatte bereits auch das erste Anwendungsbeispiel in diesem Kapitel zur optimalen Kapitalstrukturentscheidung als Signal analysiert. Im folgenden Beispiel wirkt das Signal jedoch produktivitätssteigernd.

Es werden drei Spieler betrachtet: ein Arbeitnehmer als Agent („Worker", W) und zwei potentielle Arbeitgeber („Employers", E) als Principals. Die Reihenfolge der Spielzüge ist gegeben mit:

1. Die Natur wählt die Fähigkeit des Arbeitnehmers mit $a \in \{2; 5\}$ mit jeweils gleicher Wahrscheinlichkeit. Die beiden potentiellen Arbeitgeber können die Fähigkeit des Agent nicht beobachten.

2. Der Arbeitnehmer wählt seinen Ausbildungsgrad $s \in \{0; 1\}$. Dieses Signal ist von den Principals beobachtbar.

3. Die Arbeitgeber bieten ihm daraufhin jeweils einen Lohnvertrag $w(s)$ an.

4. Der Arbeitnehmer nimmt entweder einen oder keinen der Verträge an.

5. Nachdem er einen Vertrag akzeptiert hat, wird der Output q realisiert mit $q = a + 2s$.

Die Payoffs der Spieler betragen $\pi_W = w - \frac{8s}{a}$ für den Arbeitnehmer, wenn er einen Vertrag annimmt, ansonsten 0. Für den Arbeitgeber, dessen Vertrag akzeptiert wird, ergibt sich sein Payoff zu $\pi_E = a + 2s - w$ bzw. 0 wenn sein Vertrag nicht angenommen wird.

Aufgaben:

(a) Gibt es ein Gleichgewicht, in dem der Arbeitnehmer niemals in Ausbildung investiert und die Arbeitgeber folgende Beliefs haben: $p(a = 2|s = 1) = 1$?

(b) Erläutern Sie, ob ein Gleichgewicht gemäß der ersten Teilaufgabe sinnvoll ist bzw. wäre.

Lösungen:

(a) Gefragt ist nach einem Pooling-Gleichgewicht, in dem beide Agent-Typen das Signal $s = 0$ wählen bei einem Out-of-equilibrium-Belief von $p(a = 2|s = 1) = 1$. Die grundlegende Struktur des Spiels erschließt sich wieder am einfachsten anhand des Spielbaums in Abb.18.2

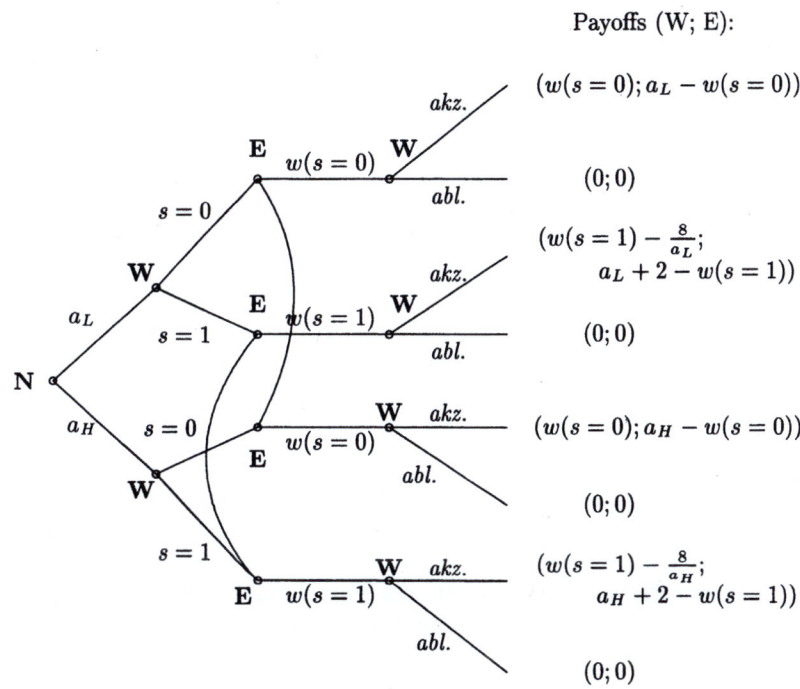

Abb. 18.2. Produktives Signalling

Die Lösung des optimalen Vertrages und die Analyse eines Pooling-Gleichgewichtes erfolgt anhand der üblichen Schritte:

1. *Verhaltensvermutung*

   Die Gleichgewichtsvermutung „Pooling", nach der beide Agent-Typen ein Signal von $s = 0$ wählen, liefert folgende Wahrscheinlichkeiten:

   $$p(s = 0|a_L) = p(s = 0|a_H) = 1$$

und

$$p(s = 1|a_L) = p(s = 1|a_H) = 1 \,.$$

2. *Bestimmung der Beliefs*

Wir definieren im Folgenden die fehlenden bedingten Wahrscheinlichkeiten, die die Principals nach Beobachtung des Signals den beiden Agent-Typen beimessen, zu:

$$\alpha = p(a_L|s = 0)$$
$$\beta = p(a_L|s = 1) \,.$$

Da die Beobachtung von $s = 1$ nicht erfolgen kann, sofern sich die beiden Agent-Typen an die Vorgabe der Gleichgewichtsvermutung halten, sind in diesem Fall β und $1 - \beta$ die sogenannten Out-of-equilibrium-Beliefs. Laut Aufgabenstellung soll dabei für β ein Wert von 1 angenommen werden.

Die Wahrscheinlichkeit α lässt sich dagegen nach Bayes ermitteln zu:

$$\begin{aligned} \alpha &= \frac{p(a_L) \cdot p(s = 0|a_L)}{p(a_L) \cdot p(s = 0|a_L) + p(a_H) \cdot p(s = 0|a_H)} \\ &= \frac{0,5 \cdot 1}{0,5 \cdot 1 + 0,5 \cdot 1} = 0,5 \end{aligned}$$

und entsprechend $1 - \alpha = 0,5$.

3. *Herleitung des optimalen Vertrages*

Aus der Konkurrenzsituation der beiden Principals folgt, dass jeder von ihnen nur dann zum Zug kommen kann, wenn er dem Agent einen möglichst günstigen Vertrag bietet. Sie werden sich daher solange unterbieten, bis sie gerade ihren Reservationsnutzen von Null erreicht haben. Im Gleichgewicht ergibt sich daher der optimale Vertrag aus der Zero-Profit-Bedingung $E(\pi_E|s) = 0$. Da der Payoff eines Principal hier definiert ist als $\pi_E = a + 2s - w(s)$, sofern sein Vertrag angenommen wird, ergibt sich daher folgendes: Beobachtet ein Principal ein Signal von $s = 0$, so wird er bereit sein, einen Vertrag anzubieten, für den gilt:

$$\begin{aligned} E(a|s = 0) + 2 \cdot 0 - w(s = 0) &= 0 \\ w(s = 0) &= \alpha a_L + (1 - \alpha)a_H \\ w(s = 0) &= 0,5 \cdot 2 + 0,5 \cdot 5 = 3,5 \,. \end{aligned}$$

Beobachtet er dagegen ein Signal von $s = 1$, so wird er bereit sein, einen Lohn von:

$$\begin{aligned} w(s = 1) &= E(a|s = 1) + 2 \cdot 1 \\ w(s = 1) &= \beta a_L + (1 - \beta)a_H + 2 \\ w(s = 1) &= 1 \cdot 2 + 0 \cdot 5 + 2 = 4 \end{aligned}$$

zu zahlen.

4. Überprüfung der Gleichgewichtsvermutung

Wird dem Agent mit der niedrigen Fähigkeit a_L ein Vertrag $W = \{w(s = 0) = 3,5;\ w(s = 1) = 4\}$ angeboten, so ergeben sich für ihn folgende mögliche Payoffs in Abhängigkeit von seiner Wahl des Signals:

$$\pi_W(s = 0|a_L) = w(s = 0) = 3,5$$

und

$$\pi_W(s = 1|a_L) = w(s = 1) - \frac{8 \cdot 1}{a_L} = 4 - \frac{8}{2} = 0 .$$

Für ihn ist es also nutzenmaximierend, tatsächlich das Signal $s = 0$ zu wählen und damit nicht von dem im ersten Schritt spezifizierten Strategien-Profil abzuweichen.

Für den Agent mit der hohen Fähigkeit a_H gilt dagegen:

$$\pi_W(s = 0|a_H) = w(s = 0) = 3,5$$

und

$$\pi_W(s = 1|a_H) = w(s = 1) - \frac{8 \cdot 1}{a_H} = 4 - \frac{8}{5} = 2,4 .$$

Obwohl ihm also geringere Kosten durch das Signal von $s = 1$ entstehen, ist die Lohnspreizung zwischen $w(s = 0)$ und $w(s = 1)$ nicht ausreichend hoch, um das Signal $s = 1$ für ihn lohnend zu machen. Er wird somit ebenfalls nicht abweichen und $s = 0$ wählen.

Eine Pooling-Situation mit $s = 0$ ist somit tatsächlich ein Gleichgewicht, sofern wir für β einen Wert von 1 unterstellen.

Exkurs: Gäbe es Werte für β, für die die dargestellte Pooling-Situation kein Gleichgewicht mehr darstellt?

Die einfachste Vorgehensweise besteht darin, zu prüfen, was für die beiden Extremwerte von β, d.h. für $\beta = 0$ und $\beta = 1$ gilt. Da wir $\beta = 1$ bereits in der obigen Aufgabe unterstellt haben und ein Gleichgewicht resultierte, müssen wir nun noch das Ergebnis für $\beta = 0$ analysieren.

Durch den geänderten Wert von β ergibt sich ein neuer Vertrag. Während der Lohn bei einer („Gleichgewichts-")Beobachtung von $s = 0$ unverändert bleibt, lautet der optimale Lohn für $s = 1$ bei Konkurrenz der Principals nun:

$$w(s = 1) = 0 \cdot a_L + 1 \cdot a_H + 2 \cdot 1 = 7 .$$

Die Änderung der Out-of-equilibrium-Beliefs bewirkt nun also eine wesentlich größere Lohnspreizung als zuvor.

Überprüfen wir nun die Gleichgewichtsvermutung, so stellen wir fest, dass trotz der Lohnspreizung der Agent mit niedriger Arbeitsfähigkeit a_L weiterhin $s = 0$ wählen wird, da:

$$\pi_W(s=0|a_L) = w(s=0) = 3,5 > \pi_W(s=1|a_L) = w(s=1) - \frac{8 \cdot 1}{2} = 3 \, .$$

Allerdings weicht nun der Agent mit der hohen Arbeitsfähigkeit a_H von der vermuteten Strategie ab und wählt stattdessen $s=1$, da:

$$\pi_W(s=0|a_H) = 3,5 < \pi_W(s=1|a_H) = w(s=1) - \frac{8 \cdot 1}{5} = 5,4 \, .$$

Für ausreichend kleine Werte von β ist die Lohnspreizung somit groß genug, um für den Agent mit der Fähigkeit a_H das Signal $s=1$ lohnend zu machen. Die unterstellte Pooling-Situation ist dann kein Gleichgewicht mehr.

(b) Das in der ersten Teilaufgabe ermittelte Gleichgewicht bei Beliefs von $\beta = 1$ ist in der Tat nicht sinnvoll. Für $\beta = p(a_L|s=1) = 1$ gilt, dass jeder der Principals nach Beobachtung des Signals $s=1$ mit Sicherheit auf einen Agent mit niedriger Fähigkeit zurückschließt. Damit wirkt das Signal „Ausbildung" geradezu negativ. Es kann für keinen der beiden Agent-Typen mehr lohnend sein, in Ausbildung (d.h. $s=1$) zu investieren, da aufgrund der unterstellten Out-of-equilibrium-Beliefs ein Principal selbst nach Beobachtung des Signals $s=1$ einen kaum höheren Lohn zu zahlen bereit ist, als nach Beobachtung von $s=0$. Da eine Investition in Ausbildung ($s=1$) jedoch mit Kosten verbunden ist, kann die nur geringe Lohnspreizung selbst für den Agent mit der hohen Fähigkeit, dessen Investitionskosten noch vergleichsweise gering sind, dies nicht aufwiegen.

Teil VI

Die Theorie unvollständiger Verträge

Einleitung

Auch wenn die bislang betrachteten Verträge eventuell nicht vollständig im Sinne eines „State-Contingent"-Ansatzes von Arrow und Debreu waren, so stellten sie doch zumindest umfassende („comprehensive") Verträge im Sinne von Holmström und Tirole [36] dar. Ein *umfassender Vertrag* ist dabei vollständig, in dem Sinne, dass er zu keinem Zeitpunkt revidiert oder ergänzt werden muss. Ein unvollständiger Vertrag nutzt dagegen nicht alle den Vertragsparteien zur Verfügung stehenden Informationen optimal aus. Typischerweise sind unvollständige Verträge dadurch gekennzeichnet, dass sie zu einem späteren Zeitpunkt nachverhandelt, d.h. ergänzt oder revidiert, werden.

Tatsächlich zählen die meisten Verträge der realen Welt zur Kategorie der unvollständigen Verträge. Sie konditionieren typischerweise nicht auf alle relevanten, öffentlich beobachtbaren Informationen. Des Weiteren sind sie meist nur für einen begrenzten Zeithorizont geschrieben und werden häufig von den beteiligten Parteien nachverhandelt. Ein weiterer Hinweis auf die Unvollständigkeit von Verträgen der realen Welt ist die Vielzahl von Gerichtsverhandlungen, die deutlich kostspielieger sind als private Schlichtungen. Offensichtlich scheint es jedoch lohnend zu sein, in Verträgen Lücken zu lassen und diese später vor Gericht nachzuverhandeln.

Als Antwort auf die Frage, warum Verträge unvollständig sind, wird meist genannt, dass es häufig unmöglich oder auch einfach nur zu kostspielig ist, einen Vertrag auf die vielen möglichen Zustände der Welt zu konditionieren. Da die Anzahl und die Unterschiedlichkeit der zu berücksichtigenden Umweltzustände mit der Vertragslaufzeit ansteigt, steigert insbesondere die Langfristigkeit von Verträgen die Transaktionskosten bei der Verhandlung umfassender Verträge.

Die Theorie der unvollständigen Verträge formalisiert obige Betrachtungen durch die Annahme, dass es unmöglich oder prohibitiv teuer ist, einen langfristigen Vertrag zu schreiben, der auf alle möglichen zukünftigen Zustände der Welt konditioniert ist. Ein sogenannter Spot-Vertrag, d.h. ein kurzfristiger Vertrag, der sich nur auf einen bereits realisierten Zustand bezieht, kann dagegen ohne bzw. mit nur sehr geringen Transaktionskosten abgeschlossen werden. Neben einem solchen Spot-Vertrag besteht eine weitere Lösung des Problems unvollständiger Verträge darin, zwar langfristige, aber nichtkonditionale Verträge zu schreiben. In diesem von Grossman und Hart [25] formalisierten Ansatz geht es vor allem darum, eine *Governance-Structure*, d.h. eine Kontrollstruktur, vertraglich festzulegen, an der sich die Nachverhandlungen des ursprünglich geschlossenen Vertrages orientieren.

Die Entwicklung der Theorie unvollständiger Verträge in den letzten beiden Dekaden richtete sich im Wesentlichen an der Frage nach der optimalen Größe einer Firma oder Organisation aus (Hart [29]). Allgemeiner formuliert geht es um den Trade-off zwischen einer zentralisierten Lösung von Principal-Agent-Problemen innerhalb einer Organisation (der „Firma") und einer dezentralisierten Lösung über den Markt. Ursache für das Interesse an dem optimalen institutionellen Rahmen für Probleme asymmetrisch verteilter Informationen war dabei die Beobachtung, dass Verträge, die die Informationsprobleme optimal lösen könnten, in der realen Welt aufgrund ihrer Unvollständigkeit nicht unbedingt auch implementiert werden können. Während die frühen Ansätze der Vertragstheorie den Rahmen für die betrachtete Beziehung zwischen Principal und Agent weitgehend offen ließen, stellte sich nun die Frage, ob der institutionelle Rahmen der Vertragsbeziehung für unvollständige Verträge eine Rolle spielt. Neben dem Markt als Ort des Zusammentreffens anonymer Spieler und somit als dezentrale Lösung, kristallisierte sich die Firma als eine Organisationsstruktur heraus, in der die Vertragsparteien in einem festen Verhältnis zueinander stehen und Informationsprobleme in diesem Sinne zentral gelöst werden. Beide dieser Rahmen-Konstrukte für Vertragsbeziehungen dienen dabei der Lösung desselben Problems: dem optimalen Vollzug von Transaktionen zwischen asymmetrisch informierten Akteuren. Es ergab sich daher die Frage, ob das beobachtete Nebeneinander-Bestehen von Markt und Firma durch die Existenz unvollständiger Verträge erklärt und rechtfertigt werden könne und wo die optimale Grenze zwischen den beiden Formen gezogen werden solle. Da ökonomische Transaktionen grundsätzlich sowohl dezentral über Märkt als auch zentral innerhalb fester Organisationsformen abgewickelt werden können, hat die Theorie unvollständiger Verträge Implikationen für fast alle Bereiche ökonomischen Wirkens. Als naheliegende Beispiele seien genannt der optimale Grad von Unternehmenszusammenschlüssen, d.h. Mergers and Acquistions, Diversifikationsentscheidungen von Firmen, die Entscheidung zwischen einem „Entrepreneur- versus Intrapreneurship"-Firmenaufbau, die optimale Gestaltung von Joint-Ventures und Strategischen Allianzen, oder auch die Entscheidung für und wider das Outsourcing von Geschäftsbereichen.

In den folgenden Kapiteln soll die Entwicklung der Theorie unvollständiger Verträge anhand ihrer Historie nachvollzogen werden. Dazu muss zunächst auf die Grundlagen der Theorie der Firma eingegangen werden, bevor die Charakteristika der zu dieser Theorierichtung gehörenden Arbeiten zusammengefasst werden können. Festzuhalten bleibt, dass dieser Bereich der Vertragstheorie noch immer viele offene Fragen enthält und aufgrund seiner Aktualität noch keinen geschlossenen Arbeitsrahmen darstellt. Dementsprechend sind die im Folgenden skizzierten Ansätze nicht als eine geschlossene Theorie zu verstehen, sondern als individuelle Arbeiten, die sich noch nicht völlig ebenmäßig in ein einheitliches Gedankengebilde einfügen.

Den Kern der Theorie unvollständiger Verträge, so wie sie derzeit gesehen und interpretiert wird, stellen dabei die Arbeiten von Grossman und Hart [25] und Hart und Moore[30] dar. Beide befassen sich intensiv mit den Vor- und Nachteilen einer Integration von Aufgaben innerhalb einer Firma versus der Allokation über Märkte und konzentrieren sich hierbei vor allem auf den Begriff des Eigentums. Die Theorie unvollständiger Verträge wird daher in diesem Sinne häufig auch als *Property-Rights-Theorie* bezeichnet. Während sich die zur Property-Rights-Theorie gehörenden Arbeiten weitgehend als statische Spiele charakterisieren lassen, stellen die neueren Ansätze im Rahmen der „Relational-Contracts" vor allem auf Reputationseffekt in wiederholten Spielen ab. Häufig werden die in diesen Arbeiten analysierten Konzepte auch als implizite Verträge bezeichnet. Neben einer detaillierten Analyse von Eigentumsrechten steht in diesen Ansätzen eine genaue Abgrenzung von Märkten und Firmen im Mittelpunkt. Dabei spielen Aspekte wie die Delegation von informeller Autorität und das Setzen geeigneter Anreize in Multi-Tasking-Beziehungen eine wichtige Rolle.

Die Theorie der Firma im historischen Kontext

Im Rahmen der Vertragstheorie stellt der Begriff der Firma eine wichtige Größe dar. So ist eine Organisation oder Firma grundsätzlich als Alternative zum Markt zu sehen, die bei Existenz von Vertragsproblemen in der Lage sein kann, bessere Ergebnisse hinsichtlich der Motivation und Koordination der Vertragsparteien zu liefern.

Betrachtet man eine Firma aus dem Blickwinkel der strategischen Managementtheorie, so gilt, dass ihre Performance bestimmt wird durch die Firmenumgebung, die gewählte Strategie und ihre spezifische Organisation. Nimmt man die Firmen-Umgebung als exogen gegebene Größe an, so gilt, dass die Wahl von Strategie und Organisation der Firma in Übereinstimmung mit ihrer Umgebung zu einer Optimierung der Firmen-Performance führen sollte. Die Organisation einer Firma kann dabei definiert werden als die Art und Weise, mit der die gewählte Strategie realisiert und ausgeführt wird. Zur Organisation gehören dabei die in der Firma beschäftigten Personen, die Gebäude, die Prozesse und die Firmen-Kultur. Der Manager oder Besitzer einer Firma hat dabei das Recht, über die Strategie und Firmen-Organisation zu entscheiden. Mit der Wahl der Organisationsform setzt er Anreize für die Beschäftigten, die zu bestimmten Handlungen, d.h. im Sinne der Vertragstheorie zu vertraglich induzierten Aktionen, führen können. In welcher Weise beeinflusst nun die Existenz asymmetrischer Informationen und die sich daraus ergebende Notwendigkeit von Verträgen die Grenzen einer Firma im Vergleich zu einer vertraglichen Lösung über den Markt?

Analysiert man die Frage nach der optimalen Größe einer Firma im historischen Kontext, so stößt man zunächst auf Hayek, der sich mit der optimalen Allokation von Ressourcen auseinandersetzte. Er zog aus seinen Überlegungen zu einer zentralisierten versus einer dezentralisierten Planung den Schluss, dass Märkte sowohl Ressourcen effizient allozieren als auch Wissen effizient nutzen. Für ihn war klar, dass ein zentraler Planer (im Sinne eines Firmen-Managers) niemals das Wissen von Millionen dezentralisierter Wirtschaftssubjekte aggregieren könne. Ursache für das effiziente Wirken der Märkte war

seiner Meinung nach, dass das Preissystem einen wirkungsvollen Anreizme-
chanismus für alle beteiligten Wirtschaftssubjekte darstellt, ihr Wissen am
Markt öffentlich zu machen. Seine Schlussfolgerung negiert jedoch die in der
Realität existierende Vielzahl von Firmen, da in ihnen der Preismechanismus
typischerweise nicht wirkt.

Coase [15] befasst sich mit dieser Problematik genauer. Er stellte fest, dass
Koordination auf Märkten nicht kostenfrei erfolgt. Insbesondere entstehen
durch die Suche nach Preisen für bestimmte Transaktionen, durch Verhandlungen und Vertragsabschlüsse, sowie auch durch Unsicherheiten und langfristige Zeithorizonte, Kosten, die auch ein ansonsten effizienter Markt nicht
beseitigen kann. Als entscheidend für die Größe einer Firma, d.h. den Umfang
der von ihr vorgenommenen Transaktionen, sah er die sogenannte „marginale"
Transaktion an. Sie ergibt sich als die letzte von einer Firma übernommene
Transaktion. Warum organisiert ein Firmenbesitzer nicht noch eine weitere
Transaktion? Aufgrund sinkender Skalenprodukte beschränken die von Coase definierten Transaktionskosten den Umfang der Firmen-Tätigkeit. Bezieht
man die Existenz einer Firma nur auf eine Transaktion, die von ihr vorgenommen wird, so schloss Coase, dass eine Firma genau dann existiert, wenn
sie eine Transaktion effizienter vornehmen kann als der Markt. Obwohl eine
einflussreiche Schlussfolgerung für den weiteren Fortgang der Theorie der optimalen Firmengröße, ist dieser Aussage mit Vorsicht zu begegnen. Da Coase
den Begriff der Transaktionskosten in seiner Arbeit gerade so definierte, dass
sie seine Aussage stützten, stellt der Satz an sich (lediglich) eine Tautologie
dar - wenn auch eine nützliche.

Die bisher dargestellten Ansätze, sowie auch ganz allgemein die neoklassische
Theorie, die in der Firma lediglich eine Produktionsfunktion sieht, in der ein
Manager versucht, den Nutzen der Anteilseigner zu maximieren (Mas-Colell et
al. [42]), konnten somit die Frage nach der optimalen Größe einer Firma nicht
befriedigend beantworten. Insbesondere blieb das sogenannte *Williamson-
Puzzle* zunächst ungelöst. Selbst unter Berücksichtigung von abnehmenden
Grenzerträge einer Integration von Firmen stellte sich nämlich die Frage,
warum auch selektive Inverventionen, in denen die Produktionsmöglichkei-
tenmenge durch einen Firmenzusammenschluss nur dann erhöht wird, wenn
sie zu einer Pareto-Verbesserung für beide Firmen führt, nicht in eine einzige
große Firma münden.

Auch der Principal-Agent-Ansatz in der frühen Vertragstheorie stellte zur Be-
antwortung des Williamson-Puzzles keine Hilfe dar (Sappington [57]). Auf Basis des Nutzenmaximierungs-Theorems von informierten Agents zu Lasten uninformierter Principals kann dieser Ansatz zwar die optimale Anreizstruktur
in Verträgen zwischen Firmeneigentümern und Managern herleiten, erlaubt
jedoch keine Aussagen über die optimale Struktur von Verträgen zwischen
Firmen. Insbesondere wird auch nicht unterschieden zwischen Verträgen innerhalb von Firmen (z.B. zwischen Manager und Eigentümer oder zwischen

Lieferanten und Firma), und solchen, die zwischen rechtlich unabhängigen Firmen abgeschlossen werden.

Klein et al. [37] haben sich mit einem spezifischen Teil der Frage nach der optimalen Firmengröße auseinander gesetzt. Sie definieren ein sogenanntes *Hold-up-Problem*, das entsteht, wenn eine Vertragspartei transaktionsspezifische Investitionen vornimmt, die ihr aufgrund des „Sunk-Cost"-Charakters dieser Investitionen später nicht entlohnt werden. Im Rahmen einer Firmen-Organisation handelt es sich hierbei vor allem um Investitionen in Innovationen, Spezialisierung oder auch Design. Als Beispiele für solche transaktions- oder beziehungsspezifischen Investitionen sind spezielle Produkte zu nennen, die eine Firma nur für einen bestimmten Kunden entwickelt, oder auch die Fähigkeiten eines Arbeitnehmers, die er nur im Arbeitsverhältnis zu einem bestimmten Arbeitgeber einsetzen kann. Werden solche Investitionen in langfristigen und umfassenden Verträgen nicht berücksichtigt, so ist es für einen Agent nicht sinnvoll, die Investition überhaupt durchzuführen. Da die Investitionskosten für den Agent Sunk-Costs darstellen, wird der Principal aus seinem opportunistischen Nutzenmaximierungs-Kalkül heraus versuchen, die bereits getätigte Investition und das daraus resultierende Bindungsverhältnis des Agent zu seinen Zwecken auszubeuten. Das Hold-up-Problem bezeichnet somit die Aneignung von Quasi-Renten durch den Principal, die durch eine Spezialisierungs-Investition des Agent generiert werden.

Das Hold-up-Problem ist sehr eng verbunden mit der Unvollständigkeit von Verträgen. Die Unmöglichkeit, für jeden realisierbaren Umweltzustand einen umfassenden Vertrag zu schreiben, führt dabei zu zwei unterschiedlichen Arten von Problemen: zum einen kommt es ex-post zu einem Streit über die Aneignung von Renten. Noch wichtiger ist jedoch das (für den Agent optimale) ex-ante bereits ineffizient geringe Niveau von Investitionen, das zu einer zu geringen Spezifizierung von Assets führt. Agents werden nur dann bereit sein, spezifische Investitionen vorzunehmen, wenn sie eine Ausbeutung durch den Principal vermeiden können. Bezogen auf die optimale Firmengröße prognostiziert der Ansatz von Klein et al. [37] somit eine umso stärkere vertikale Integration von Firmen und damit eine höhere Wahrscheinlichkeit von langfristigen Verträgen, je größer die durch das Hold-up-Problem entstehenden Quasi-Renten sind. Durch vertikale Integration steigt dabei die Größe der Firma. Da der Principal durch die Integration der Transaktion nun an der Investition teilhat, wird das Hold-up-Problem für den Agent abgebaut und dieser erhält wiederum Anreize, die spezifische Investition überhaupt durchzuführen. Je stärker also das mit bestimmten Investitionen verbundene Hold-up-Problem, desto größer sollte der Umfang der Firma im Optimum sein, sofern sich die aus den Investitionen resultierenden Assets in das Produktionsmöglichkeitenprofil der Firma integrieren lassen.

Williamson [68] formalisierte das auf seine eigenen früheren Arbeiten zurückgehende Konzept der Transaktionskosten weiter. Grundannahmen seiner späteren Transaktionskostenökonomie sind dabei die begrenzte Rationalität der

Marktteilnehmer, die zu unvollständigen Verträgen führt, indem nicht alle möglichen Umweltzustände bedacht und kontrahiert werden, sowie ihr opportunistisches Verhalten. Die durch Transaktionen ausgelösten Kosten hängen seiner Meinung nach vor allem vom Grad der Asset-Spezifizität, der Häufigkeit der Transaktion und dem Grad der mit der Transaktion verbundenen Unsicherheit ab. Transaktionsspezifische Investitionen verändern dabei den Charakter der Handlung völlig: während Transaktionen zunächst anonym zwischen verschiedenen Marktteilnehmern erfolgen, die ihrerseits über eine Vielzahl von alternativen Transaktionen verfügen, führt die Spezifizierung der Assets durch die beziehungsspezifische Investition zu einer Abhängigkeits-Situation zwischen den beteiligten Vertragspartnern. Aus der Transaktionskosten-Ökonomie folgt, dass Transaktionen mit einer höheren Spezifizität, Frequenz und Unsicherheit mit größerer Wahrscheinlichkeit zu einer Lösung innerhalb von Firmen führen, da hier das Problem des Hold-up sowie der Unvollständigkeit von Verträgen leichter gelöst werden kann bzw. irrelevant wird und Fixkosten besser aufgeteilt werden können als über einen Markt.

Obwohl eine weiterer Meilenstein auf dem Weg zur Theorie der optimalen Firmengröße war auch die Transaktionskosten-Ökonomie von Williamson mit einigen Nachteilen verbunden. Da die optimale Abgrenzung von Markt und Firma von den Vor-und Nachteilen der beiden Transaktionsmöglichkeiten abhängt, sollte eine Theorie auch auf beide Aspekte eingehen. Allerdings konzentrierte sich die Theorie von Williamson hauptsächlich auf die Kosten der Marktlösung und die Vorteile einer Firmenlösung, vernachlässigte dabei jedoch die beiden anderen Kategorien. Insbesondere beantwortete sie nicht die Frage, warum die Integration von Transaktionen in Firmen die Transaktionskosten verringert. Sie machte des Weiteren zum Problem der selektiven Integration keine Aussage und vernachlässigte vor allem die spezifischen Beziehungen zwischen den Vertragspartnern, die weiteren Aufschluss hätten geben können.

Die bisher dargestellten Ansätze zur optimalen Größe der Firma konzentrieren sich auf den Umfang der Transaktionen, die die Firma vornehmen sollte. Die als ein wesentlicher Kern der Theorie unvollständiger Verträge bezeichnete Arbeit von Grossman und Hart [25] befasst sich im Gegensatz dazu stärker mit den Assets, die eine Firma besitzen sollte und definiert darüber ihre Größe. Häufig wird diese Theorie auch als „Property-Rights"-Ansatz bezeichnet, da sie versucht, Aspekte wie das Williamson-Puzzle oder das Hold-up-Problem auf Basis einer Analyse der Eigentumsrechte der beteiligten Parteien zu beleuchten.

Unvollständige Verträge und Eigentumsrechte

Der Ansatz von Grossman und Hart [25] stellt zum ersten Mal eine umfassende Analyse von Vor- und Nachteilen der (vertikalen) Integration von Transaktionen bzw. Firmen dar. Basis ihrer Analyse ist dabei die Definition von „Property Rights", d.h. von Eigentumsrechten an Assets. Nach Grossman und Hart [25] ist das Eigentum an einem Wertgegenstand definiert als das residuale Kontrollrecht, über diesen Gegenstand in allen Zuständen der Welt frei verfügen zu können, in denen das Recht nicht durch einen expliziten Vertrag eingeschränkt ist. Wären umfassende Verträge möglich, so wäre die Unterscheidung zwischen spezifischen und residualen Kontrollrechten hinfällig, da dann jeder Umweltzustand durch einen spezifischen Vertrag eingefangen und somit das residuale Kontrollrecht eingeschränkt wird. Sind Verträge jedoch unvollständig, so ist der Eigentümer derjenige Vertragspartner, der in allen Umweltzuständen, in denen der Vertrag keine Aussage über die Nutzung des Assets macht, über die Verwendung des Assets entscheidet. Zu beachten ist, dass der Eigentümer nach dieser Definition nicht notwendigerweise auch der Besitzer des Wertgegenstandes sein muss. Vielmehr stellt es sich in einigen Modellen als gleichgewichtiges Ergebnis heraus, dass Eigentümer und Besitzer identisch sind. Dies ist jedoch nicht per Definition gesichert.

Neben dieser Charakterisierung von Eigentumsrechten liegt eine zentrale Aussage des Modells von Grossman und Hart in der Definition einer Firma: sie bezeichnen eine Firma als die Menge an physischen Assets, die zum Eigentum der Firma gehören. Damit zählt das Humankapital der Angestellten nicht zur Firma, die Maschinen, Gebäude und Kundenlisten jedoch schon.

Optimale unvollständige Verträge nach Grossman und Hart [25] haben das Ziel, die Investitionsanstrengungen der Vertragsparteien so zu beeinflussen, dass bereits im Zeitpunkt 0, d.h. ex-ante, eine effiziente Allokation erreicht wird. Da annahmegemäß nur kurzfristige Verträge sinnvoll abgeschlossen werden können, besteht die Gefahr, dass über die Aufteilung des erst in Periode 1 produzierten Outputs selbst nach Vertragsabschluss Uneinigkeit besteht, und der Vertrag nachverhandelt werden muss. Um zu vermeiden, dass ein kurzfristiger Spot-Vertrag nur ex-post effizient ist, d.h. nachdem in der Periode 1 die Vertragspartner symmetrische Information besitzen, müssen bereits im Vertrag der Periode 0 geeignete Anreize gesetzt werden. Nach der Theorie unvollständiger Verträge im Sinne von Grossman und Hart [25] ist dies durch eine optimale Allokation von Eigentumsrechten möglich. Über eine Allokation der Eigentumsrechte können die Investitionsanreize so gesetzt werden, dass bereits in Periode 0 ein effizientes Investitionsniveau erreicht wird.

Eine vertikale Integration von Firmen muss nach dieser Theorie nicht unbedingt optimal sein. Vertikale Integration beeinflusst die Eigentumsrechte und somit die Investitionsanreize sehr stark. Die Theorie unvollständiger Verträge ist daher der erste Ansatz, der Vor-und Nachteile einer vertikalen Integration von Firmen in einem geschlossenen Ansatz berücksichtigt und Aussagen über die optimale Größe einer Firma treffen kann. Als Resultat ergibt sich, dass die Vertragspartei das Asset besitzen sollte, deren Investitionen den Wert des Assets am stärksten erhöhen. Sie sollte die Transaktion somit in ihren Handlungsbereich integrieren.

Ein einfaches Modell kann diesen Zusammenhang leicht verdeutlichen. Nehmen wir an, es existieren in einer Volkswirtschaft zwei Firmen, A und B, die in einer vertikalen Beziehung zueinander stehen, d.h. A „kontrolliert" oder „liefert an" B. Beide Firmen können jeweils eine spezifische Investition vornehmen in Höhe von x bzw. y. Beide Investitionen sollen dabei mit Kosten von $1/2c^2$ verbunden sein. Die Investitionsentscheidung sei dabei ex-ante nicht kontrahierbar. Beide Firmen produzieren auf Basis ihrer Investition ein gemeinsames Asset, dessen Wert unter anderem davon abhängt, welche der Firmen das Asset „besitzt". Arbeiten beide Firmen in einer Kooperationsbeziehung zusammen, so gilt für den Wert V des Assets: $V(x,y) = k_A x + k_B y$. Anderenfalls ergibt sich der Wert des von Firma A bzw. B produzierten Assets zu $v_A(x,j)$ oder $v_B(y,j)$, wobei j die Firma bezeichnet, die das Asset besitzt. Dabei gilt: $v_j(z,j) = z$ und $v_j(z,i) = 0$. Könnten die beiden Firmen ex-post über die Verteilung des Assets verhandeln, so würde dies immer zur effizienten Lösung führen. Die Gewinne der Firmen hängen dabei davon ab, wer das Asset schlussendlich besitzt und welche Investitionen vorgenommen wurden.

Besitzt Firma A das Asset alleine, so dass beide Firmen getrennt voneinander arbeiten, so ergeben sich folgende Payoffs für Firma A und B:

$$v_A(x,A) + \frac{1}{2}[V(x,y) - v_A(x,A) - v_B(y,A)] = \frac{k_A x + k_B y + x}{2}$$

und

$$v_B(y,A) + \frac{1}{2}[V(x,y) - v_A(x,A) - v_B(y,A)] = \frac{k_A x + k_B y}{2}.$$

Der zweite Term in beiden Formeln ergibt sich dabei durch die ex-post Verhandlung der Firmen über den erzielten Asset-Wert. Es wird dabei angenommen, dass beide Firmen die gleiche Verhandlungsmacht besitzen, den über ihren direkten Payoff hinausgehenden Wert des Assets also gleichmäßig aufteilen. Die optimalen Investitionsbeträge für beide Firmen ergeben sich daher zu $x^* = (k_A + 1)/2$ und $y^* = k_B/2$.

Besitzt dagegen Firma B das Asset, so liegt effektiv eine Integration der beiden Firmen vor (aufgrund der vertikalen Integration von A und B). Es ergeben sich dann auf Basis derselben Überlegungen wie oben die optimalen Investitionsbeträge zu $x^{**} = k_A/2$ und $y^{**} = (k_B + 1)/2$.

Welche der beiden Organisationsstrukturen - die getrennte, in der A das Asset besitzt, oder die integrierte, in der Firma B das Asset besitzt - zu präferieren ist, hängt offensichtlich lediglich davon ab, welche Firma die Investition mehr wertschätzt, d.h. von den Werten k_A und k_B. Das Eigentum über das Asset beeinflusst die Anreize zur ex-ante nicht kontrahierbaren Investition und sollte daher so zugeteilt werden, dass diese Anreize optimal gesetzt werden.

Aus den Überlegungen von Grossman und Hart [25] sowie Hart und Moore [30] folgt, dass der Besitz von Assets und somit die Grenzen einer Firma durch die marginalen Investitionsanreize bestimmt werden sollten, die trotz des Hold-up-Problems bestehen. Während Märkte den Vertragsparteien die Möglichkeit geben, Assets an sich zu nehmen und die Vertragsbeziehung zu beenden, sind Firmen definiert durch das Eigentum an Assets, d.h. durch residuale Kontrollrechte.

Fasst man die beiden Kernannahmen der Theorie unvollständiger Verträge im Sinne des Property-Rights-Ansatzes zusammen, so gilt, dass zentrale Entscheidungsvariablen, wie beispielsweise die Investitionshöhe, zwar beobachtbar, aber nicht gegenüber Dritten verifizierbar sind. Verträge können somit nicht auf diese Variablen konditioniert werden. Des Weiteren wird unterstellt, dass langfristige Verträge, die regeln, wie der zukünftig erwirtschaftete Überschuss auf die Vertragsparteien aufzuteilen ist, nicht möglich sind. Dies induziert das dargestellte Hold-up-Problem. Die einzigen möglichen langfristigen Verträge konditionieren auf die Eigentumsrechte, d.h. auf die residuale Kontrollstruktur über die betrachteten Assets.

Insbesondere über die zweite Annahme herrscht in der Literatur Uneinigkeit. So wird sie häufig als zu künstlich kritisiert. Als Argumentation für die Nicht-Existenz langfristiger Verträge führt die Theorie unvollständiger Verträge lediglich an, dass es prohibitiv kostspielig ist, ex-ante einen langfristigen Vertrag über zukünftiges Handeln abzuschließen. Nach Realisierung des Umweltzustandes, d.h. ex-post, kann ein solcher Vertrag jedoch kostenlos abgeschlossen werden. Die neueren Ansätze der Theorie unvollständiger Verträge greifen diesen Aspekt vielfach auf. Sie untersuchen, wie das Problem der Langfristigkeit von Verträgen abgemildert werden kann, beispielweise durch besondere Beziehungen zwischen den vertragschließenden Parteien, die vor allem durch Reputationseffekte beeinflusst werden.

Neuere Ansätze der Theorie unvollständiger Verträge

22.1 Firmen als Bündel komplementärer Instrumente

Milgrom, Roberts und Holmström ergreifen in neueren Arbeiten einen weiteren Blickwinkel auf Firmen und ihre Grenzen. So wird eine Firma typischerweise als ein System aus Anreizen gesehen bzw. als eine Sub-Ökonomie (Holmström [33]), die durch das Eigentum an Assets, die Stärke der Anreize, die Autoritäts-Beziehung sowie die Aufgaben-Zuweisung charakterisiert ist. Firmen stellen somit ein Bündel an komplementären Instrumenten dar. Da Agents in Firmen mehrere Aufgaben erfüllen, liegt es nahe, ihnen diese Aufgaben in verschiedenen Bündeln zuzuweisen. Die Zuweisung erfolgt wiederum anhand unterschiedlicher Anreize, die der Firmenleitung zur Verfolgung ihrer Ziele dienen.

Zu diesen komplementären Instrumenten zählen dabei:

- das Eigentum an Assets: die Eigentumsverteilung erzeugt dabei hoch wirksame Anreize für die Agents, für den Wert und insbesondere den Werterhalt des Assets Sorge zu tragen.

- die Aufgabenzuweisung oder -untersagung: auch wenn insbesondere die Untersagung von Aufgaben zu Ineffizienzen führen kann, ist diese Lösung oft billiger als das Tragen hoher Monitoring-Kosten, um die Aktionen von Agents zu kontrollieren.

- Nutzung und Übertragung von Autorität: dieses Instrument dient der Minimierung des Tradeoffs zwischen den Kosten einer effizienten Wissens-Nutzung und den Agency-Kosten aus einer falschen Aufgabenzuweisung.

- die Anreiz-Stärke: häufig können Aufgaben nur so zugewiesen werden, dass sich nur geringe Anreize ergeben, der Erfüllungsgrad der angewiesenen Aufgaben jedoch gut überwacht werden kann.

Die diesen Ansätzen zuzuordnenden Arbeiten befassen sich beispielsweise mit der Frage nach den optimalen Anreizen durch Eigentumsverteilung und Auf-

gabenzuweisung, wenn Agents mehrere Aufgaben übernehmen sollen, wenn
also sogenannte „Multi-Task"-Verträge zu spezifizieren sind (Holmström und
Milgrom [35]). Milgrom und Roberts [44] fragen noch allgemeiner nach dem
optimalen Bündel an Anreizen für Agents innerhalb von Firmen, die unter
anderem auch von Karriere- und Reputationsaspekten abhängen.

22.2 Relational-Contracts

Gibbons [21] befasste sich nochmals genauer mit den Aussagen der Arbeit von
Coase. Er stellte fest, dass ungeachtet der Notwendigkeit der Existenz von
Organisationen und Firmen diese ihre Aufgaben nicht unbedingt besonders
elegant lösen. Auf Basis der Ergebnisse der Theorie unvollständiger Verträge
schloss er jedoch, dass dies gerade zu erwarten sei: hätte ein Preismechanismus
die Aufgabe effizienter lösen können, so würde die Firma nicht existieren, da
die Marktlösung bereits ausreichend wäre. Firmen können und sollten daher
sogar recht komplex und unelegant wirken - bereits aufgrund ihrer Existenz
haben sie bewiesen, dass sie die Transaktionsaufgaben dennoch besser als der
Markt lösen können.

Nach Meinung Gibbons spielen bei der Lösung der Transaktionsprobleme insbesondere die Beziehungen der Akteure innerhalb von Firmen eine große Rolle. Vor allem die ständige Wiederholung von Transaktionen innerhalb eines
festen Beziehungsgefüges führt dazu, dass vormals nicht kontrahierbare Transaktionen nun auch innerhalb von (unvollständigen) Verträgen kontrahierbar
werden. Dies gilt, da die Vorteile und Payoffs, die mit Transaktionen verbunden sind, zwar immer noch nicht ex-ante spezifizierbar oder ex-post gegenüber
Dritten verifizierbar, aber für die beteiligten Parteien immerhin beobachtbar
sind. In einem Beziehungsgefüge reicht dies aus, um die entsprechenden Transaktionen kontrahierbar zu machen.

Der auf den Arbeiten von Baker et al. [6] basierende Begriff der *Relational-
Contracts* (vormals auch als implizite Verträge bezeichnet), muss dabei nicht
notwendigerweise auf vage oder unspezifiziert formulierte Verträge hindeu-
ten. Damit diese Form der Verträge funktionieren kann, müssen sie vielmehr
verständlich und auch von beiden Vertragsparteien antizipierbar sein. Eine
weitere Anforderung ist, dass diese Art der Verträge „self-enforcing" sei (Bull
[13]). Sie müssen also auch ohne das Eingreifen eines Gerichts als dritter Partei
funktionieren.

Die Theorie der Relational-Contracts geht dabei auf die Arbeiten von Williamson [67, 68] zurück. Er stellte fest, dass Märkte üblicherweise sogenannte „Arm's-Length"-Transaktionen abwickeln, in denen sich Marktpartner anonym gegenüber stehen. Transaktionskosten entstehen, wie bereits dargestellt, aufgrund der Spezifizität der Assets, des Hold-up-Problems, etc. Firmen können dagegen Transaktionskosten reduzieren, indem sie bestehende
Beziehungen ausnutzen, da Firmen sich aus miteinander integrierten Parteien

zusammensetzen. Williamson [68] untersuchte darüber hinaus, wie sich Beziehungen von nicht-integrierten Vertragspartner auswirken. Er bezeichnete solche Beziehungen als „Hands-in-Glove" Beziehungen, um die bestehende Distanz der beiden Parteien deutlich zu machen. Insgesamt ergibt sich somit auf Basis der Arbeiten von Williamson folgendes Bild:

	Eigentumsrechte nicht-integriert	Eigentumsrechte integriert
Governance-Struktur: kurzfristig (Spot)	Markt	Spot-Vertrag
Governance-Struktur: langfristig (Beziehung)	Hands-in-glove	Firma

Während sich die ursprüngliche Arbeit von Grossman und Hart [25] im Wesentlichen mit den Vor- und Nachteilen von Märkten versus Spot-Verträgen befassten, analysieren insbesondere Baker et al. [6] die Unterschiede von Relational-Contracts zwischen integrierten und nicht-integrierten Vertragsparteien. Insbesondere befassen sie sich mit der Frage, ob es innerhalb von wiederholten Spielen einen sich selbst verstärkenden (self-enforcing) Mechanismus gibt, der zu einem besseren Ergebnis als eine kurzfristige Governance Struktur im Rahmen eines Spot-Vertrages führt. Sie stellen fest, dass Beziehungen für eine optimale Organisationsform eine wichtige Rolle spielen. Ihre Analyse liefert vor allem folgendes Ergebnis, das in einem offensichtlichen Konflikt zu den Aussagen von Coase steht: sind die beteiligten Vertragsparteien ausreichend geduldig, so spielen residuale Kontrollrechte, d.h. die Garantie von Eigentumsrechten, keine Rolle, da die Parteien in einem solchen Fall immer miteinander kooperieren werden. Sind die Märkte dagegen „zu effizient", so können Firmen im Sinne eines Relational-Contracts nicht bestehen. Während Coase die Existenz einer Firma auf das Versagen des Marktes zurückführte, stellen Baker et al. [6] fest, dass eine Firma nur dann existieren kann, wenn der Markt nicht „zu gut" ist.

22.3 Informelle Autorität und strategische Allianzen

Weitere neue Modelle der Theorie unvollständiger Verträge befassen sich unter anderem mit der Rolle informeller Autorität für die optimale Ausgestaltung einer Firma, sowie mit dem Aufbau strategischer Allianzen und deren Bedeutung für Verträge.

Der erste der beiden Aspekte wurde unter anderem von Aghion und Tirole [1] analysiert. Während vormals die Meinung herrschte, Autorität könne in Organisationen niemals formal delegiert werden, gingen sie der Frage nach, warum es überhaupt sinnvoll sein könnte, Autorität zu delegieren. Im Rahmen der betrachteten Modelle zu asymmetrischer Informationsverteilung liegt die Antwort nahe: Delegation von Autorität gibt den untergebenen Instanzen einen Anreiz, in Informationen über ihre Entscheidungen zu investieren. Baker et al. [7] unterstellen in ihrem Modell beispielsweise folgende Spielstruktur:

1. Es wird ein Vertrag zwischen einem Vorgesetzten und einem Untergebenen (Angestellten) geschlossen, mit dem zusätzlichen Versprechen, dass der Vorgesetzte einen Projektvorschlag des Angestellten immer umsetzen wird.

2. Der Angestellte sucht nach einem geeigneten Projekt und schlägt es seinem Vorgesetzten vor.

3. Der Vorgesetzte akzeptiert den Vorschlag oder lehnt ihn ab.

4. Das angenommene Projekt oder ein anderes vom Vorgesetzten implementiertes Projekt wird durchgeführt und realisiert einen bestimmten Payoff.

Der Vorgesetzte kann nun in diesem Spiel entweder informiert sein und den Wert des vorgeschlagenen Projektes für die Firma korrekt einschätzen, oder uninformiert sein und den Projekt-Wert ex-ante nicht kennen. Ist der Vorgesetzte informiert, so ist er der Versuchung ausgesetzt, einen schlechten Projektvorschlag des Angestellten abzulehnen. Grundsätzlich unterliegt er jedoch auch dem Anreiz, jeden Vorschlag des Arbeitnehmers anzunehmen, egal ob er gut oder schlecht ist, um seine Reputation zu erhalten. Ist der Wert des vorgeschlagenen Projektes jedoch extrem gering, so kann die angestrebte Delegation von Autorität zwar durchaus noch effizient sein, ist in diesem Spiel jedoch nicht implementierbar.

Informelle Autorität im Sinne von Baker et al. [7] liegt nun gerade dann vor, wenn der Vorgesetzte uninformiert ist über den Wert des vorgeschlagenen Projektes. Bekommt er Informationen über den Wert eines schlechten Projektes erst nachdem dieses implementiert wurde, so wird er den Angestellten dafür bestrafen, dass er seine Autorität ausgenutzt hat, indem er sämtliche zukünftigen Projektvorschläge ablehnen wird.

In beiden Fällen, d.h. sowohl unter einem informierten wie auch unter einem uninformierten Vorgesetzten, kann die Delegation von Handlungsrechten zwar effizient sein, ist jedoch nicht als sich selbst verstärkendes Gleichgewicht des wiederholten Spiels durchsetzbar. Eine mögliche Lösung zu diesem Spiel stellt dann die sogenannte „Divestiture" des Assets an den Untergebenen dar. Dadurch gibt der Vorgesetzte sein Recht, den Vorschlag des Angestellten später abzulehnen auf, und delegiert somit tatsächlich einen Teil seiner Autorität an den Untergebenen.

Ebenso wie die Delegation von Autorität innerhalb von Relational-Contracts erfolgt, basieren auch strategische Allianzen in hohem Ausmaß auf beziehungsspezifischen, impliziten Verträgen. Bezeichnend ist dabei, dass eine strategische Allianz gerade dann als funktionsfähig angesehen wird, wenn die ihr zugrundeliegenden Verträge niemals zur Anwendung kommen. Dies ist ähn-

lich der Verwendung von Eheverträgen oder auch Arbeitsverträgen. So wie
Eheverträge nicht die Ausgestaltung der Beziehung zwischen den Eheleuten
im Verlauf ihrer Ehe zum Inhalt haben, sondern vielmehr die vor allem ma-
teriellen und finanziellen Beziehungen nach dem Scheitern der Ehe festlegen,
beschreiben auch Arbeitsverträge typischerweise das korrekte Verhalten der
beiden Vertragsparteien nach dem Scheitern der Arbeits-Beziehung. Dementsprechend lässt sich leicht ableiten, dass eine strategische Allianz gerade dann
ein Erfolg ist, wenn die einmal - unter hohen Kosten für juristische Bera-
tung etc. - abgeschlossenen Verträge möglichst in geschlossenen Schubladen
verbleiben („contracts in the drawer").

Teil VII

Auktionstheorie

Einleitung

Eine außerordentlich wichtige Anwendung spieltheoretischer Modelle und vertragstheoretischer Überlegungen in einer Welt asymmetrischer Informationen findet sich im Bereich der Auktionen. Obwohl die ökonomische Theorie der Auktionen bereits vor einigen Dekaden entwickelt wurde, und nach anekdotischen Hinweisen (Shubik [60]) sogar das römische Reich im Jahr 193 n. Chr. von der prätorianischen Garde in einer Auktion an Didius Julianus versteigert wurde, ist ihre Bedeutung in den letzten Jahren nochmals stark gestiegen. Insbesondere im Zusammenhang mit der Versteigerung von staatlichen UMTS-Lizenzen an Unternehmen der Telekommunikationsbranche kam dem effizienten Design von Auktionen hohe Aufmerksamkeit zu. Doch auch in anderen Bereichen des ökonomischen Lebens wurde und wird die Theorie der Auktionen mit Erfolg angewendet, oft unbemerkt vom öffentlichen Leben. Als Beispiele lassen sich dabei die Versteigerung von Ölförderungsrechten oder von Bauprojekten der öffentlichen Hand, aber auch der Bezug von Zentralbankgeldern durch Privatbanken nennen, die seit Jahren bestimmten Auktionsformen folgen.

Andere Aktionen im Wirtschaftsleben erfolgen zwar nach den Regeln einer Auktion, werden aber nicht als solche bezeichnet. In diese Kategorie fallen beispielsweise der Kauf von Finanztiteln an bestimmten Börsen sowie Übernahmeschlachten von Investoren oder Managern bei der Übernahme von Unternehmen oder Unternehmensteilen. Ein weiteres großes Anwendungsgebiet der Auktionstheorie findet sich auch bei Verkäufen über das Internet. Insbesondere der Erfolg von Ebay und anderen virtuellen Auktionshäusern lässt ein breites Publikum an Auktionen teilhaben und stellt dementsprechend die Frage nach einer effizienten Anwendung dieser Vertragsform. Betrachtet man die in der Auktionstheorie verwendeten Modelle genauer, so erkennt man auch enge Analogien zu anderen ökonomischen Theorien, beispielsweise der Monopol- und Oligopoltheorie, insbesondere der optimalen Preissetzung in diesen Marktformen, aber auch zur Theorie des Lobbyismus oder auch der

Rationierung von Gütern, die häufig auch in der militärischen Kriegsführung eine Rolle spielt.

Im Folgenden wollen wir die wichtigsten Arten von Auktionen kurz darstellen. Besonderes Augenmerk soll sodann auf der Herleitung der optimalen Strategie der Auktionsteilnehmer innerhalb der einzelnen Auktionsarten liegen. Es lässt sich zeigen, dass für einige Auktionen die optimale Strategie der Auktionsteilnehmer ein perfektes Bayesianisches Gleichgewicht darstellt, da die Teilnehmer in einem dynamischen Spiel mit asymmetrischer Information agieren. Abschließend wollen wir uns mit den Problemen von Auktionen befassen und deren Unzulänglichkeiten in ausgewählten ökonomischen Zusammenhängen darstellen.

24

Arten von Auktionen

Im Wesentlichen existieren vier verschiedene Arten von Auktionen. Je nachdem ob die Gebote in auf- oder absteigender Form erfolgen, unterscheidet man zwischen sogenannten „Ascending-" oder „Descending-Bid"-Auktionen. Ein weiteres Charakteristikum, zumindest innerhalb von Auktionen, in denen Gebote verschlossen abgegeben werden, ergibt sich durch das Kriterium, das über den Gewinn der Auktion entscheidet. Üblicherweise zieht man dazu die Höhe der Gebote heran und unterscheidet zwischen sogenannten „First-Price"- oder „Second-Price"-Auktionen.

In einer auch als *Englische Auktion* bezeichneten *Ascending-Bid-Auktion* wird der Preis des zu versteigernden Gutes ständig erhöht. Dabei kann sowohl der Auktionator den schrittweise erhöhten Preis öffentlich ausrufen, oder auch die Auktionsteilnehmer die von ihnen gebotenen Preise öffentlich angeben. Der Prozess kann auch in elektronischer Form erfolgen, indem alle Gebote zu jedem Zeitpunkt gesammelt werden und das jeweils höchste Gebot öffentlich bekannt gegeben wird. Implizit wird angenommen, dass alle am Auktionsprozess noch teilnehmenden Bieter bereit sind, diesen Preis tatsächlich zu zahlen. Im Verlauf des Auktionsprozesses haben die Bieter die Möglichkeit, entweder entsprechend des angegebenen Preises mitzubieten oder aus dem Prozess auszusteigen. Es erhält schließlich der Bieter den Zuschlag, der als letztes noch im Auktionsprozess verbleibt. Sein Nutzen aus der Ersteigerung des Gutes entspricht dem Wert des Gegenstandes abzüglich des ausgerufenen Preises. Alle anderen Bieter erzielen einen Nutzen von Null.

Die Ascending-Bid-Auktion ermöglicht keinem der Teilnehmer durch ein erheblich höheres Gebot den Auktionsprozess frühzeitig zu beenden.[1] Die Bieter können die Gebote ihrer Konkurrenten darüberhinaus während des gesamten Auktionsprozesses beobachten. Typische Anwendungsgebiete für eine solche Auktion finden sich im Bereich der Versteigerung von Kunstgegenständen, Antiquitäten oder auch Immobilien.

---

[1]Sogenannte „Jump-Bids" sind somit nicht erlaubt.

Zu beachten ist, dass der Nutzen des Gewinners in einer Ascending-Bid-Auktion niemals negativ ist. Unterstellt man, dass ein Bieter im Indifferenzfall aus dem Auktionsprozess aussteigt, so gilt, dass der Nutzen des Gewinners immer positiv sein muss. Er erhält nämlich das Gut zu einem Preis, der noch unterhalb seiner Einschätzung über den Wert des Gutes liegt. Anderenfalls hätte er nicht weiter an der Auktion teilgenommen.

In der *Descending-Bid-* oder *Holländischen Auktion* beginnt der Auktionator gerade umgekehrt zur Englischen Auktion mit einem sehr hohen Preis und senkt diesen im Verlauf des Auktionsprozesses kontinuierlich.[2] Es erhält dann der Bieter den Zuschlag, der als erster bereit ist, den ausgerufenen Preis für den Gegenstand zu zahlen. Eine solche Auktion bezeichnet man dementsprechend auch als „First-Price-Open-Cry"-Auktion. Sie reduziert den Nutzen des Gewinners auf Null, da er gerade dann in den Auktionsprozess mit einem Kaufangebot eingreift, wenn der ausgerufene Preis seiner Einschätzung über den Wert des Gutes entspricht.

In einer „Sealed-Bid"-Auktion geben alle Bieter ihre Gebote in einem verschlossenen Umschlag ab. Die Gebote können somit nicht beobachtet werden. In der sogenannten „First-Price"-Auktion fällt der Zuschlag an denjenigen Bieter, der den höchsten Preis für das Gut angegeben hat. Sein Nutzen aus dem Gewinn enspricht nun wieder gerade dem Wert des Gutes abzüglich dem von ihm selbst gebotenen Preis. *First-Price Sealed-Bid-Auktionen* werden typischerweise eingesetzt um staatliche Schürfrechte zu versteigern, in leicht abgewandelter Form auch zur Versteigerung von Schatzbriefen in Großbritannien sowie noch kürzlich von U.S. Treasury Bills (Klemperer [38]).

In einer sogenannten Vickrey-Auktion oder *Second-Price Sealed-Bid-Auktion* werden die Gebote ebenfalls in verschlossener Form abgegeben, sind also nicht beobachtbar. Wieder erhält der Bieter den Zuschlag, der das höchste Gebot abgegeben hat. Allerdings ergibt sich der Kaufpreis aus dem zweithöchsten gebotenen Preis für den Gegenstand. Der Gewinner der Auktion hat somit nicht den Preis zu zahlen, den er selbst als Kaufpreis für das Gut angegeben hatte, sondern den nächstniedrigeren gebotenen Preis. Wenngleich diese Auktionsform in der Realität recht selten genutzt wird, ist sie doch ein hilfreiches theoretisches Konstrukt, um das Verhalten von Bietern in einer Versteigerung zu analysieren. Der Name basiert dabei auf einer frühen Arbeit von Vickrey [65] zum Thema Auktionen.

---

[2]Der Name der Holländischen Auktion rührt daher, dass in Holland noch heute Blumen nach diesem Schema versteigert werden. Der Versteigerungsprozess erfolgt dabei in elektronischer Form.

Typen von Auktions-Modellen

Anhand der Informations- und Präferenzverteilung zwischen den Spielern kann man unterschiedliche Typen von Auktions-Modellen unterscheiden. In einem sogenannte *Private-Values*-Modell misst jeder Spieler dem zu versteigernden Gegenstand individuell einen bestimmten Wert zu. Diese eigene Werteinschätzung ist dabei private Information für den jeweiligen Spieler. Da die Existenz von privater Information über den Wert des Auktionsgegenstand Common-Knowledge ist, würden selbst Beobachtungen der Konkurrenz-Gebote die Wertschätzung der einzelnen Spieler nicht beeinflussen. Typischerweise liegt diesem Auktionsmodell die Annahme zugrunde, dass der ersteigerte Gegenstand nicht kostenfrei weiterverkauft werden kann. Ansonsten hätten die Gebote der anderen Bieter eine wichtige Rolle für die eigene Wertschätzung und somit für das Gebot des Gewinners gespielt. Typische Private-Values Auktionen sind beispielsweise Kunstauktionen, in denen das Gebot eines Spielers maßgeblich von seiner eigenen Einschätzung über den Wert des zu versteigernden Gegenstandes abhängt. Grundsätzlich sind Auktionen mit Private-Values dadurch gekennzeichnet, dass die Bieter den zu ersteigernden Gegenstand selber „konsumieren", so wie es im Beispiel einer Kunstauktion der Fall ist.

Formaltheoretisch lässt sich der Fall der Private-Values-Auktion folgendermaßen darstellen: Wir nehmen an, Bieter i erhalte ein Signal t_i über den Wert des zu versteigernden Gegenstandes. Wären alle Signale der einzelnen Bieter öffentliche Information, so ergäbe sich die Werteinschätzung Bieters i über den Auktionsgegenstand zu $v_i(t_1, ..., t_n)$. In einer Private-Values Auktion gilt jedoch: $v_i(t_1, ..., t_n) = v_i(t_i)$.

In einer sogenannten *Common-Values*-Auktion ist der Wert des zu versteigernden Gegenstandes dagegen für alle Spieler gleich. Es gilt also: $v_i(t_1, ..., t_n)$ $= v_j(t_1, ..., t_n)$ für alle i, j. Allerdings können die Bieter unterschiedliche private Informationen über diesen Wert besitzen. Sie versuchen daher - über ihre privaten Informationen hinausgehende - öffentliche Informationen zu nutzen, um den unbekannten Wert des Auktionsgegenstandes zu ermitteln. Ein typisches Beispiel für eine Auktion mit Common-Values stellt die Versteigerung von Öl-Förderungsrechten dar. Soll das einmal ersteigerte Recht später weiterverkauft werden, so ergibt sich für alle potentiellen Gewinner der ursprünglichen Auktion derselbe Verkaufspreis. Bei der Ermittlung ihres optimalen Gebotes nutzen sie daher notwendigerweise dieselben Informationen, beispielsweise geologische Angaben über die Menge des im Boden enthaltenen Öls. Ein weiteres Beispiel einer Common-Values-Auktion stellt die Versteigerung von Finanzmarkttiteln dar. Da der Wert des zu versteigernden Titels für alle Auktionsteilnehmer gleich ist, wird die Beobachtung der Gebote der Gegenspieler in einem solchen Fall das eigene Gebot maßgeblich beeinflussen. Im Gegensatz zu einer Private-Values-Auktion lassen sich die Bieter hier als Zwischenhändler oder Intermediäre interpretieren, die den zu ersteigernden Gegenstand nicht selber konsumieren wollen, sondern ihn nur zum späteren Weiterverkauf erstehen.

Eine Mischform von Private- und Common-Values-Auktionen stellt das sogenannte *Correlated-Values*-Modell dar. Hier besitzt jeder Bieter annahmegemäß private Informationen über den Wert des zu versteigernden Gegenstandes, allerdings hängt die eigene Werteinschätzung auch von den Einschätzungen, d.h. den privaten Informationen, der Konkurrenten ab. Für Bieter i ergibt sich daher der vermutete Wert des Auktionsgegenstandes zu $v_i(t_1, ..., t_n)$. Grundsätzlich misst dabei jeder Spieler dem zu versteigernden Gegenstand einen eigenen Wert v_i zu. Unsicherheiten über die Objektivität der eigenen Wertschätzung führt jedoch dazu, dass auch die Einschätzungen der anderen Bieter, t_j, durchaus eine Rolle spielen. Beobachtungen über das Bieterverhalten der Konkurrenten beeinflussen damit das eigene Gebot. Private- und Common-Values-Auktionen ergeben sich dann als die beiden Spezialfälle, in denen die Gebote der Gegenspieler das eigene Gebot entweder gar nicht beeinflussen oder vollkommen festlegen.

Eine weitere Unterscheidung von Auktionsformen ist die zwischen symmetrischen und asymmetrischen Auktionen. In der ersten Kategorie werden die Bieter vollkommen gleich behandelt und ergreifen daher identische Strategien. In einer asymmetrischen Auktion können dagegen sequentielle Bietprozesse zu unterschiedlicher Behandlung der Gebote führen. Die entsprechenden Strategien der Bieter werden daher auch asymmetrische Züge aufweisen, in Abhängigkeit von ihrer Stelle im Auktions-Prozess.

Optimale Auktions-Strategien und der Winner's-Curse

Im Folgenden wollen wir uns mit der optimalen Strategie der Bieter in Auktionen befassen. Da Versteigerungen nichts anderes als Spiele mit meist privater Information darstellen, lassen sich die optimalen Strategien der Auktionsteilnehmer anhand der dargestellten Gleichgewichtskonzepte aus der Spieltheorie herleiten. Üblicherweise verwendet man dazu das Konzept des perfekten Bayesianischen Gleichgewichts, allerdings lassen sich einzelne Auktionsformen auch leicht als statische Spiele interpretieren, so dass die optimalen Strategien der Bieter ganz einfach als Nash-Gleichgewichte dargestellt werden können. Wir wollen uns dabei zunächst auf Private-Values-Auktionen konzentrieren.

26.1 Optimale Strategien in Private-Values-Auktionen

Betrachtet man eine Descending-Bid- oder Holländische Auktion genauer, so stellt man fest, dass sich jeder Spieler essentiell in einem statischen Spiel befindet. Er muss einen Preis wählen, zu dem er in den Auktionsprozess eingreifen wird. Die optimale Strategie basiert dabei nur auf der eigenen Wertschätzung des zu versteigernden Gegenstandes, da keine Gebote oder Aktionen der Konkurrenten beobachtbar sind. Das Ergebnis des Spiels stellt sich (in seiner Optimalform) so dar, dass nur ein einziger Spieler seinen gewünschten Preis nennen wird und sodann den Zuschlag bekommt. Alle anderen Bieter haben bis dahin geschwiegen und treten somit nicht mit einer Aktion in das Spiel ein. Da der zu zahlende Preis gerade durch die Höhe des Gebotes bestimmt wird, das der Gewinner der Auktion abgegeben hat, lautet die optimale Strategie eines jeden Spielers wie folgt: „Wähle den Preis als Gebot, zu dem du den Gegenstand erwerben willst, unter der Bedingung, dass kein anderer Spieler einen höheren Preis gewählt hat." Dieselbe Bedingung bestimmt auch die optimale Strategie der Spieler in einer First-Price Sealed-Bid-Auktion. Da auch hier gerade der Spieler mit dem höchsten Gebot den Zuschlag bekommt und genau diesen Preis für den Gegenstand zahlen muss, wird jeder Spieler sein optimales Gebot durch seine private Einschätzung über den Wert des Gegenstandes bestimmen. Zu beachten ist, dass die optimale Strategie jedes Spielers in diesem statischen Spiel, ebenso wie in einem Nash-Gleichgewicht, von der optimalen Strategie der Gegenspieler abhängt. Dieser Bedingung kommt durchaus eine bedeutsame Rolle zu und darf nicht vernachlässigt werden. So lässt sich zeigen, dass in diesen beiden strategisch äquivalenten Auktionsformen risikoneutrale Spieler mit unabhängigen privaten Einschätzungen über den Wert des Versteigerungsgegenstandes ein Gebot abgeben, dass unterhalb ihrer eigentlichen Wertschätzung liegt (Bierman und Fernandez [11]).

In einer Ascending-Bid- oder Englischen Auktion verbleibt jeder Bieter solange im Auktionsprozess, bis ein Preis erreicht ist, bei dem der Bieter gerade indifferent ist zwischen einem Ausstieg aus der Auktion und einem weiteren Mit-Steigern. Der die optimale Strategie bestimmende Rahmen ist daher notwendigerweise ein dynamisches Spiel. Entscheidend für die optimale Strategie ist dabei, dass der Preis, den der Gewinner für den ersteigerten Gegenstand zu zahlen hat, von der vorletzten Person abhängt, die noch im Auktionsprozess verbleibt. Dieser vorletzte Spieler entscheidet anhand seiner Indifferenzsituation, wann er aus dem Bietprozess aussteigt und legt damit den Preis fest, den der Gewinner als letzter noch verbleibender Spieler zu zahlen hat. Der Gewinner einer Englischen Auktion zahlt also den Preis, der der Wertschätzung seines letzten Konkurrenten entspricht. Dasselbe gilt auch in einer Vickrey-Auktion. In dieser Second-Price Sealed-Bid-Auktion wird der Preis, den der Gewinner zu entrichten hat, anhand des zweithöchsten abgegebenen Gebotes bestimmt. Die optimale Strategie jedes Bieters besteht daher darin, für den zu versteigernden Gegenstand genau den Preis zu bieten, der seiner Wertschätzung entspricht - unabhängig davon, was die anderen Bieter tun.[1]

Die optimale Strategie in einer Ascending-Bid- und einer Second-Price Sealed-Bid-Auktion mit Private-Values, als Gebot gerade die eigene Wertschätzung des zu versteigernden Gegenstandes abzugeben, lässt sich nach Klemperer [38] leicht beweisen. Nehmen wir an, Bieter i misst dem Gegenstand einen Wert von v zu. Bietet Spieler i nun abweichend davon einen niedrigeren Betrag, $v - x$, und ist w das höchste Gebot eines beliebigen anderen Bieters, so gilt folgendes. Ist $v - x > w$, so gewinnt Bieter i und zahlt den Preis w, genauso als hätte er v geboten. Ist $w > v$, so verliert i die Auktion, ebenso wie wenn er v geboten hätte. Ist dagegen $v > w > v - x$, so verliert Bieter i die Auktion nur deshalb, weil er ein niedrigeres Gebot abgegeben hat, als seiner Werteinschätzung entspricht. Hätte er dagegen v geboten, so hätte er die

---

[1]Die strategische Äquivalenz zwischen Ascending-Bid- und Second-Price Sealed-Bid-Auktion bricht jedoch zusammen, sobald die privaten Werteinschätzungen der Auktionsteilnehmer nicht mehr unabhängig voneinander sind, beispielsweise aufgrund von korrelierten Einschätzungen. In einem solchen Fall wird die Beobachtung des Verhaltens der Konkurrenten in diesem dynamischen Spiel die optimale Strategie der Spieler beeinflussen.

Auktion gewonnen und einen zusätzlichen Gewinn von $v - w$ realisiert. Durch Abgabe eines niedrigeren Gebotes $v - x$ stellt sich Spieler i also grundsätzlich schlechter als durch das Gebot v.

Bietet Spieler i einen etwas höheren Betrag, $v + x$, als seiner eigentlichen Wertschätzung v des zu versteigernden Gegenstandes entspricht, und ist w wiederum das höchste Gebot eines Gegenspielers, so gilt: für $v > w$ gewinnt Bieter i die Auktion und muss einen Preis von w zahlen, ebenso als hätte er v geboten. Ist $w > v + x$, so verliert i, ebenso nach Abgabe eines Gebotes von v. Im Fall $v + x > w > v$ gewinnt Spieler i zwar die Auktion, hat jedoch auch einen Preis w zu zahlen, der höher ist als seine Werteinschätzung des ersteigerten Gegenstandes. Somit realisiert Spieler i einen negativen Gewinn. Wieder stellt man fest, dass die Abgabe eines Gebotes $v + x$, das nicht der privaten Wertschätzung entspricht, den Spieler i allenfalls schlechter, aber niemals besser stellen kann. Es ist für ihn also optimal, gerade ein Gebot von v abzugeben.

Zusammenfassend lässt sich feststellen, dass in allen vier betrachteten Auktionsarten mit Private-Values der erwartete Preis, den der Gewinner zu zahlen hat, gleich ist. Er entspricht in der hier gewählten Darstellung der Wertschätzung des Auktionsteilnehmers mit dem zweithöchsten Gebot. Während in einer Holländischen und in einer First-Price Sealed-Bid-Auktion der Gewinner als rationaler Spieler gerade ein Gebot in dieser Höhe abgeben wird, nennt der Gewinner einer Englischen sowie einer Second-Price Sealed-Bid-Auktion wahrheitsgemäß zwar seine tatsächliche private Werteinschätzung als Gebot, muss jedoch nur den Preis des nächst niedrigeren Gebots zahlen. Diese Erkenntnis ist das Kernresultat des sogenannten „Revenue-Equivalence-Theorems", das in Kapitel 27 dargestellt wird.

26.2 Optimale Strategien in Common-Values-Auktionen

Ein typisches Phänomen von Common-Values-Auktionen ist der als *Winner's-Curse* bezeichnete „Fluch des Gewinners". Da der Wert des zu versteigernden Gegenstandes in einer Common-Values-Auktion für alle Spieler gleich ist, sollten sie, bei effizienter und korrekter Auswertung aller ihnen zur Verfügung stehenden Informationen Gebote in identischer Höhe abgeben. Der Gewinner einer Auktion ist jedoch dadurch ausgezeichnet, dass er gerade ein etwas höheres Gebot als seine Konkurrenten abgegeben hat. Offensichtlich hatten daher alle anderen Spieler schlechtere Informationen über den Wert des Gegenstandes berücksichtigt als der Gewinner. Anders ausgedrückt läuft der Gewinner Gefahr, die schlechten Informationen seiner Gegenspieler in seiner Ermittlung der optimalen Gebotshöhe nicht ausreichend berücksichtigt zu haben. Dieses Risiko einer Vernachlässigung von wichtigen Informationen hat nun gerade zu seinem „Erfolg" geführt, ist allerdings gleichzeitig ein Zeichen dafür, dass er den erworbenen Gegenstand eventuell „zu teuer" gekauft hat.

Diesen zu hohen Kaufpreis, den der Auktionsgewinner auch in einer anschlie-
ßenden Veräußerung des Auktionsgegenstandes nicht wieder einholen kann,
bezeichnet man daher auch als „Winner's-Curse".

Zu beachten ist, dass der Fluch des Gewinners tatsächlich nur in einer Auktion mit Common-Values auftreten kann, da nur hier der Gewinn-Erfolg in
der Auktion und der daraufhin ermittelte Preis in einen Zusammenhang mit
dem „wahren" Wert des Gegenstandes gebracht werden kann. In einer Private-
Values-Auktion dagegen ist die Werteinschätzung der anderen Auktionsteilnehmer irrelevant für die Einschätzung des Gewinners über den Wert des
erstandenen Auktionsgegenstandes. Er kann daher den Auktionsgegenstand
in keiner Weise „zu teuer" kaufen. Dies wird auch deutlich, wenn man die oben
bestimmten optimalen Strategien der Bieter in Private-Values-Auktionen betrachtet. Der zu zahlende Preis der Gewinners ist niemals höher als die eigene
Werteinschätzung über den Gegenstand.

Rationale Spieler werden das Risiko des Winner's-Curse in die Ermittlung
ihrer optimalen Strategie einbeziehen. Es lässt sich dabei zeigen, dass in einer
Vickrey-Auktion der Winner's-Curse recht leicht vollkommen vermieden werden kann. Die Spieler bieten dann einen geringeren Preis als ihrer erwarteten
Einschätzung über den Gegenstand entspricht und erzielen selbst im Gewinn-
fall einen positiven Payoff. In einer First-Price Sealed-Bid-Auktion kann der
Winner's-Curse dagegen meist nicht vollkommen eliminiert werden. Ursache
dafür ist, dass der Gewinner einen Preis zahlen muss, der seinem eigenen (d.h.
dem höchsten)Gebot entspricht und nicht dem zweithöchsten Erwartungswert über den zu versteigernden Gegenstand. Grundsätzlich wird der Nutzen
des Auktionators, sofern Common-Values vorliegen, in einer Ascending-Bid-
Auktion am größten sein (im Vergleich zu Descending-Bid- und Sealed-Bid-
Auktionen). Ursächlich dafür ist, dass die Teilnehmer in einer solchen Auktion
vom Verhalten ihrer Konkurrenten lernen können. Dies reduziert das Ausmaß
des Winner's-Curse und lässt die optimalen Strategien der Bieter aggressiver
werden.

Das Revenue-Equivalence-Theorem

Eine wesentliche Erkenntnis der frühen Auktionstheorie ist das sogenannt „Revenue-Equivalence-Theorem". In seiner ursprünglichen Form wurde es von Vickrey [65] hergeleitet. Myerson [48] sowie Riley und Samuelson [51] zeigten darüber hinaus, dass es noch für weit allgemeinere Zustände gilt als ursprünglich von Vickrey angenommen.

In seiner Grundform trifft das *Revenue-Equivalence-Theorem* folgende Annahmen: alle Teilnehmer einer Auktion seien risikoneutral und haben private Information über den Wert des zu versteigernden Gegenstandes. Diese privaten Informationen seien unabhängig voneinander und stammen aus einer gemeinsamen Wahrscheinlichkeitsverteilung. Es gilt dann, dass alle Auktionsmechanismen, in denen

- der Gewinn an den Bieter mit der höchsten Information geht
- und in denen der Bieter mit der niedrigsten Information einen Gewinn von Null erwartet,

zum selben erwarteten Gewinn führen. Folglich müssen auch die Gebote der Spieler (in Abhängigkeit von ihren privaten Informationen) in allen diesen Auktionsmechanismen gleich sein.

Interessanterweise gilt das Revenue-Equivalence-Theorem sowohl für Auktionen mit Private-Values als auch mit Common-Values, vorausgesetzt, dass die privaten Informationen der Spieler unabhängig voneinander sind. Unter den genannten Bedingungen führen somit alle bisher dargestellten Auktionsarten zu demselben erwarteten Gewinn für die Auktionsteilnehmer. Das Theorem gilt aber beispielsweise auch in sogenannten „All-Pay"-Auktionen, in denen alle Bieter ihr Gebot zahlen müssen, aber nur der Akteur mit dem höchsten Gebot gewinnt. Ein typisches Beispiel für eine solche Auktion ist ein Lobbying-Prozess, in dem alle Lobbyisten um eine Aktion, z.B. eine politische Entscheidung, miteinander konkurrieren und zur Einflussnahme auf die Entscheidung dabei auch Kosten tragen müssen, allerdings nur einer von ihnen schlussendlich seine Forderung durchsetzen kann.

Ein Beweis des Revenue-Equivalence-Theorems ist in Anlehnung an Klemperer [38] leicht möglich. Nehmen wir an, es existieren n Bieter für einen zu versteigernden Gegenstand. Bieter i misst dem Gegenstand einen Wert von v_i zu, wobei die Höhe von v_i private Information für Spieler i darstellt, die unabhängig von den privaten Informationen der anderen Spieler aus einer gemeinsamen Wahrscheinlichkeitsverteilung $F(v)$ realisiert wurde. $F(v)$ basiert dabei auf dem Intervall $[\underline{v}, \bar{v}]$ mit $F(\underline{v}) = 0$ und $F(\bar{v}) = 1$. Die Wahrscheinlichkeitsdichte sei mit $f(v)$ bezeichnet. Sei nun $S_i(v)$ der erwartete Gewinn von Bieter i in diesem Auktionsprozess, wenn er dem Gegenstand einen Wert von v_i beimisst und $p_i(v)$ die Wahrscheinlichkeit darstellt, mit der Bieter i den Zuschlag erhält. Es gilt daher $S_i(v) = vp_i(v) - E$, wobei E die Zahlung von Bieter i angibt, mit der er den zu versteigernden Gegenstand schlussendlich erwirbt.

Aus obigen Überlegungen folgt:

$$S_i(v) \geq S_i(\tilde{v}) + (v - \tilde{v})p_i(\tilde{v}) \; . \tag{27.1}$$

Die rechte Seite der Ungleichung gibt dabei den erwarteten Gewinn von Bieter i an, wenn er, abweichend von seiner Einschätzung v_i ein Gebot $\tilde{v}_i$ abgibt. Er erzielt dann einen erwarteten Gewinn von $S_i(\tilde{v})$, ebenso wie ein Spieler mit Werteinschätzung von $\tilde{v}$ über den Gegenstand. Zusätzlich erhält er jedoch einen höheren erwarteten Gewinn $(v - \tilde{v})$ in allen Zuständen des Spiels, in denen der Spieler mit Wertschätzung $\tilde{v}$ den Zuschlag bekommen hätte, was gerade mit einer Wahrscheinlichkeit von $p_i(\tilde{v})$ passiert.

Damit ein Gebot von v eine gleichgewichtige Strategie darstellt, darf die rechte Seite der obigen Ungleichung niemals größer als die linke Seite werden. Allgemeiner formuliert, muss im Gleichgewicht ausgeschlossen werden, dass ein Spieler mit Werteinschätzung v einen anderen Spieler mit Werteinschätzung $v + dv$ imitiert und umgekehrt. Es muss also gelten:

$$S_i(v) \geq S_i(v + dv) + (-dv)p_i(v + dv) \tag{27.2}$$

und

$$S_i(v + dv) \geq S_i(v) + (dv)p_i(v) \; . \tag{27.3}$$

Aus (27.2) und (27.3) folgt:

$$p_i(v + dv) \geq \frac{S_i(v + dv) - S_i(v)}{dv} \geq p_i(v) \; .$$

Lässt man nun dv gegen 0 konvergieren, so ergibt sich zunächst $dS_i/dv = p_i(v)$ und durch Integration schließlich:

$$S_i(v) = S_i(\underline{v}) + \int_{x=\underline{v}}^{v} p_i(x)dx \; . \tag{27.4}$$

Diese Gleichung gibt uns somit den erwarteten Gewinn aus einer Auktion für Bieter i an, der nur vom Startwert $S_i(\underline{v})$ und der Steigung $p_i(v)$ abhängt. Alle Auktionsmechanismen, in denen diese beiden Werte gleich sind, liefern denselben erwarteten Gewinn für die Teilnehmer, der nur von ihrer Werteinschätzung v über den zu versteigernden Gegenstand abhängt. An Gleichung (27.4) erkennt man auch, dass das Revenue Equivalence Theorem noch für weit allgemeinere Auktionsmechanismen gilt, als oben dargestellt. Es ist darüberhinaus sehr ähnlich zu dem in Kapitel 9 dargestellten Revelation-Prinzip (Myerson [47], Dasgupta et al. [17] und Harris und Townsend [26]). Dieses besagt, dass alle Mechanismen, in denen die verschiedenen Spieler-Typen wahrheitsgemäß ihren Typ offenbaren, äquivalent sind. Ebenso gilt unter dem Revenue-Equivalence-Theorem, dass wir uns alleine auf die Auktionen konzentrieren können, in denen die Bieter wahrheitsgemäß ihre Werteinschätzung über den zu versteigernden Gegenstand als Gebot annoncieren. Die zur wahrheitsgemäßen Angabe notwendige Anreizkompatibilitätsbedingung (27.1) bestimmt alleine die Höhe des erwarteten Gewinns eines Bieters, sobald die Werte für $p_i(v)$ und $S_i(\underline{v})$ festgelegt sind.

Risikoaversion und Kollusion als Bestimmungsgrößen für die optimale Ausgestaltung einer Auktion

Abschließend wollen wir der Frage nachgehen, welche Auktionsform für den Verkäufer eines Gegenstandes nutzenmaximierend ist. In diesem Sinne betrachten wir die Wahl der optimalen Auktionsform aus der Sichtweise des Principal.

Besondere Bedeutung für die optimale Ausgestaltung einer Auktion kommt der Risikoneigung der Spieler zu. Insbesondere spielt eine mögliche Risikoaversion von Bietern eine wesentliche Rolle. Während die Risikoneigung auf Englische und Second-Price-Auktionen keinen Einfluss nimmt, erhöht eine Risikoaversion jedoch sehr stark die Aggressivität von Bietern in First-Price-Auktionen. Ursache dafür ist, dass eine marginale Erhöhung des Gebotes eines Spielers die Wahrscheinlichkeit des Gewinnes drastisch steigert, den Wert des potentiellen Gewinns jedoch nur wenig senkt, da der antizipierte zu zahlende Preis nicht direkt mit dem eigenen Gebot steigt. Folglich wird ein risikoneutraler Verkäufer, der sich einer Menge von risikoaversen Käufern gegenübersieht, eine First-Price-Auktion gegenüber einer Second-Price- oder Ascending-Bid-Auktion präferieren, da er dadurch den Verkaufspreis und somit seinen Nutzen aus der Auktion steigern kann.

Umgekehrt wird ein risikoaverser Verkäufer, der sich von risikoneutralen Käufern konfrontiert sieht, eine First-Price-Auktion einer Second-Price Sealed-Bid-Auktion vorziehen und diese wiederum gegenüber einer Ascending-Bid-Auktion präferieren. Ursache dafür ist, dass in einer Second-Price Sealed-Bid- und auch in einer Ascending-Bid-Auktion der zu zahlende Preis vom zweithöchsten Gebot abhängt. Aufgrund des Revenue-Equivalence-Theorems muss ein rationaler Teilnehmer an einer First-Price-Auktion somit den Erwartungswert dieses Preises als Gebot nennen. Damit ist jedoch der Preis in einer solchen Auktion für den Bieter fix, während in einer Second-Price-Auktion nur der Erwartungswert des Preises feststeht. Ein risikoaverser Verkäufer wird daher grundsätzlich den bereits fixierten Preis aus einer First-Price-Auktion dem riskanten Preis aus einer Second-Price-Auktion vorziehen.

Ein weiterer wichtiger Aspekt für die Wahl der optimalen Auktionsform in der Praxis ist die Berücksichtigung einer möglichen Zusammenarbeit der Bieter, um ihren Nutzen zu Lasten des Verkäufers zu steigern (Robinson [52]). Sowohl in First-Price- als auch in Second-Price-Auktionen ist dies recht leicht möglich. Können die Bieter untereinander Absprachen treffen, um den zu versteigernden Gegenstand möglichst günstig in ihren (Gruppen-) Besitz zu bekommen, so ist es in einer Second-Price-Auktion für den in der Gruppe designierten Gewinner optimal, einen unendlich hohen Preis zu bieten, während alle anderen Spieler ein Gebot von Null abgeben. Der Zuschlag fällt dann an den Spieler mit dem höchsten Gebot, der zu zahlende Preis ergibt sich jedoch aus dem nächst-niedrigeren Gebot, das in diesem Fall Null beträgt.

In einer First-Price-Auktion muss dagegen der designierte Gewinner ein minimales Gebot abgeben, während alle anderen Spieler wieder einen Betrag von Null bieten. Während hier der zu zahlende Preis für den Gewinner zwar größer als Null ist, kann er jedoch beliebig klein gewählt werden, um den Nutzen des Gewinners zu maximieren.

Analysiert man in einem solchen Spiel die optimale Wahl der Auktionsform für den Auktionator, so ist insbesondere auf die Anreize für die Bieter zu einem Abweichen von der vereinbarten Kollusionsstrategie zu achten. Die Anreize zu einem solchen „Defekt" sind dabei vor allem in einer First-Price-Auktion besonders hoch. Da der designierte Gewinner, um seinen Nutzen zu maximieren, ein Gebot abgeben wird, das nur marginal über Null liegt, kann ein anderer Spieler der Gruppe den Zuschlag statt seiner erlangen, indem er ein (wiederum nur marginal) höheres Gebot abgibt. Dieses Abweichen von der vereinbarten Strategie ist nicht teuer und führt dem Spieler den zu versteigernden Gegenstand zu einem immer noch sehr günstigen Preis zu.

Anders dagegen in einer Second-Price-Auktion. Hier wird der designierte Gewinner ein möglichst hohes Gebot abgeben, um sicherzustellen, dass ihm der Zuschlag zufällt. Um an seiner Stelle zum Zug zu kommen, müsste ein von der Kollusions-Vereinbarung abweichender Spieler ein noch höheres Gebot abgeben und anschließend den bereits hohen Preis des vormals designierten Gewinners als zweit-höchstes Gebot zahlen. Da dieses Abweichen somit sehr teuer ist, ist das Kollusions-Gleichgewicht in einer Second-Price-Auktion durchaus stabil. Fürchtet ein Auktionator daher Kollusionsabsprachen unter den Bietern, so sollte er daher möglichst eine First-Price-Auktion ausgestalten, um die Kollusionseffekte so instabil wie möglich zu halten.

Literaturverzeichnis

1. Aghion, P., Tirole, J.: Formal and real authority in organizations. Journal of Political Economy **105**, 1–29 (1997)
2. Akerlof, G.: The market for 'lemons': Quality uncertainty and the market mechanism. Quarterly Journal of Economics **89**, 488–500 (1970)
3. Arrow, K.: Uncertainty and the welfare economics of medical care. American Economic Review **53**, 91–96 (1963)
4. Aumann, R.: Agreeing to disagree. Annals of Statistic **4**, 1236–1239 (1976)
5. Bagehot, W.: The only game in town. Financial Analysts Journal **27**, 12–22 (1971)
6. Baker, G., Gibbons, R., Murphy, J.: Relational contracts and the theory of the firm. Quarterly Journal of Economics (2002)
7. Baker, G., Gibbons, R., Murphy, K.: Informal authority in organizations. Journal of Law, Economics, and Organizations **15**(1), 56–73 (1999)
8. Bannier, C.: Perfektes bayesianisches gleichgewicht zur lösung dynamischer vertragsprobleme. Wirtschaftswissenschaftliches Studium **33**(7), 419–423 (2004)
9. Bester, H.: Screening vs. rationing in credit markets with imperfect information. American Economic Review **75**, 850–855 (1975)
10. Bester, H., Hellwig, M.: Moral hazard and equilibrium credit rationing: An overview of the issues. Discussion Paper A-125, Bonn (1987)
11. Bierman, H., Fernandez, L.: Game Theory with Economic Applications, 2 edn. Addison Wesley (1998)
12. Brandenburger, A., Dekel, E.: Hierarchies of beliefs and common knowledge. Jouranl of Economic Theory **59**, 189–198 (1993)
13. Bull, C.: The existence of self-enforcing implicit contracts. Quarterly Journal of Economics **102**, 147–159 (1987)
14. Cho, I., Kreps, D.: Signaling games and stable equilibria. Quarterly Journal of Economics **102**, 179–221 (1987)
15. Coase, R.: The nature of the firm. Economica **4**, 386–405 (1937)
16. Cooper, R.: Coordination Games. Complementarities and Macroeconomics. Cambridge University Press, Cambridge (1999)
17. Dasgupta, P., Hammond, P., Maskin, E.: The implementation of social choice rules: Some general results on incentive compatibility. Review of Economic Studies **46**, 185–216 (1979)

18. Dixit, A., Nalebuff, B.: Thinking Strategically - The Competitive Edge in Business, Politics, and Everyday Life. W.W. Norton and Company (1991)
19. Geanakoplos, J.: Common knowledge. Journal of Economic Perspectives 6(4), 53–82 (1992)
20. Gibbons, R.: A Primer in Game Theory. Prentice Hall (1992)
21. Gibbons, R.: Taking coase seriously. Administrative Science Quarterly 44, 145–157 (1999)
22. Gintis, H.: Game Theory Evolving. A Problem-Centered Introduction to Modeling Strategic Interaction. Princeton University Press (2000)
23. Grinblatt, M., Hwang, C.: Signallling and the pricing of new issues. Journal of Finance 44, 393–420 (1989)
24. Grossman, S., Hart, O.: An analysis of the principal-agent problem. Econometrica 51, 7–45 (1983)
25. Grossman, S., Hart, O.: The costs and benefits of ownership: A theory of vertical and lateral integration. Journal of Political Economy 94, 691–719 (1986)
26. Harris, M., Townsend, R.: Resource allocation under asymmetric information. Econometrica 49, 33–64 (1981)
27. Harsanyi, J.: Games of incomplete information played by bayesian players. Management Science 14, 159–182, 320–334, 486–502 (1967,1968)
28. Harsanyi, J.: Games with randomly disturbed payoffs: A new rationale for mixed-strategy equilibrium points. International Journal of Game Theory 2, 235–250 (1973)
29. Hart, O.: Firms, Contracts, and Financial Structure. Oxford University Press (1995)
30. Hart, O., Moore, J.: Property rights and the nature of the firm. Journal of Political Economy 98, 1119–158 (1990)
31. Holler, M., Illing, G.: Einführung in die Spieltheorie, 5 edn. Springer, Berlin Heidelberg New York (2003)
32. Holmström, B.: Moral hazard and observability. Bell Journal of Economics 10(1), 74–91 (1979)
33. Holmström, B.: The firm as a subeconomy. Journal of Law, Economics, and Organization 15, 74–102 (1999)
34. Holmström, B., Milgrom, P.: Aggregation and linearity in the provision of intertemporal incentives. Econometrica 55, 303–328 (1987)
35. Holmström, B., Milgrom, P.: Multitask principal-agent analyses: Incentive contracts, asset ownership, and job design. Journal of Law, Economics, and Organization 7, 24–52 (1991)
36. Holmström, B., Tirole, J.: Handbook of Industrial Organization, chap. The Theory of the Firm. Amsterdam: North Holland (1989)
37. Klein, B., Crawford, R., Alchian, A.: Vertical integration, appropriable rents, and the competitive contracting process. Journal of Law and Economics 21, 297–326 (1978)
38. Klemperer, P.: Auction theory: A guide to the literature. Journal of Economic Surveys 13(3), 227–286 (1999)
39. Kyle, A.: Continuous auctions and insider trading. Econometrica 53, 1315–1336 (1985)
40. Leland, H., Pyle, D.: Information asymmetries, financial structure, and financial intermediation. Journal of Finance 32, 371–387 (1977)
41. Macho-Stadler, I., Perez-Castrillo, J.: An Introduction to the Economics of Information, second edn. Oxford University Press (2001)

42. Mas-Colell, A., Whinston, M., Green, J.: Microeconomic Theory. Oxford University Press (1995)
43. Mikkelson, W., Ruback, R.: Targeted repurchases and common stock returns. Rand Journal of Economics 4, 544–561 (1991)
44. Milgrom, P., Roberts, J.: An economic approach to influence activities in organizations. American Journal of Sociology 94, 154–179 (1988)
45. Milgrom, P., Roberts, J.: Economics, Organization and Management. Prentice Hall (1992)
46. Miller, M., Modigliani, F.: The costs of capital, corporation finance, and the theory of investment. American Economic Review (1958)
47. Myerson, R.: Incentive compatibility and the bargaining problem. Econometrica pp. 61–73 (1979)
48. Myerson, R.: Optimal auction design. Mathematics of Operations Research 6, 58–73 (1981)
49. Myerson, R.: Nash-equilibrium and the history of economic theory. Journal of Economic Literature 37, 1067–1082 (1999)
50. Rasmusen, E.: Games and Information. Blackwell Publishers (2001)
51. Riley, J., Samuelson, W.: Optimal auctions. American Economic Review 71, 381–392 (1981)
52. Robinson, M.: Collusion and the choice of action. Rand Journal of Economics 16, 141–145 (1985)
53. Ross, S.: The determination of the financial structure: The incentive signaling approach. Bell Journal of Economics 8, 23–40 (1977)
54. Rothschild, M., Stiglitz, J.: Equilibrium in competitive insurance markets. Quarterly Journal of Economics 93, 541–562 (1976)
55. Rubinstein, A.: The electronic mail game: Strategic behaviour under "almost common knowledge". American Economic Review 79(3), 385–391 (1989)
56. Salanie, B.: The Economics of Contracts: A Primer. MIT Press (1997)
57. Sappington, D.: Incentives in principal-agent relationships. Journal of Economic Perspectives 5(2), 45–66 (1991)
58. Schweizer, U.: Vertragstheorie. Mohr Siebeck (1999)
59. Shleifer, A., Vishney, R.: Greenmail, white knights, and shareholders' interest. Rand Journal of Economics 17, 293–309 (1986)
60. Shubik, M.: Auctions, Bidding, and Cotracting, chap. Auctions, Bidding, and Markets: An Historical Sketch, pp. 33–52. New York: New York University Press (1983)
61. Spence, M.: Market Signaling: Informational Transfer in Hiring and Related Processes. Harvad University Press
62. Spence, M.: Job market signaling. Quarterly Journal of Economics 87, 355–374 (1973)
63. Spremann, K.: Agency Theory, Information, and Incentives, chap. Agent and Principal, pp. 135–166. Springer (1987)
64. Stiglitz, J., Weiss, A.: Credit rationing in markets with imperfect information. American Economic Review 71, 393–410 (1981)
65. Vickrey, W.: Counterspeculation, auctions, and competitive sealed tenders. Journal of Finance 16, 8–37 (1961)
66. Von Neumann, J., Morgenstern, R.: Theory of Games and Economic Behavior. Princeton: Princeton University Press (1944)
67. Williamson, O.: Markets and Hierarchies: Analysis and Antitrust Implications. New York: Free Press (1975)

68. Williamson, O.: The Economic Institutions of Capitalism. New York: Free Press (1985)

If you have any concerns about our products,
you can contact us on
ProductSafety@springernature.com

In case Publisher is established outside the EU,
the EU authorized representative is:
Springer Nature Customer Service Center GmbH
Europaplatz 3, 69115 Heidelberg, Germany

Printed by Libri Plureos GmbH
in Hamburg, Germany